本书在编写过程中得到2019年度教育部人文社会科学研究西部和边疆地区规划基金项目“黄河上游退耕还林工程生态保护评估与生态补偿机制研究”（项目批准文号：19XJA790001）和豫章师范学院的资助。

黄河上游退耕还林工程建设效益评价研究

国 政◎著

经济管理出版社
ECONOMY & MANAGEMENT PUBLISHING HOUSE

图书在版编目（CIP）数据

黄河上游退耕还林工程建设效益评价研究 / 国政著 .—北京：经济管理出版社，2021.9
ISBN 978-7-5096-8247-0

Ⅰ.①黄…　Ⅱ.①国…　Ⅲ.①黄河流域—上游—退耕还林—效益评价—研究
Ⅳ.①F307.2

中国版本图书馆 CIP 数据核字（2021）第 197043 号

组稿编辑：张广花
责任编辑：张广花　王虹茜
责任印制：黄章平
责任校对：董杉珊

出版发行：经济管理出版社
（北京市海淀区北蜂窝 8 号中雅大厦 A 座 11 层　100038）
网　址：www.E-mp.com.cn
电　话：（010）51915602
印　刷：唐山玺诚印务有限公司
经　销：新华书店
开　本：710mm×1000mm /16
印　张：16
字　数：277 千字
版　次：2021 年 10 月第 1 版　2021 年 10 月第 1 次印刷
书　号：ISBN 978-7-5096-8247-0
定　价：78.00 元

前　言

自20世纪80年代以来，随着中国经济的快速发展，环境与发展的矛盾日益突出，党中央、国务院审时度势，从社会经济可持续发展的战略高度出发，确定了实施退耕还林工程的重大决策。1999年，退耕还林工程在四川、贵州等地开始试点，2000年起全面实施退耕还林工程，工程区涉及全国25个省（自治区、直辖市）和新疆生产建设兵团，包括东北黑土区、西北黄土区、北部风沙区、青藏高原区、西南高山峡谷区和中南部山地丘陵区六大区域，以生态脆弱区为重点的生态保护网络基本形成，有效遏制了生态继续恶化的局面。退耕还林工程实施以来，已取得良好的生态、经济和社会效益，得到了社会各界的高度赞誉。目前，我国退耕还林一期工程于2007年已经完成，2015年进入二期工程及退耕还林工程保护成果巩固阶段。为了科学、全面、系统地总结退耕还林工程建设效益，笔者申请了2019年度教育部人文社会科学研究西部和边疆地区规划基金项目“黄河上游退耕还林工程生态保护评估与生态补偿机制研究”（项目批准文号：19XJA790001），该项目旨在对黄河上游退耕还林工程建设的生态效果进行全面、系统的科学评价，为完善退耕还林工程的决策和管理体系提供科学依据。

本书是在上述项目的资助下所进行的一次尝试性的研究。笔者在运用生态学及经济学等相关理论与方法的基础上，利用有关生态监测数据和《中国林业统计年鉴》、第七次森林资源清查的统计数据，采用综合分析、价值计量和层次分析等方法，对黄河上游的内蒙古自治区、陕西省、青海省、甘肃省、宁夏回族自治区退耕还林工程的综合效益进行了初步的分析和评价。本书对于科学评价已实施的退耕还林工程以及合理建设未来的退耕还林工程具有重要参考价值。

本书的研究表明，黄河上游退耕还林工程对改善生态环境、维护国土生态安全发挥了重要保障作用，为经济社会可持续发展做出了重要贡献。退耕还林工程是一项重大的林业工程，而对退耕还林工程这种复杂的生态建设工程进行评价是一项非常艰难且具有挑战性的研究。通过阅读本书，希望读者能够获得一些宝贵的启示。

国　政

2021 年 6 月 30 日

目　录

第1章 绪 论

1.1 研究背景和意义

生态问题已经成为全球性问题。由于自然因素（干旱、气候变暖、土地荒漠化）和人为因素（过度放牧、毁林开荒、乱砍滥伐）的共同作用，草地生态系统、森林生态系统遭到了严重破坏，导致温室气体、酸雨、洪涝、干旱、沙尘暴、雾霾等自然灾害频发。在这种背景下，我国作为一个负责任的大国，积极倡导应对气候变化，在1998年5月即签署了《京都议定书》，之后于2016年9月加入《巴黎协定》。我国不仅非常重视本国生态建设，实施了浩大的退耕还林、天然林保护等林业工程；而且积极参与倡导全球性生态建设。党的十八大报告将生态文明建设与物质文明、政治文明、精神文明、社会文明共同列入"五位一体"的总体布局。党的十九大明确提出"加快生态文明体制改革，建设美丽中国"，把生态建设提到了非常重要的地位。

实施退耕还林工程是减轻农村土地承载力、保护和改变生态系统的有效途径。我国从2000年起全面实施退耕还林工程，工程区涉及全国25个省（自治区、直辖市）和新疆生产建设兵团，包括东北黑土区、西北黄土区、北部风沙区、青藏高原区、西南高山峡谷区和中南部山地丘陵区六大区域，以生态脆弱区为重点的生态保护网络基本形成，有效地遏制了生态继续恶化的局面。退耕还林工程有效实施的关键就是要协调好工程的决策和组织者（政府）与实施和执行者（农户）的利益关系，实质是协调好自然资源的保护与利用的关系，核心是协调好生态保护与农村经济发展的关系。退耕还林工程是在生态严重恶化的背景下实施的，生态恶化导致土地生产力超过承载力，居民生活更加贫困。由此，生态问题诱发经济问题，进而转化为社会问题。我国退耕还林工程浩大、范围广，涉及农户人口众多。由于退耕还林区不仅是生态薄弱区，也是经济贫困区，当地农民对自然依存度极高，因而实施退耕还林工程要解决三个问题：一是阻止生态继续恶化的问题；二是农民长期生存的问题；三是改善人与自然的关系，实现生态环境与农民收益良性发展的问题。就退耕还林农户而言，从建设改善好生存环境来讲，他们是生态保护的受益者。生态保护与生态补偿并重，农户在生态保护中所承担的成本和所获得的利益同样重要。现代生态保护理念在强调生态效益与经济效益、社会效益协调发展的同时，更多地强调农户参与并受益于整个过程。为此，本书以黄河上游退耕还林工程区为研究对象，重点探讨黄河上游退耕还林工程生态保护评估与生态补偿机制问题，分析退耕还林工程建设与管理成效，并提出了具有可行性的对策，具有重要的现实意义。

1.2 研究目标与研究价值

1.2.1 研究目标

1.2.1.1 总体目标

本书以中国森林生态系统长期生态定位监测和林业资源动态数据为基础，以我国黄河上游退耕还林工程区为研究对象，采用野外调查和科学试验相结合的方法，探讨我国退耕还林工程的建设成效及生态补偿机制，从而综合评价国家实施的退耕还林工程的建设成效、生态效益、经济效益和社会效益以及生态补偿运行机制，为国家林业生态工程的实施效果评估和政策调整提供科学依据，并为今后的林业生态工程的实施提供技术指导和数据支撑。本书拟实现以下具体目标：

一是揭示退耕还林工程区在生态恢复过程中的水文、气象、土壤理化特征以及林（草）植被等生态因子的变化规律，特别是群落结构特征，关键生态因子以及生物多样性和生产力的动态变化规律。

二是分析退耕还林工程对于动植物资源的保护和改善空气、水、土壤等环境质量，以及提高和改善人类的生存和发展所需的环境质量所起的作用。

三是分析退耕还林工程的建设成效，采用主成分分析法和价值计量法，对我国黄河上游退耕还林工程生态保护效果进行评价，评价生态工程所产生的生态效益、经济效益和社会效益，并比较这两种不同评价方法所得出的综合效益。

四是通过对生态补偿机制的研究，分析生态补偿的目标、主体、对象、方式、标准，以及生态补偿机制对资源、环境的保护和经济社会发展所产生的效果。具体而言，分析生态补偿对于促进生态保护、发展生态经济、改善经济投资环境、推动整个社会经济的发展所产生的效果。

1.2.1.2 年度目标

2019年：项目全面实施，确定我国黄河上游退耕还林工程重点区域和示范基地；初步确定黄河上游退耕还林工程实施区域基础数据采集、处理和整理方案，以及生态补偿情况的调查研究。

2020年：确定林业生态工程综合效益评价体系、标准和计量方法；提出综合效益评价技术体系；生态补偿机制运行体系，完成典型区域的案例分析。

2021年：完成退耕还林工程建设成效的评价和生态补偿机制的研究；提交相应的研究成果并完成项目验收。

1.2.2 研究价值

在理论上，通过考究我国黄河上游退耕还林林业工程的建设成效并评价其所取得的生态效益、经济效益和社会效益，结合我国生态、经济与社会发展的实际，探讨解决经济社会发展与生态保护之间的矛盾以及退耕还林生态补偿中的利益多元化、标准多样化、区域差异化等问题，厘清生态补偿与生态保护两者间补偿目标、主体、对象、方式的协同关系，创新退耕还林生态补偿基础理论，分别从制度与实践层面解决退耕还林生态补偿现存问题，构建并完善我国退耕还林生态补偿机制，进而为我国生态工程建设与生态补偿提供理论支撑。

在实际应用价值方面，通过对我国退耕还林工程建设成效评价和生态补偿机制的研究，拓宽生态补偿来源、途径，提高生态补偿金额，建立公平、合理、正确的生态补偿计算方法，探索解决退耕还林工程中的生态补偿问题，提出具有可行性的生态补偿对策，以实现生态保护与经济社会的全面发展。

1.3 研究内容和方法

本书主要针对黄河上游已实施退耕还林工程的内蒙古自治区、陕西省、甘肃省、青海省、宁夏回族自治区这五个省份开展此项工程的生态保护评估与生态补偿机制研究。

1.3.1 研究内容

本书以我国黄河上游退耕还林工程为研究对象，对我国黄河上游2000~2018年实施的退耕地还林、荒山荒地造林、封山（沙）育林的退耕还林工程生态保护效果进行评价，并对所进行的生态补偿机制进行研究。重点推进以下四个方面的研究：一是选取不同区域不同时间段的样本，分析退耕还林工程实施前后退耕还林工程生态因子的变化情况；二是在退耕还林林业工程生态恢复的基础上，考究退耕还林林业工程的建设成效；三是针对退耕还林工程实施后失地农户的生态补偿，探究生态补偿机制，协调生态保护与经济社会可持续发展的问题；四是根据研究结论提出有针对性的政策建议，为国家下一步制定林业工程的相关政策和工程的有效实施提供参考。

1.3.1.1 黄河上游退耕还林工程区生态恢复研究

应用定点观测与遥感解译相结合的方法，收集不同类型工程区不同年份（2000~2018年）的气象、水文、土壤及林（草）植被资源和遥感数据，选择典型站点测定2019~2021年主要生态因子与生态系统功能参数。

具体包括：一是环境条件调查。对样点的环境条件调查项目主要包括地貌类型、地势、坡度、坡向、配置模式等。二是植被组成特征调查。野外植被调查项目主要包括物种数量、植被盖度、高度、密度、频度等。三是生物量调查。主要对乔木层、灌木层、草本层的地上、地下生物量进行调查、测定。四是土壤调查。标准试验地土壤调查包括土壤剖面调查、土壤理化性质测定。五是林地水文气象调查。对试验地的森林水文分析项目有冠层截留、枯落物容水量、土壤渗透性等。通过调查数据，分析比较不同恢复阶段的林（草）植被生态因子与生态功能的动态变化规律。

1.3.1.2 退耕还林林业工程建设效果评价

为了客观地反映生态恢复效果和林业工程的建设成效，应用生态学原理，结合生物学、环境科学、经济学的特点，建立林（草）植被生态效益评价的数量化指标体系，剖析能够揭示退耕还林工程区不同类型与年龄阶段林（草）植被生态恢复效果的关键指标，分析工程区植物多样性及其与水土保持效果、小气候效果、植被恢复效果等的关系。在退耕还林工程所发挥的生态效益方面主要从涵养水源、保育土壤、固碳释氧、积累营养物质、净化大气环境、森林防护、生物多样性、森林的景观游憩等方面进行评价。

1.3.1.3 退耕还林生态补偿机制研究

本书通过对我国黄河上游退耕还林生态保护区农户的生态保护补偿研究，在借鉴国内外生态补偿研究成果的基础上，分析了退耕还林工程区生态保护的意义、退耕农户在生态保护中的地位和作用、生态补偿中存在的问题及解决办法，对退耕还林工程区影响范围内的生态破坏方、生态获益方、生态损失方进行生态补偿核算，对生态保护后破坏方应给予的赔偿、获益方应获得的经济效益补偿、损失方应得到的补偿进行核算，进而获得在生态保护区建立生态补偿计算的方法。提出了从生态保护破坏方、生态保护受益方以及为生态保护发生的损失方进行生态补偿计算方法研究，并综合分析和研究各种计算生态补偿方法的合理性、适用条件以及优缺点，完善我国退耕还林等林业工程生态补偿机制，为国家制定生态补偿政策提供有益的借鉴。

1.3.2 研究方法

1.3.2.1 野外试验方法——野外调查

在我国退耕还林工程区选取典型站点进行研究，同时也选择工程区外的站点进行对照分析。站点的选择结合前期研究资料、实地调查和资料记载，尽可能选取了工程一样、植物组成和土壤类型一致的样地，退耕还林区每个样地随机设置 15 对样方，每对样方间距 10 米及以上，乔木 20 米×20 米，灌木 5 米×5 米，草本植物 1 米×1 米。共设置 80 个样方（退耕还林区 60 个，工程区外 20 个）。主要对植被组成特征、生物量、土壤、水文、温度湿度进行测定。

1.3.2.2 分析研究方法

（1）调查研究法。通过对我国退耕还林工程区生态恢复的现状、生态补偿情况以及存在问题和对策措施进行实地考察、社会调查、统计分析等多条途径获取研究资料，以保证研究结果的可靠性，进而对我国退耕还林工程建设成效、生态补偿情况及存在的问题进行调查研究。

（2）科学试验法。进行生态因子的定点测试、遥感解译和野外观察，通过对 2000~2021 年生态因子的变化规律及作用机制及其影响效果分析研究。

（3）因子分析法。通过对我国退耕还林工程区生态补偿机制及发生作用的关键因子进行分析，研究生态补偿计算方法，揭示我国退耕还林生态补偿中存在的问题，从生态保护破坏方、生态保护的获益方以及因生态保护受损的损失方的角度出发对生态补偿进行核算，从而就生态保护的补偿问题建立生态补偿计算方法，完善我国退耕还林生态补偿机制。

（4）主成分分析法。以2000~2021年我国黄河上游退耕还林工程区的生态系统为研究对象，建立包括工程建设指标、生态效益指标、经济指标、社会指标的生态恢复效果评价指标体系，并运用主成分分析法对我国黄河上游退耕还林工程生态恢复效果进行综合评分，进而根据评价结果对我国黄河上游退耕还林工程生态恢复效果进行分析，并提出退耕还林工程建设的政策建议。

（5）计量分析法。通过采用实际市场评估法、替代市场评估技术法、模拟市场评估技术法、价值能值法、效益换算法等方法，对我国黄河上游退耕还林工程区生态恢复产生的生态效益进行价值计量，全面客观地评价我国西部退耕还林工程建设成效。

1.3.3 拟突破的重点、难点及创新点

1.3.3.1 研究的重点、难点

（1）在退耕还林工程生态评估与生态补偿机制研究中，首先要确定影响生物多样性、生产力及相互关系的过程中发挥重要作用的关键生态因子，剖析能够揭示退耕还林工程区不同类型与年龄阶段林（草）植被生态恢复效果的关键指标，从而确定评价指标及其权重，建立评价指标体系。

（2）在生态保护与生态补偿中，明晰退耕还林工程实施后生态环境状况的变化趋势，并将其和资源变化结合起来，采用基于生态系统服务功能的评价方法来研究退耕还林工程的综合效益变化。

（3）在生态补偿机制研究中，要明晰生态保护、经济社会发展与生态补偿三者的关系，完善林业工程实施过程中的生态补偿机制，为国家制定生态补偿政策提供有益的帮助。

1.3.3.2 创新点

一是厘清了黄河上游退耕还林工程的生态系统服务功能和生态补偿机制的运行效率；二是构建了我国黄河上游生态补偿机制，从而为实现我国退耕还林工程建设成效的客观评价和生态补偿机制的有效运行提供了科学依据。

1.4

研究思路与技术路线

1.4.1　研究思路

生态评估与生态补偿工作在充分借鉴国内外最新研究方法的基础上，本书参考我国林业资源实际状况，基于全国森林资源调查数据，依托中国森林生态系统定位观测研究站网络（CFERN）多年连续观测的数据以及国家权威部门发布的公共数据，采用分布式计算方法，构建退耕还林工程生态保护评估的体系和方法，并据此对黄河上游退耕还林工程区域进行评估。同时，在生态补偿机制的基础上，重点调查退耕还林农户生态补偿情况，对生态补偿的一些问题及生态补偿范围、标准、计算方法进行研究，并就生态保护、生态补偿与经济发展的矛盾，提出针对退耕还林生态补偿的对策建议。

1.4.2　技术路线

本书的技术路线如图 1-1 所示。

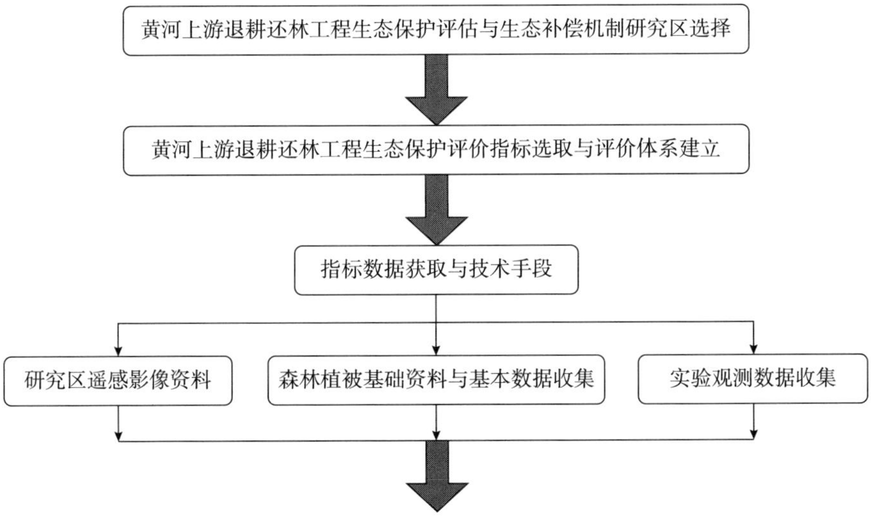

图 1-1　本书的技术路线

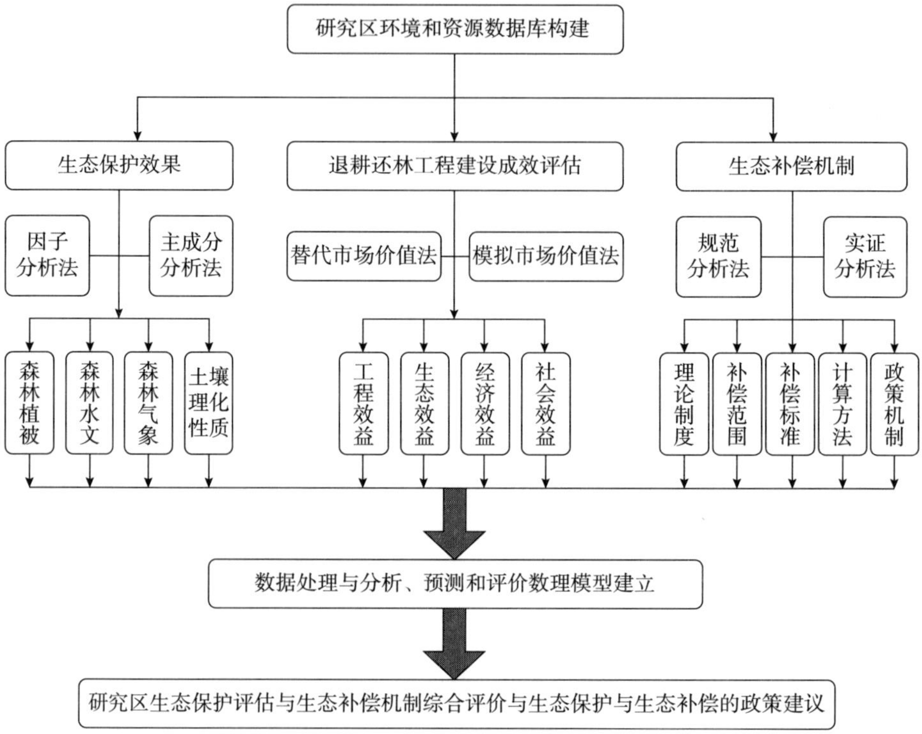

图 1-1　本书的技术路线（续）

1.5 研究的组织形式与分工

为了便于研究，本书采取了矩阵式结构的组织形式，如图 1-2 所示。其中，横向组织为调研组，以不同省份的退耕还林工程区的调研进行分组；调研工作分批进行，人员可在完成原来调研任务的情况下，重新组成新的调研组。纵向组织为研究子课题，以研究的内容进行分工，纵横交叉便于沟通，也有助于研究的提高。总体来说，首先开展调研组各自的调研工作，然后进行子课题研究，最终主要由课题负责人和子课题负责人执笔完成总课题。

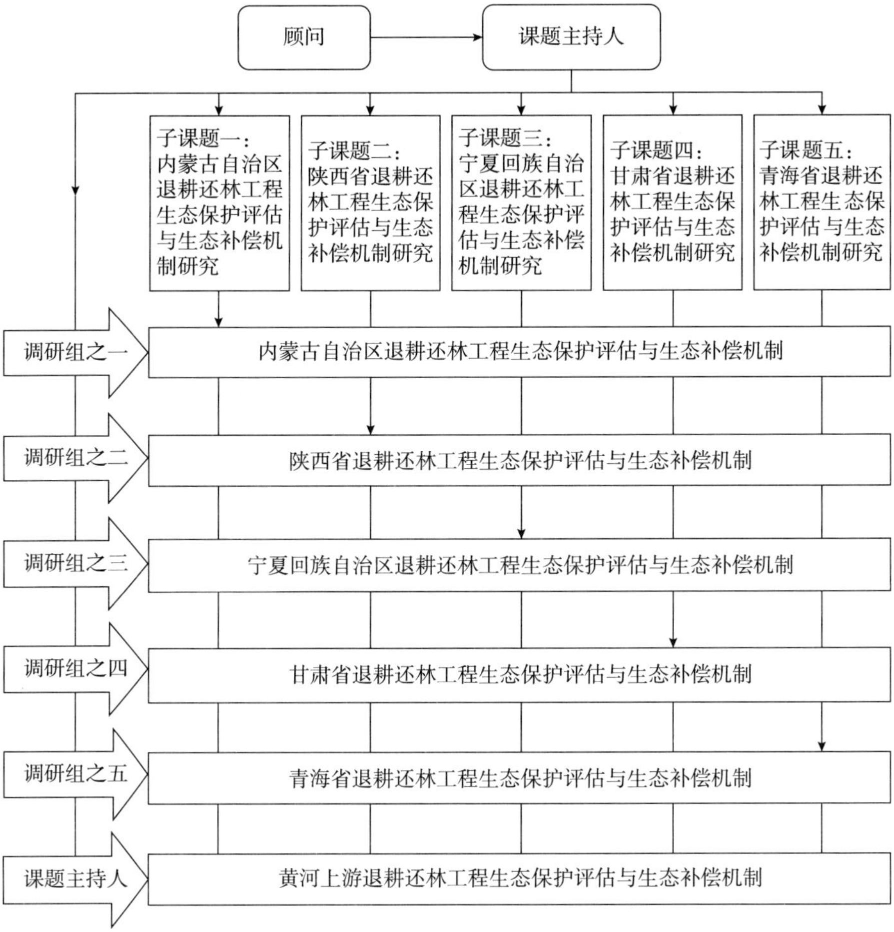

图1-2 课题研究的组织形式与分工

第 2 章
国内外退耕还林的相关实践及研究综述

2.1
退耕还林的历史回顾

退耕还林工程是一项涉及“国家与个人利益”“子孙后代利益”的生态保护工程，其政策实施所产的生态效益、经济效益和社会效益以及工程本身的建设成效已成为全社会广为关注的问题。到目前为止，世界各国进行的退耕还林工程均改善了生态环境，促进了社会经济的发展。

2.1.1 国外退耕还林工程的实践

面对环境资源不断恶化的问题，世界各国都在积极探索环境资源保护与社会经济协调发展的实践活动：

（1）美国“罗斯福工程”。20 世纪 30 年代，美国发生了一场罕见的特大风暴，持续刮了三天。这场风暴席卷了美国 2/3 的大陆，绵延 2800 平方千米，约 6 千万公顷耕地受到危害。究其成因，人们发现美国天然牧场过度开垦，中西部大草原遭到破坏，耕地快速扩张，建立了大批农场，粮食生产得到满足，但是大面积森林遭到严重破坏，最终导致水土流失、土壤贫瘠，自然灾害频繁发生，随之而来，出现了经济的严重衰退。美国时任总统罗斯福为了治理逐渐恶化的生态环境，于 20 世纪 30 年代下令制订专门的防护林营造计划，该规划即“罗斯福工程”，于 1934 年 7 月 11 日由国会讨论通过，该规划投资 7500 万美元营造防护林。到 1942 年该工程 8 年植树 2. 17 亿株，营造防护林带总长达 28962 千米，有 3 万多个农场（庄）1620000 公顷的农田受到保护（李世东，2004）。①

① 李世东．黄土高原沟壑区退耕还林优化模式研究［J］．林业科学，2004，40（5）：71-78.

纽约也制定了《休伊特法案》，按照这一法案，当时政府购买了四十多万公顷耕地，进行退耕还林。《休伊特法案》的实施，把大片耕种的山地尤其是陡坡耕地变成了森林。随着森林面积的增加，从根本上恢复了生态平衡。

美国政府分三个阶段实施退耕还林计划。第一阶段是在 20 世纪五六十年代。在这一阶段美国政府开始推行一种自愿退耕计划，即引导农场主把一部分耕地退出生产用于土壤保护。第一个土地退耕计划是 1956 年农业法规定的土壤银行计划，即鼓励农场主短期或长期退耕一部分土地，“存入”土壤银行，银行支付一定的补助，对按照计划退耕的农场主给予农产品价格补贴。第二阶段是在 1961~1965 年。1961 年美国制订了紧急饲料谷物计划，为减少饲料谷物的库存和产量，要求农场主在停耕至少 20%耕地的情况下，才能从政府取得停耕土地正常产量 50%的现金或实物补助，如果停耕土地超过 20%，政府可以把补偿的比例提高到 60%。1965 年又实施了有偿转耕计划，即要求政府计划的参加者以无偿停耕一定比例的土地为条件，换取计划的各种好处。第三阶段是 1985 年。1985 年美国政府制定实施了“保护性储备计划”（以下简称 CRP），旨在通过压缩耕地面积，控制粮食生产、发展林业及改善生态环境。凡是参加该计划并同政府签订为期 10 年合同的农场主或土地经营者，必须停止在规定土地上进行商业耕作，对易发生土壤侵蚀的耕地实行为期 10 年的休耕和永久性退耕还林还草，同时可以从政府那里获取补贴，其数额相当于全部地租及土壤保护性措施成本的一半。美国的 CPR 计划与我国的退耕还林还草政策十分相似，都是以经济补偿的方式激励经济主体减少或退出某项生产，降低目标部门的产品质量，同时换取生态环境效益。到 1990 年，美国农业部对 47770000 公顷的耕地全部实行了退耕还林还草及休耕。

（2）欧洲退耕还林。欧洲各国为了解决农业现代化生产带来的粮食等农产品过剩问题，停耕压缩粮食生产受到政府高额补贴和政策的鼓励。1956~1983 年欧共体国家农业用地减少了 11000000 公顷，占耕地总面积的 8%，2000 年欧盟国家已有 12000000~16000000 公顷的农地退耕还林，森林覆盖率增加了 15%。其中，从 1965 年起，法国就退耕还林达 2000000~3000000 公顷，同时，法国开始大规模兴建海岸防风固沙林、荒地造林、山地恢复等五大林业生态工程，这项工程促进了法国林业发展。英国政府规定：凡愿意长期退耕还林的，可签订农林协议书，政府据此付给农民每年 125 英镑/公顷以下的补偿金，为期 30 年。据估计，2000 年英国有 3000000~4000000 公顷农田无人耕种。[①] 德国政

---

① 李育材．中国北方退耕还林工程建设效益评价研究［M］．北京：蓝天出版社，2009.

府允许农民自主选择在耕地上造林，但政府要调查造林地的地理、环境、交通等条件，以确定其应该承担一种或几种效益。同时，通过协议等方式确定农民的责任和义务，政府也给予一定的经济补偿，以此保证社会、经济和生态效益的一体化。

（3）苏联“斯大林改造大自然计划”。苏联的南部草原区在19世纪初随着开垦面积的急剧扩大，土地植被迅速减少，生态环境恶化，农业灾害频繁发生。为了有效地遏制这种不断恶化的局面，1948年10月20日苏联做出了“苏联欧洲部分地带部分草原和森林草原地区营造农田防护林，实行草田轮作，修建池塘水库，确保农业稳产高产计划”的决议，即“斯大林改造大自然计划”（Stalin Rebuild Nature Plan，SRN）。该计划在1949~1965年营造防护林5700000公顷，营造8条总长5320千米（总面积70000公顷）的大型国家防护林带，在欧洲的东南部，营造了400000公顷的橡树用材林。①

（4）印度“社会林业计划”。印度政府于1973年8月提出了“社会林业计划”，截至1980年底，印度造林面积达1430000公顷，占人工林总面积的45%；到1995年底，印度实施“社会林业计划”的已有17个邦，保护森林面积达56000000公顷，占全国森林总面积的87.5%。②

（5）加拿大“绿色计划”。加拿大在20世纪70年代初将全国划分为39个自然区域，并在每个自然区域内都建立了国家公园。1990年加拿大又提出了持续经营森林的战略举措，开展大规模的植树造林活动。该项计划把加拿大16%的国土开辟成国家公园，取得了巨大的综合效益。

此外，还有北非五国的“绿色坝工程”、日本的“治山计划”、韩国的“治山绿化计划”、尼泊尔的“喜马拉雅山南麓高原生态恢复工程”和菲律宾的“全国植树造林计划”等（刘俊昌、陈文汇，2007）。

2.1.2 中国退耕还林工程的实践

我国在1949年4月原晋西北行政公署发布的《保护与发展林木林业暂行条例（草案）》中就明确规定已经开垦而又荒芜了的耕地应该还林。自20世纪70年代我国开始积极探索退耕还林还草，按照退耕还林在造林方式上的实践变

---

① 刘俊昌，陈文汇．天然林资源保护与社会经济协调发展研究［M］．北京：中国林业出版社，2007.

② 李世东．世界重点林业生态工程建设进展及其启示［J］．林业经济，2001（12）：46-50.

化，可以划分为三个阶段。

（1）第一阶段：20 世纪 70 年代至 80 年代。这一时期为营造商品林为主的退耕还林还草时期。这一时期的退耕还林还草有以下三个特点：一是退耕还林区域基本为高山地区，大面积水土流失严重的中低山区基本未退耕，退耕还林对抑制水土流失效果并不明显，生态效果也不显著；二是造林方式多从木材的经济效益出发，基本上是营造以用材林为主的人工纯林，在生物保护性方面不理想；三是由于受到经济利益的驱动，有的退耕还林地块被划为“自留山”“管理山”后，成片采伐林木的现象比较严重，使其重新变成荒山荒坡，或是被开垦种植农作物和烤烟等经济作物，退后又返耕。

（2）第二阶段：20 世纪 80 年代至 90 年代末。这一时期为营造经济林为主的退耕还林还草时期。这一时期国家加大了对贫困地区的投入，把扶贫开发与生态环境建设结合起来，探索出一条新路子。这一时期的退耕还林有以下特点：一是仍然以经济效益为主体决定退耕还林还草，而且多为农民个人决策行为，受市场影响较大，退耕不稳；二是一些退耕还林还草实行林粮间作，即在经济林下种植农作物，其水土保持等生态功能也没有明显改善。

（3）第三阶段：20 世纪 90 年代末至今。这一时期为营造生态经济林为主的退耕还林新阶段。1998 年特大洪水之后，党中央、国务院把“封山植树，退耕还林”作为灾后重建的主要措施之一。1998 年 11 月 7 日印发的《全国生态环境建设规划》中提出我国到 2010 年，大约用 12 年的时间，退耕还林 33330000 公顷。1999 年国务院又提出“退耕还林（草）、封山绿化，个体承包、以粮代赈”的政策措施。这一时期退耕还林工程的实施，使生态环境得到改善，水土流失和风沙危害减轻，输入江河的泥沙量也减少，同时，农民收入也有所增加，农村产业结构也有所调整，一些地区走上了“粮下川、林（草）上山、羊进圈”的良性发展轨道。退耕还林工程的实施，产生了良好的经济、生态和社会效益：一是工程区森林资源稳定增长；二是水土流失面积减少，沙化土地治理见成效；三是退耕还林工程给农民带来了实惠。

2.2 退耕还林工程的政策法规

我国历来对生态保护都十分重视，先后出台了许多相关的法律与法规，如

《中华人民共和国森林法》《中华人民共和国水土保持法》《中华人民共和国防沙治沙法》《中华人民共和国水污染防治法》《退耕还林条例》等，并建立了生态保护和生态补偿机制。生态补偿是生态保护机制建设的重要内容。中央及地方政府对建立生态补偿机制提出了明确要求，并将其作为加强我国环境保护的重要内容。国家有关部委也部署开展了生态补偿机制探索与试点工作。各省市也结合各自的生态保护要求，积极开展生态补偿机制的探索与实践（见表 2-1）。

表 2-1　国家相关部门颁布实施的有关生态补偿法规政策

颁布年份	政策法规或文件	核心内容
1949	《保护与发展林木林业暂行条例（草案）》相关内容	已开垦而又荒芜了的林地应该还林
2000	《关于进一步做好退耕还林还草试点工作的若干意见》（国发〔2000〕24 号）相关内容	退耕还林（草）、封山绿化，个体承包、以粮代赈
2002	《关于进一步完善退耕还林政策措施的若干意见》相关内容	在全国全面实施退耕还林工程
2002	《退耕还林条例》相关内容	退耕还林工作真正纳入法制化轨道
2005	《关于切实搞好“五个结合”进一步巩固退耕还林成果的通知》（国办发〔2005〕25 号）相关内容	生态环境得到改善，水土流失和风沙危害减轻，输入江河的泥沙量也减少，农民收入有所增加，农村产业结构也有所调整
2005	《中共中央关于制定国民经济和社会发展第十一个五年规划的建议》相关内容	首次提出按照“谁开发谁保护，谁受益谁补偿”的原则建立生态补偿机制
2005	《进一步完善生态补偿机制的若干意见》相关内容	对水资源、湿地和森林等多个领域生态补偿机制的建立提出了要求
2005	《国务院关于落实科学发展观加强环境保护的决定》相关内容	要求完善生态补偿政策，尽快建立生态补偿机制；国家和地方可分别开展生态补偿试点
2007	《关于开展生态补偿试点工作的指导意见》相关内容	建立自然保护区、重要生态功能区、矿产资源开发和流域水环境等领域生态补偿标准体系，探索多样化的生态补偿方法及模式
2007	《国务院关于完善退耕还林政策的通知》（国发〔2007〕25 号）相关内容	巩固退耕还林的成果，保护农民的利益
2009	《国家重点生态功能区转移支付（试点）办法》相关内容	通过空间管控规划，为建立生态补偿机制提供空间布局框架和制度基础

续表

颁布年份	政策法规或文件	核心内容
2010	《中华人民共和国水土保持法（修订）》（2010）相关内容	推进水土保持生态效益补偿，并将之纳入国家建立的生态效益补偿制度
2011	《中华人民共和国国民经济和社会发展第十二个五年规划纲要》相关内容	研究设立国家生态补偿专项资金，加快制定实施生态补偿条例
2012	党的十八大报告相关内容	建立反映市场供求和资源稀缺程度、体现生态价值和代际补偿的资源有偿使用制度和生态补偿制度
2013	《国务院关于生态补偿机制建设工作情况的报告》相关内容	开展多元化补偿方式探索和试点，探索市场化补偿模式
2015	《水污染防治行动计划》相关内容	积极探索横向资金补助、对口援助、产业转移等方式，开展补偿试点
2015	《生态文明体制改革总体方案》相关内容	探索建立多元化补偿机制，在长江流域水环境敏感地区探索开展流域生态补偿试点
2016	《国务院办公厅关于健全生态保护补偿机制的意见》相关内容	“重要河流敏感河段”“大江大河重要蓄滞洪区以及具有重要饮用水源或重要生态功能的湖泊”全面开展生态保护补偿
2017	《建立国家公园体制总体方案》相关内容	建立生态综合补偿制度，鼓励受益区域与国家公园所在区域的横向转移支付补偿和市场化补偿；健全生态保护效益评估，完善生态保护补偿的激励机制
2017	党的十九大报告相关内容	建立市场化、多元化生态补偿机制
2018	《财政部关于建立健全长江经济带生态补偿与保护长效机制的指导意见》相关内容	建立省内流域上下游之间、不同主体功能区之间的生态补偿机制，在有条件的地区推动开展省（市）际间流域上下游生态补偿试点，建立相邻省份及省内长江流域生态补偿与保护的长效机制
2018	《建立市场化、多元化生态保护补偿机制行动计划》相关内容	建立政府主导、企业和社会参与、市场化运作、可持续的生态保护补偿机制
2019	《生态综合补偿试点方案》相关内容	选择 50 个县（市、区）开展试点工作，创新森林生态效益补偿制度，推进建立流域上下游生态补偿制度，鼓励地方政府探索建立资金补偿之外的其他多元化合作方式

针对黄河上游退耕还林工程区，内蒙古自治区、宁夏回族自治区、甘肃省、陕西省、青海省也相继出台了生态保护政策，相关文件如表2-2所示。

表2-2 黄河上游生态保护区生态保护文件

区域	省份	侧重的分领域	文件号	时间
黄河上游退耕还林工程区	内蒙古自治区	森林、草原、湿地、荒漠、水流、耕地	内政办发〔2016〕183号	2016年12月19日
	宁夏回族自治区	森林、草原、湿地、荒漠、水源地、耕地、流域	宁政办发〔2017〕118号	2017年6月29日
	甘肃省	森林、草原、湿地、荒漠、水流、耕地、矿产资源开发	甘政办发〔2017〕127号	2017年7月28日
	陕西省	森林、湿地、荒漠、水流、耕地、矿区	陕政办发〔2017〕71号	2017年8月16日
	青海省	森林、草原、湿地、荒漠、水流、耕地	青政办〔2018〕1号	2018年1月2日

总体来说，我国的退耕还林工程建设涵盖以下五个层面的内容：一是退耕还林还草作为一项生态工程，作为国家开发生态环境保护与建设项目，具有行政行为的性质；二是明确退耕还林还草实施的对象为在25度及以上的陡坡耕地，实施的目标是恢复森林植被、改善生态环境、减少水土流失，为中国的可持续发展奠定良好的生态基础，并制定了群众粮食补助、造林补助及苗木补助等政策；三是明确了退耕还林还草与当地经济发展相结合，实现生态效益、经济效益和社会效益"三赢"的目标；四是坚持宜乔则乔、宜灌则灌、宜草则草的原则，使退耕还林还草达到科学设计、综合治理；五是退耕还林以营造具有生态防护效能，又能产生一定经济效益为主的森林，并解决好退耕户因粮食减收引起的生活困难，既强调工程任务的完成，又注意保护群众的积极性和自觉性。退耕还林工程的实施，结束了我国几千年来毁林开荒的历史，标志着我国由向土地索取转向促进人与自然的和谐发展，走上生态文明健康发展之路。2007年9月国务院又出台了《国务院关于完善退耕还林政策的通知》（国发〔2007〕25号），不仅巩固了退耕还林的成果，也考虑了农民的利益，给当地林业后续产业留下了发展的空间。我国的退耕还林工程又进入了一个新的历史阶段。

2.3

退耕还林工程的研究热点

生态问题已经成为全球性问题，我国作为一个负责任的大国，积极倡导应对生态变化，不仅非常重视本国生态建设，实施了浩大的退耕还林、天然林保护等林业工程；而且积极参与倡导全球性生态建设。党的十九大明确提出“加快态文明体制改革，建设美丽中国”，把生态建设提到了非常重要的地位。实施退耕还林工程是减轻农村土地承载力、保护和改变生态系统的有效途径。我国从 2000 年起全面实施退耕还林工程，工程区涉及全国 25 个省（自治区、直辖市）和新疆生产建设兵团，包括东北黑土区、西北黄土区、北部风沙区、青藏高原区、西南高山峡谷区和中南部山地丘陵区六大区域（郭慧等，2014），以生态脆弱区为重点的生态保护网络基本形成，有效地遏制了生态继续恶化的局面。基于生态工程建设成效与生态补偿的视角，国内外学者对此进行了大量的研究，热点问题主要集中在以下三个方面。

（1）退耕还林生态工程建设成效评价研究。英国牛津大学 Marc Macias-Fauria 教授（Nature，2018）高度评价了我国生态工程所取得的生态保护效果，认为退耕还林工程的实施加快了生态文明建设，改变了自然生态，促进了农村经济的发展。大多数相关研究主要集中在三个方面：一是对林业工程建设成效的研究；二是对林业工程建设发挥的生态效益、经济效益和社会效益的评价；三是对林业工程评价指标体系和林业工程所发挥的生态服务功能的研究。李育才（2009）对退耕还林工程建设成效进行了评价①，陶蕴之等（2016）对西南天然林保护工程区生态成效进行了评估。李敏和姚顺波（2016）对退耕还林工程综合效益进行了评价，臧润国等（2015）对西南天然林保护工程区生态成效进行了评估并对中国天然林保护工程综合效益进行了评价。大多学者采用价值计量法、层次分析法（Analytic Hierarchy Process，AHP），选择了一些评价指标，并围绕工程所发挥的生态效益、经济效益、社会效益进行评价，从退耕还林工程和天然林保护工程、生态林和公益林、生态指标、经济指标和社会指标、森林资产和生态服务功能、经济价值和社会价值以及监测体系等各个方面进行

① 李育才. 中国北方退耕还林工程建设效益评价研究 [M]. 北京：蓝天出版社，2009.

了全方位的研究，研究工作趋于规范。2008 年中国林业科学研究院制定了森林生态服务功能评估规范，共包括 8 个类别 14 个评估指标。研究结果表明，林业工程在发挥生态效益方面得到了广泛认可，生态恢复效果是明显的，但在社会效益和经济效益方面还存在争议。一种观点认为生态建设工程促进了当地经济的发展，取得了生态效益与经济效益的双丰收；另一种观点则认为，生态工程建设没有产生经济效益，而是以牺牲经济成本为代价换取了生态效益。大量学者的研究成果为我们进一步研究生态保护与农村经济发展这一主题奠定了基础。在众多的研究中，我们不难发现，探讨生态保护与农村经济发展的共享机制、农民参与管理机制以及生态补偿机制等是目前研究的热点，如何实现生态保护与农村经济协调发展的长效机制是研究中的难点。

（2）退耕还林工程生态补偿机制的研究。生态建设是从根本上解决农村经济发展问题的一条出路，退耕还林工程又是解决生态问题的一项重大举措（国家林业局，2014）。退耕失地造成农民利益受损，研究生态补偿一度成为研究热点。虽然在经过一定的时间和空间后，当地农民认同了生态建设工程；但是，实施退耕还林工程后减少了农民在土地上获取的收益（Krishna，2013），如果生态补偿工作没有做好，还会出现退耕区返耕现象，生态保护与农民的生存权、发展权与环境权之间的矛盾冲突还会日益加剧（黄锡生、何江，2017），区域经济的发展在一定程度上会受到影响，而生态补偿正是解决生态保护与经济社会发展这一矛盾的措施（宋福强等，2017），这也是近年来生态补偿成为研究热点的原因之所在。生态补偿主要涉及四个方面的内容：一是生态权益的责任划分。生态补偿中涉及破坏方、获益方、损失方三者的主体责任和各自的权益，对于采矿企业对当地植被、土壤等生态环境的破坏和“高污染、高能耗”的造纸、水泥、化工、炼铁等中小企业对当地环境的破坏实行“污染者付费，受益者补偿”没有太多争议，而对于因“开荒毁林、过度放牧”而造成生态破坏的农牧民承担破坏生态的主体责任争议较大。二是补偿对象。生态移民是生态保护建设的直接参与者和利益相关者，生态移民为了国家的生态建设放弃了原本享有的权益，理应得到相应的补偿（韩雅洁，2017）①。农户的生计问题因为生态补偿而发生了改变，国内外大多学者主要从生计资本、生计活动、生计策略等多个角度进行了研究。三是生态补偿的种类。按照“谁污染谁治理”“谁受益谁出资”的生态补偿原则，主要有政府提供的生态补偿（李敏、姚顺波，

① 韩雅洁．三江源区移民生态补偿问题研究［J］．区域经济，2017（6）：66-67.

2016）、破坏方提供的生态补偿和获益方给予生态保护区的损失以补偿（张林洪等，2017）。生态补偿又是以生态系统服务为基础，对土地补偿、建设成本补偿、移民身心损害补偿、生态功能补偿、生态污染补偿等几方面进行生态补偿（欧阳志云等，2013）。四是生态补偿标准。生态补偿标准核算涉及的问题较多，比较受关注的是生态功能区域（陆地、森林、草原、湿地、海洋等）、土地功能（林地、草地、耕地）、生态恢复难易程度等（孙贤斌等，2012；井美娟，2012；仲娜等，2014），大多采用机会成本法、市场替代法来计算（魏晓燕，2013；李屹峰，2013）。邵传林和何磊（2010）从农户、地方政府和中央政府博弈的角度探讨了退耕还林工程实施中确定的补助标准和补助年限。

（3）生态保护与农村经济社会协调发展的长效机制研究。如何加强生态工程管理一直是研究的热点，人治管理与法制管理成为争论的焦点。中华人民共和国成立后，实行的是“三级管理，队为基础”的三级管理模式，既巩固了基层政权，又有效地管理了农村行政事务。20 世纪八九十年代，学术界提出了基层政府组织领导、社区居民参与式的生态保护模式的指导思想，认为这是最为有效的生态保护模式（Zanetell and Knuth，2004）。但 Nepal 和 Spiteri（2008）在对生态保护进行实证调查及研究后认为，这种参与式管理模式持久性不强。Bergquist（2007）调查研究后也发现，这种管理模式受政府管理、政策以及社区居民的保护意识等多种因素的影响。一些学者从立法上（沈友华，2018）探讨生态保护管理机制；也有一些学者从政策、理论方面对生态保护进行探讨（王德凡，2018；王宾，2017），强调运用法律武器进行制度管理。但是也有学者认为最合理的保护方式是赋予参与生态保护的当地居民的执法权，而非单纯运用法律和行政手段的方式（Hosseininia et al.，2013；Shukla and Sinclair，2010）。生态保护与经济发展是一把“双刃剑”，协调发展、双方共赢的指导思想一直被认为是解决生态保护与经济发展矛盾的有效方法（He et al.，2008；Weckerle et al.，2010）。它的理念就是生态保护与经济发展有机结合起来，“农民”在参与生态保护过程中经济收入方面受益，“自然生态”在农民的积极参与中得到有效保护，二者由此建立起长久有效的合作共赢机制（Börger，2014；Kathleen et al.，2006），这是学者们普遍认可的观点。Muboko 和 Murindagomo（2014）研究认为，居民在生态保护中经济上获益的同时，提高了对生态保护的认可和主动参与保护的积极性。Spiteri 和 Nepal（2008）认为，生态补偿机制能够有效地协调生态保护与农村经济发展两者间的关系，而 Bown（2013）等认为，社区居民在生态保护中由于没有得到相应的收益，在生态保护方面起到了消极的作用。由此可见，建立生态补偿机制可以解决农民因生态保护而承担的保护成本与农民退耕失地后经济收益之间不平衡的一些问题。要建立生态保护与农村经济发展的长效机制，必须将退耕还林工程建设与调整农村产业结构、发展农村经济相结合，只有这样才能实现生态保护与农民增收双赢的局面（王庶、邓泽林，2016）。

综观上述研究，我们可以发现生态保护与经济社会的协同发展是未来研究的必然趋势，生态补偿将成为研究热点。目前，在退耕还林生态工程建设评价和生态补偿的理论与方法方面，还不够完善，为了更深入地研究退耕还林工程建设成效及其发挥的综合效益，科学合理有效地进行生态补偿，有效地指导退耕还林工程建设，本书从退耕还林工程生态保护评估与生态补偿机制方面，进行更为详细的研究。

第3章 退耕还林工程评价指标体系与评价标准研究

3.1 退耕还林工程评价指标体系的研究

3.1.1 退耕还林工程生态评价目的和意义

生态问题已经成为全球性问题，环境与发展成为当今世界普遍关注的问题。我国是世界上水土流失和沙漠化最严重的国家之一。水土流失、土地退化等成为困扰这些地区可持续发展和农民脱贫致富的主要问题。

由于自然因素（干旱、气候变暖、土地荒漠化）和人为因素（过度放牧、毁林开荒、乱砍滥伐）的共同作用，特别是不合理的人类干扰活动，黄土丘陵沟壑区自然植被破坏严重，土壤侵蚀和退化剧烈。水土流失主要集中在坡耕地上，坡耕地土壤侵蚀量占区域土壤总侵蚀量的60%~80%。造成我国水土流失和土地沙化的重要原因是毁林毁草开荒，陡坡种粮。长期以来，由于长江、黄河上中游地区毁林开荒、陡坡耕种，已使之成为世界上水土流失最严重的地区之一，不断加剧的水土流失和土地沙化，不仅使土地生产力严重衰退、生态环境急剧恶化，而且导致长江、黄河中下游地区江河湖泊和水库不断淤积抬高，水患加重，同时也加剧了北方地区少雨干旱，激化了在水资源利用等方面的地区间的矛盾，给国民经济和人民生产生活造成了巨大危害，国家不得不每年花费大量人力、物力和财力，进行防汛、抗旱和救济灾民。1998年长江流域特大洪水灾害给国民经济和下游两岸人民生命财产造成了巨大损失，而其直接原因就是中上游地区乱砍滥伐致使植被遭到严重破坏，从而引起环境的进一步恶化所致。此外，1992年以来，自西北而起的沙尘暴天气严重影响到北方大片地区。

大面积水土流失和土地荒漠化，直接威胁着广大农民赖以生存的土地，严重制约了国民经济可持续发展，对中华民族的生存和发展构成了巨大威胁。不断恶化的生态环境不仅已成为我国西部大开发和实施可持续发展战略的主要障碍因素之一，而且已经对中东部地区的生存与发展造成了跨区域性的不利影响。加大力度整治水土流失、改善中西部环境已成为全国人民面临的一项紧迫的战略任务。生态环境恶化与社会可持续发展的矛盾有力地推动了生态环境建设的发展。为此，党中央、国务院针对我国严重的荒漠化形势，特别是频繁发生的洪涝、沙尘暴、泥石流等自然灾害，站在国家和民族长远发展的高度，着眼于经济和社会可持续发展，做出了天然林保护工程、退耕还林工程这一重大战略决策。退耕还林工程是一项多层次、多功能、多目标的复杂的复合生态系统工程，涉及国家、地方政府、农户方方面面的利益，其综合评价内容包括对系统的生态分析、经济分析、社会分析和工程建设成效分析，以及今后发展的趋势。虽然许多专家学者在森林效益分类、指标体系设置、评价方法研究等方面做了许多富有成效的工作，但是由于退耕还林工程建设发展历史短、发挥效益时间又缓慢，森林效益评价极其复杂，在生态因子的监测上也存在一些缺陷，而且不同区域的指标选择和权重又有区别，因而本书针对黄河上游退耕还林工程区的特点，建立适合西部干旱地区的退耕还林工程综合效益评价指标体系，对定性、定量地评价黄河上游退耕还林工程建设成效，以及促进退耕还林工程向高效、稳定、健康的方向发展具有十分重要的意义。

3.1.2 指标体系的范畴界定

退耕还林工程实施的目的是保护和恢复已经破坏了的生态环境，实现生态环境的可持续发展。退耕还林工程区的生态效益、经济效益和社会效益的统一是森林可持续经营的核心（杨旭东，2004）。自 1992 年联合国环境与发展大会后，世界各国对森林综合效益评价指标体系进行了研究。国外对森林经营的评价指标主要有：蒙特利尔行动纲要、赫尔辛基行动、亚马逊行动、国际热带木材组织等。国内对森林综合效益的研究也进行了一定的探索，但对评价指标体系的研究尚不系统。退耕还林工程建设效益评价的目的在于为制定有关政策和管理提供科学依据，退耕还林形成的林地资源是森林的一部分，退耕还林效益评价与森林的效益评价在指标选择上有很多相同点。但退耕还林又有其特殊性的一面，特别是直接涉及耕地资源、粮食以及广大农户的利益，因此，退耕还林工程评价指标的选择必须从我国的国情出发，与我国的社会经济条件和人们的认识水平相一致，使之既能对退耕还林的社会、经济、生态效益作出客观评价，又能为社会所承认。退耕还林工程效益反映的是工程实施后对区域经济、生态、社会的效果，其评价结果要为持续开展退耕还林工程提供科学依据。到目前为止，针对退耕还林还没有较为规范的评价指标和方法。为此，在综合考虑有关森林效益评价指标的基础上，本书从黄河上游退耕还林工程区的实际出发，充分分析研究黄河上游退耕还林工程对当地生态、经济、社会产生的影响，确定退耕还林工程在当地发挥作用的确切效益，在此基础上选取了退耕还林工程效益评价指标体系，本指标体系参考采用森林生态系统服务功能评估规范（GB/T 38582—2020）、森林生态系统长期定位观测方法（GB/T 33027）、森林生态系统长期定位观测指标体系（GB/T 35377）、森林生态系统服务功能评估规范（LY/T 1721）的文件的规范建立评价指标体系，并进行监测与评估，进而对黄河上游的退耕还林工程进行全面的综合评价。

3.1.3　评估指标及评价方法构建

退耕还林工程综合效益评价包括工程建设效益、生态效益、经济效益和社会效益。生态效益评价包括建立评估指标体系和具体生态效益计算方法两部分。

3.1.3.1　退耕还林工程综合效益指标体系的构建

退耕还林工程是党中央、国务院做出的一项改善我国生态环境的伟大战略部署，是实现我国经济、社会与生态环境可持续发展的根本大计。退耕还林工程效益包括生态效益、经济效益及社会效益等，其评价指标的选择应紧紧围绕退耕还林工程这一核心，充分考虑工程建设的背景、建设目标及建设的可持续性。为了全面客观地评价退耕还林工程的建设成效，其评价指标设定的原则、评价思路和方法必须具有系统性和相关性。

（1）评价指标设定原则。退耕还林工程评价指标的选择，应充分考虑退耕还林工程实施的背景和阶段性目标，并要结合当地的实际情况，其中主要考虑评价指标的以下四条原则。

全面性与科学性：退耕还林工程的指标体系要建立在科学的基础上，既要充分体现退耕还林工程的可持续发展与农村经济社会的可持续发展的内在机制，也要反映生态环境体系的总体特征和该区域的经济和社会概况；同时，在内容上既反映生态指标、经济指标和社会指标，也要反映退耕还林工程可持续发展的动态指标、静态指标。

针对性和可行性：指标体系建立时必须针对西部干旱半干旱的所研究地区，目标要明确，在实际操作中要行之有效、切实可行。同时，还要考虑到评价指标基础数据获取的难易程度、可靠性和代表性。

一致性与可比性：由于各地区在收集指标中统计指标存在差异，指标体系中的各指标单位差异也大，因而在收集和处理指标中，既要保证各指标在不同时间、地域以及各行业、产业间的可比性，也要保证指标在时空上的一致性。

实用性与系统性：既要求建立的指标体系有明确的含义，在统计资料、调查研究和实验数据中容易获得，而且简便易算，也要求建立的指标体系具有完整性和结构层次性；既要求建立的指标体系能够系统地反映黄河上游退耕还林工程的生态、经济和社会效益，也要求建立的指标体系是一个目标明确、层次分明、相互衔接的有机整体。

（2）评价指标建立的思路。本书根据构建指标体系的原则，确定退耕还林工程建设成效评价体系的层次，并根据不同的层次需求确定其构成要素，在对退耕还林工程具体的评价中，通过下一级的层次指标计算出上一级的层次指标，即通过最低层次的指标变量层不同具体指标的赋值，采用加权方法算出评价指标层的分值，再由评价指标层的分值加权集合，得出目标层的分值，进而对退耕还林工程的综合效益进行总体评价。

指标体系分为目标层、系统层、标准层、指标变量层四个等级，其中：目标层反映黄河上游退耕还林工程综合效益评价；系统层反映生态效益、经济效益和社会效益；标准层反映系统层的构成要素指标；指标变量层反映森林生态系统状态的关系、变化的原因，对退耕还林工程的建设成效具有直接可测性的评价指标，各项指标变量计算容易，数据资料容易获得。

（3）评价指标筛选的方法。筛选指标体系是一项复杂的系统工程，既要求评价者对评价系统了解熟悉并具备一定的相关知识，还要求评价者掌握科学的评价方法。本书在选择评价指标时，一是通过广泛阅读参考文献，吸纳别人研究成果中的优良指标；二是注重结合实际，根据评价对象的实际情况，提出能够反映其本质的评价指标；三是广泛听取专家意见，对建立的评价指标体系反复修正。

本书筛选指标的方法主要有个人判断法、理论分析法、频度分析法、Delphi 法、专家咨询法和调查研究分析的方法。理论分析法就是对退耕还林工程阶段目标完成情况、实施前后退耕还林工程区森林资源的变化情况以及生态、经济、社会等的变化情况进行分析、比较，设计出退耕还林工程建设成效的评价指标体系。频度分析法就是根据国内外相关的退耕还林生态恢复与综合效益评价的文献，选择出使用频度高、具有典型性与针对性且数据可获得性强的指标，构建退耕还林工程建设成效的评价指标体系。Delphi 法、专家咨询法和调查研究的方法就是将调查研究得来的定量信息和定性信息进行统计分析，在此基础上，进一步运用专家咨询法，根据专家的意见对评价指标体系进行修正，将 70%以上的专家认同的指标列入指标体系，最终形成退耕还林工程综合效益的评价指标体系。

（4）评价指标体系的初选。本书在对退耕还林工程实施后退耕还林工程综合效益的评价研究中，结合国内外森林综合效益评价指标、《中国生态林业工程综合效益评价指标体系》和《中国森林生态系统服务功能评估规范》的指标，并结合退耕还林工程的实施目标、其他可借鉴的指标和研究地实际情况，以及各指标的内涵和测量方法的可行性，初选了 60 个评价指标（见表 3-1）。

表 3-1　退耕还林工程综合评价体系初选

总体层	系统层	标准层	指标层
黄河上游退耕还林工程综合效益评价	生态效益	改变小气候指标	相对湿度、平均气温、无霜期、干燥度
		涵养水源指标	森林覆盖率、年径流系数、林地蓄水量、林冠截留率、拦截暴雨径流率、径流模数、地被物持水量、水质改善程度、土壤中重金属含量变化率、侵蚀面积占区域面积的百分比
		水土保持指标	土壤侵蚀面积百分比、土壤侵蚀模数、流域输沙模数
		改良土壤指标	土壤容重、土壤总空隙率、土壤有机质含量
		净化大气环境	CO_2 固定量、O_2 释放量、提供负离子、吸收污染物、降低噪声、滞尘
		森林防护	森林护坡（塬）效果、降雨径流转化率、重力侵蚀降低率
		生物多样性指标	物种保育、生物类型多样性、森林植物多样性、森林动物多样性
		森林的游憩价值	森林的游憩价值
	经济效益	直接经济效益	涉林第一产业产值、第二产业产值、第三产业产值、退耕还林投入指标、退耕还林产出指标、林业投资效益指标
		间接经济效益	林木、牧草、果产品效益、农民年度家庭生活消费支出增长率、文化消费支出增长率、人均居住面积

续表

总体层	系统层	标准层	指标层
黄河上游退耕还林工程综合效益评价	社会效益	可量化的社会效益	合理转移农村劳动力、优化农村产业结构、调整能源结构、林业在区域经济中的比率、贫困人口变动率、恩格尔系数、就医增长率、适龄儿童入学率
		潜在的社会效益	提高农民环保意识、加强新农村建设、就业率、基本养老保险覆盖率、“四险”覆盖率、对公众身心健康的影响

（5）评价指标体系的建立。将初选出来的评价指标，按照评价指标的筛选程序和方法，分送给高校、科研院所的有关专家、教授，广泛征求专家、教授意见，最后确定生态效益指标直接采用《中国森林生态系统服务功能评估规范》中的指标，经济效益和社会效益指标根据专家、教授意见，针对退耕还林工程区的特点，按照具有可比性和可操作性的原则，对初选指标进行了进一步的筛选和替换，最终确立了黄河上游退耕还林工程综合效益评价指标体系，如表 3-2 所示。其中，该体系包括总体层 1 个，系统层指标 3 个，标准层指标 13 个，要素层指标 29 个。

表 3-2 黄河上游退耕还林工程综合效益评价指标体系

总体层	系统层	标准层	指标层
黄河上游退耕还林工程综合效益评价指标体(A)	生态效益指标（B1）	保育土壤效益指标（C1）	保土（D1）
			固肥（D2）
		林木养分固持（C2）	氮固持（D3）
			磷固持（D4）
			钾固持（D5）
		涵养水源功能指标（C3）	调节水量（D6）
			净化水质（D7）
		固碳释氧效益指标（C4）	固碳（D8）
			释氧（D9）
		净化大气环境（C5）	提供负离子（D10）
			吸收气体污染物（D11）
			滞尘（D12）
		森林防护指标（C6）	防风固沙（D13）

续表

总体层	系统层	标准层	指标层
黄河上游退耕还林工程综合效益评价指标体(A)	生态效益指标（B1）	生物多样性指标（C7）	物种资源保育（D14）
		森林生态系统服务修正系数（C8）	森林生态系统服务修正系数（D15）
	经济效益指标（B2）	涉林第一产业产值（C9）	育种育苗造林（D16）
			木材（D17）
			经济林（D18）
		涉林第二产业产值（C10）	木材加工与制造（D19）
			非木质林产品加工制造（D20）
		涉林第三产业产值（C11）	旅游休闲（D21）
			生态服务（D22）
			林下经济（D23）
	社会效益指标（B3）	可量化的社会效益（C12）	适龄儿童入学率（D24）
			低保医保覆盖率（D25）
		潜在的社会效益（C13）	提高农民环保意识（D26）
			合理转移农村劳动力（D27）
			产业结构变化（D28）
			加快新农村建设（D29）

3.1.3.2　退耕还林工程生态效益计量方法

我国早期的森林生态效益评价多属于定性评价（桑晓靖，2003；周红、张晓珊、缪珊，2005；李亮光，1995），随着我国退耕还林工程、天然林保护工程、三北防护林工程等六大林业工程的全面实施和生态监测工程的全面展开，众多专家学者开始采用定量与定性分析相结合的方法进行分析（陈秀兰等，2008）。本书根据退耕还林工程研究的实际，从学科角度出发，将退耕还林工程综合效益评价的方法分为两类：以经济学为主的计量评价方法和以生态学为主的计量评价方法。

以经济学为主的效益计量评价是在实物计量评价的基础上，利用成本-效益分析原理和费用-效益的分析原理，通过对森林产生的生态、经济和社会效益的货币转化而进行的森林综合效益计量评价。李小屏等（2000）运用市场价值法对西宁城区退耕还林后的扬尘和 SO_2 的大气环境质量的改善与效益进行了计算。康文星等利用市场价值法、机会成本法及影子价格法对森林生态恢复后的固土保肥、改良土壤和净化大气等生态效益进行了计算（赖亚飞等，2006；康文星、田大伦，2001；李蕾、刘黎明、谢花，2004）。张志强等（2002）运用条件价值评估法（CVM）对黑河流域张掖地区生态价值进行了评价。庄大周等运用市场价值法、影子价格法对不同地区森林恢复重建后的生态效益进行了计算（庄大周、唐晓春，2006；鲍锋、延军平、孙虎，2007；韦惠兰等，2004）。综观各项研究，笔者发现森林生态效益的主要计量方法有：市场价值法、替代市场法和模拟市场法（袁红军、曹国璠、晏世强，2009）。

以生态学为主的计量评价是从研究森林的基本生态功能出发，不仅研究森林恢复后生态功能的效益，还探讨其产生的机制。根据研究机制的不同可以分为以效益评价为主的计量评价方法和以效益计量为主的计量评价方法（袁红军、曹国璠、晏世强，2009）。以效益评价为主的计量评价方法就是通过构建反映其效益的评价指标及指标体系，根据各指标体系中各个要素之间的相互关系，确定其权重，最后进行效益的评价计算。以计量为主的生态效益计量评价就是通过一定的计量模型直观地反映林业工程所带来的物质效益。

总的来说，随着人们对森林生态环境作用的认识的不断深入，随着森林生态系统服务功能及价值的深入研究，针对不同森林类型的区域和不同对象的估算方法正在逐渐形成，同时其评价方法也在朝着深度和广度的方向不断扩展。本书从实际出发，在综合生态学和经济学的评价方法的基础上，将采用物质量评价法和价值量评价法进行相关研究。

目前对生态系统服务功能计量的方法包括物质量评估和价值量评估，但国内外生态系统服务物质量和价值量的评估都难以得出让公众和学术界普遍接受的结果，这反映了该领域研究方法还不成熟，需要继续完善（谢高地等，2006）。

（1）物质量评估。不同生态系统所具有的生态系统服务的种类存在较大差距，分布在不同区域的同一种生态系统类型因分布区域的不同为人类提供的产品和服务不尽相同，这使物质量评估方法具有不确定性（谢高地等，2006）。以营养物质循环为例，有研究者采用土壤库持留法进行估算，也有研究者采取林分持留法进行估算。但物质量评估能够比较客观地反映生态系统的生态过程，进而反映生态系统的可持续性，不会受市场价格不统一和波动的影响。物质量评估特别适合于同一生态系统不同时段同一功能的比较研究，是区域生态系统服务功能评估研究的重要手段。但单纯使用物质量评估方法不能直观地反映出生态系统发挥的效益，且由于各单项服务功能量纲的不同而无法进行合计，无法评估某一生态系统的综合服务功能，进而使研究结果不能引起人们对生态系统服务功能的足够重视。

（2）价值量评估。由于生态系统功能和服务的多面性，导致生态系统服务具有多价值性。Pearce（1995）、Turner（1991）等的研究奠定了生态系统服务价值分类的理论基础。生态系统服务的总经济价值包括使用价值和非使用价值两部分，使用价值包括直接使用价值（直接实物价值和直接服务价值）和间接使用价值（生态功能价值）；非使用价值包括遗产价值和存在价值；此外，选择价值（潜在使用价值）既可归为使用价值，也可归为非使用价值（Tietenberg，1992；谢高地等，2006）。价值量评估指从货币价值量的角度对生态系统提供的服务功能进行定量评估。由于价值量评估结果都是货币值，既能将不同生态系统同一项生态服务功能进行比较，又能将某一生态系统的各项服务功能综合起来，运用价值量评估方法可为环境核算提供方法和理论依据，但由于价值量绝大多数反映的是人类对生态系统服务的支付意愿，评估结果往往存在主观性与随机性。

（3）物质量与价值量评估方法的对比分析。采用物质量和价值量两种不同的评估方法对同一生态系统进行服务功能评估，会得出不同甚至相反的结论；对于不同的评估目的和不同的评估空间尺度，这两类方法有较大的区别。物质量评估能够比较客观地反映生态系统服务功能的机制，进而反映生态系统服务功能的可持续性，而价值量评估更多地反映生态系统服务功能的总体稀缺性，它们之间是相互促进和补充的关系。

判断物质量和价值量评估这两种方法的优劣，在某种程度上取决于对生态系统服务功能评估的目的。若评估的目的是分析生态系统服务功能的可持续性，物质量评估方法比价值量评估方法更合适或更有优势。这是因为生态系统服务功能可持续性从根本上取决于生态系统的生态过程，而生态系统的生态过程则取决于生态系统服务功能物质量的动态水平，所以物质量评估能够比较客观地反映生态系统的生态过程，进而反映生态系统服务功能的可持续性。而价值量评估更多的是反映生态系统服务功能的总体稀缺性，它在反映生态系统服务功能可持续性方面的作用相对比较弱。

如果对生态系统服务功能评估的目的是为某些工程项目立项的决策提供依据，价值量评估比物质量评估方法更有优势。因为工程项目立项过程在很大程度上是对各种成本和效益进行量化并加以综合比较和权衡的过程，价值量评估方法在这一方面要比物质量评估方法有明显的优势。

另外，判断物质量和价值量评估方法合适与否，在一定程度上取决于被评估生态系统的空间尺度。一般来说，价值量评估方法所得到的生态系统服务总体价值是为交换提供依据的，而物质量评估方法反映的主要是生态系统的结构与功能及生态过程。空间尺度比较小的生态系统可用于某种目的的交换，而空间尺度较大的区域生态系统或关键的生态系统对于任何目的都是不能进行交换的。所以，就空间尺度较大的生态系统服务功能评估而言，物质量评估方法比价值量评估方法更有意义。当然，价值量评估方法可以从另一个方面向人们展示生态系统服务功能的价值，以引起人们对生态系统服务功能的高度重视。

3.2 退耕还林工程区生态因子观测方法

综合上述研究，针对本书研究的实际情况，并参考笔者在中国天然林保护工程建设效益方面的研究（国政，2017），笔者制定了黄河上游退耕还林工程生态因子观测与评价方法。

3.2.1 标准样地设置及选择

样地的选择标准具有代表性和典型意义，不同类型样地之间差异明显，符合样地类型划分标准。标准地的形状以便于测量和计算面积为原则，一般为正方形或长方形，其面积的大小根据标准地内主林层优势树种决定。一般标准地内的林木株数为：幼龄林 300 株以上，中龄林 250 株以上，近熟林以上的林分中至少应有 200 株。

本书在进行大量植被调查的基础上，根据研究内容和技术路线及树种的分布等，选取了有代表性的林种、地段设立标准试验样地：选择退耕还林工程区的管理护林地与作为参照和对照的天然林、天然次生林地作为固定试验样地。

样方大小：乔木 20 米×20 米，灌木 5 米×5 米，草本植物 1 米×1 米。

3.2.2 退耕还林工程区森林及生长状况调查

调查内容：生长时间、类型、规格、成活率、生长状况。

3.2.3　植被与林分调查

3.2.3.1　环境条件调查

环境条件调查项目主要包括地貌类型、地势、坡度、坡向、配置模式等。

地貌类型：一般采用目测法并结合当地林业部门提供的自然概况资料。

地势：一般采用目测法。

坡度、坡向：采用 GPRS 和测向仪进行量测。

配置模式：采用计数法，即直接对样方内所调查的种群数量进行计数统计。

3.2.3.2　植被组成特征调查

野外植被调查项目主要包括物种数量、植被盖度、高度、密度、频度等。

物种数量：采用计数法对所设样地或样方进行物种数量调查。

植被盖度：一般采用目测法估算，单位为%。

植被高度：根据需要直接测量每个层片的高度或每个种的高度，单位为厘米。

植被密度：采用计数法，即直接对样方内所调查的种群数量进行计数，单位为株/平方米。

3.2.3.3　生物量调查

本书在对退耕还林工程区植被调查的基础上，重点对本书的标准试验地进行了调查，除了进行以上指标项目的调查外，还进行了地上、地下生物量调查。

(1) 乔木层生物量测定。

1) 地上部分生物量测定。

乔木层地上部分生物量的测定采用解析木法。对每一标准地（20 米×20 米）的乔木进行每木检测，测定树高、胸径。根据标准地每木调查的资料计算出全部立木的平均高度、胸高断面积，选出代表该标准地最接近这两个平均值的树木作为标准木，并对标准木进行树干解析，称鲜重。然后，把样品带回实验室置于 80℃的烘箱 24 小时，称重，求出干鲜重比率，然后以标准木为根据，计算样地及整个林分生物量。

$$W_{TL}=\overline{W_{TL}}\times(N/400)\times1000$$

$$W_{rs}=\overline{W_{TS}}\times(N/400)\times1000$$

其中，N 为标准地内的株数；$\overline{W_{TL}}$ 为枝叶生物量，吨/株；$\overline{W_{TS}}$ 为树干生物量，吨/株。

枝叶、树干分别取样称鲜重，然后把样品带回实验室置于80℃的烘箱24小时，称重，求出干鲜重比率，进而推算单位面积上乔木层枝叶、树干干生物量。

干生物量=鲜生物量×样品干重÷样品鲜重

2）地下部分生物量测定。

以标准木根基处为中心，标准地平均株行距为边长，设置矩形样方，分层挖取，将根系全部挖出，仔细挑出各土层中的根系，称重（$\overline{W_{TR}}$），再乘以标准地内的株数（N），得出1公顷乔木根系的生物量（W_{TR}）。同时，取样称重，再把样品带回实验室置于80℃的烘箱中24小时，称重，求出干鲜重比率，进而推算1公顷乔木根系干生物量。$W_{TR}=\overline{W_{TR}}\times(N/400)\times1000$

（2）灌木层生物量测定。

1）地上部分生物量测定。

灌木层生物量的测定采用全部收获法（冯宗炜，1999）。首先，在标准地内按对角线设置4个5米×5米的样方，将每个样方内的灌木全部砍倒，分别称其鲜重，进而计算样方灌木鲜生物量平均值（$\overline{W_{TR}}$），得出1公顷的灌木鲜生物量（W_{SL}）。$W_{SL}=\overline{W_{TR}}/25\times10000$

然后，混合取样称重，把样品带回实验室置于80℃的烘箱中烘干至恒重，求出干鲜重比率，进而推算1公顷灌木根系干生物量。

干生物量=鲜生物量×样品干重÷样品鲜重

2）地下部分生物量测定。

首先，在每个样方内，设置1个1米×1米的小样方，分层挖取0~20厘米、20~40厘米、60厘米、60~80厘米、81~100厘米的土层，仔细挑出各土层中的根系，分别称其鲜重，进而计算小样方根系鲜生物量平均值（$\overline{W_{SR}}$），得出1公顷灌木根系鲜生物量（W_{SR}）。然后，混合取样称重，把样品带回实验室置于80℃的烘箱中24小时，称重，求出干鲜重比率，进而推算1公顷灌木根系干生物量。

$\overline{W_{SR}}=\overline{W_{SR}}\times10000$

干生物量=鲜生物量×样品干重÷样品鲜重

（3）草本层生物量测定。

1）地上部分生物量测定。

草本层生物量的测定采用全部收获法（冯宗炜，1999）。首先，在标准地内设置 5 个 1 米×1 米的样方，将每个样方内的草本植物全部剪掉，分别称其鲜重，进而计算样方草本植物鲜生物量的平均值（$\overline{W_{HL}}$），得出 1 公顷草本植物鲜生物量（W_{HL}）。然后，混合取样称重，把样品带回实验置于 80℃的烘箱中 24 小时，称重，求出干鲜重比率，进而推算 1 公顷草本植物干生物量。

$W_{HL}=\overline{W_{HL}}\times10000$

干生物量=鲜生物量×样品干重÷样品鲜重

2）地下部分生物量测定。

首先，将剪掉草本植物的 5 个 1 米×1 米的样方，分层挖取 0～20 厘米、20～40 厘米、40～60 厘米的土层，仔细挑出各土层中的根系，分别称其鲜重，进而计算小样方根系鲜生物量平均值（$\overline{W_{HR}}$），得出 1 公顷草本植物根系鲜生物量（W_{HR}）。然后，混合取样称重，把样品带回实验室置于 80℃的烘箱中 24 小时，称重，求出干鲜重比率，进而推算 1 公顷草本植物根系干生物量。

$W_{HR}=\overline{W_{HR}}\times10000$

干生物量=鲜生物量×样品干重÷样品鲜重

（4）枯枝落叶层现存量测定。

首先，在标准地内设置 5 个 1 米×1 米的样方，收集每个样方的枯枝落叶，分别称其鲜量，进而计算样方枯枝落叶现存量的平均值（$\overline{W_L}$），得出 1 公顷枯枝落叶层现存量 W_L。然后，混合取样称重，把样品带回实验室置于 80℃的烘箱中 24 小时，称重，求出干鲜重比率，进而推算 1 公顷枯枝落叶现存量干重。

$W_L=\overline{W_L}\times10000$

干生物量：鲜生物量×样品干重÷样品鲜重

3.2.4　土壤调查

标准试验地土壤调查包括土壤剖面调查、土壤理化性质测定。

3.2.4.1　土壤剖面调查

在标准样地内选取典型地段挖取土壤剖面，一般情况下每个标准样地挖取三个剖面，其中一个为典型观察剖面，另外两个分别为检查剖面和定界剖面。剖面挖取一般长 1.5～2.0 米，宽 0.8～1.0 米，深度在石质山地达母岩，在黄土地达母质，在沙滩或其他水位浅的地方，可挖到地下水面。

土壤剖面形态观察记载内容主要包括以下 12 个方面：层次、颜色、结构、质地、紧实度、石砾含量、根量、新生体、侵入体、湿度、$CaCO_3$ 含量和 pH 值。同时，还要记载剖面位置及其代表性、母岩和母质、植被及其总覆盖度、地下水位及水质、立地条件类型、造林地种类、土壤野外定名和调查人等。

3.2.4.2 样地设置及取样

在与植物群落相对应的样地内，对其土壤理化性质进行测定，测定深度 0~60 厘米，分别从 0~20 厘米、20~40 厘米、40~60 厘米三个层次取混合土样，每个层次取 3 个重复。

采集混合样品的要求：

(1) 每一点采取的土样厚度、深浅、宽窄应大体一致。

(2) 各点都是随机决定的，在退耕还林工程区内观察了解情况后，随机定点可以避免主观误差，提高样品的代表性，一般按 S 形线路采样。

(3) 采样地点应避免路边、沟边和特殊地形的部位。

(4) 一个混合样品是由均匀一致的许多点组成的，各点的差异不能太大，不然就要根据土壤差异情况分别采集几个混合土样，使分析结果更能说明问题。

(5) 一个混合样品重 1 千克左右，把各点采集的土壤放在一个盆里或塑料布上用手捏碎摊平，充分混合后，取 200 克混合样品放在布袋或塑料袋里，其余弃去，同时附上标签，注明采样地点、采土深度、采样日期、采样人，标签一式两份，一份放在袋里，一份扣在袋上，最后带回实验室测定其化学性质，与此同时要做好采样记录。

3.2.4.3 土壤物理性质测定

(1) 土壤容重和含水量的测定。

在林地内挖掘土壤剖面，用修土刀修平土壤剖面并记录剖面的形态特征，按剖面层次，分层取样，每个层次取 3 个重复。

将环刀托放在已知重量的环刀（容积为 100 立方厘米）上，环刀内壁稍擦上凡士林，将环刀刃口向下垂直压入土中，直至环刀筒中充满土样为止。

用修土刀切开环周围的土样，取出已充满土的环刀，细心削平环刀两端多余的土，并擦净环刀外面的土。同时在同层取样处，用铝盒采样，测定土壤含水量（或用水分仪测量水分含量）。

把装有土样的环刀两端立即加盖，以免水分蒸发，随即称重（即湿土加空铝盒重，精确到 0.01 克，记为 W_1），然后打开盖，置于烘箱，在 105~110℃ 条件下，烘至恒重（需 6~8 小时），再称重（干土加盒重，记为 W_2），空铝盒的

重量记为 W_3。其计算公式如下：

$$Pb=\frac{m}{v(1+\theta m)}$$

其中，Pb 为土壤容重，m 为环刀内湿样质量，θm 为样品含水量（%）；v 为环刀容积（立方厘米），一般为 100 立方厘米。允许平行绝对误差小于 0.03 克/立方厘米，取算术平均值。土壤含水量：

$$\theta m=\frac{W1-W2}{W2-W3}\times 100$$

（2）土壤孔隙度的测定。

1）土壤总孔隙度。

土壤孔隙度一般都不直接测定，而是由土粒密度和容重计算求得，即：

$$P_1=(1-\frac{\rho b}{\rho})\times 100\%$$

2）毛管孔隙度的测定。

将测定容重的原土样环刀上方的盖子打开，每一个环刀上方铺一滤纸，然后将环刀放在有水源供应的浅盘上，使其充分吸水，2~3 小时后，环刀上方有水分湿润时，土壤中毛管水已接近饱和，取出环刀用试纸吸干，进行称重，然后放回原处，每隔 1 小时取出，反复称重，直到恒重。

土壤毛管孔隙度采用下式计算：

$$Pc=(b-a-x)/v$$

其中，Pc 为毛管孔隙度，单位为%；b 为吸水 2~3 小时后带土环刀重，单位为克；a 为环刀重，单位为克；x 为环刀内干重，单位为克；v 为环刀容积，单位为立方厘米。

3）土壤非毛管孔隙度。

土壤非毛管孔隙度采用下式计算：

$$Pn=Pt-Pc$$

其中，Pn 为土壤非毛管孔隙度，单位为%；Pt 为土壤总孔隙度，单位为%；Pc 为毛管孔隙度，单位为%。

（3）土壤渗透测定。

采用改进的环刀法，环刀内径 10 厘米，总高度 12 厘米。测定时先用环刀取土壤表层原状土，取土高度为 10 厘米，取样后带回在室内连同环刀浸入水中 10 小时。浸水时保持水面稍低于环刀表面，以免水分漫灌堵塞土壤毛孔，影响测定结果。为便于比较，最后将测定的稳定入渗速率换算成10℃时的稳定入渗系数，重复三次取平均值。浸水后放在渗透架上，在上部加水，水层厚度2厘米，下部用烧杯接渗出水，每隔2分钟测量一次渗出水量，同时立即将上部水加至原刻度，直到连续三次出水量相等时停止试验。渗透系数计算公式如下：

$$K_{ti}=\frac{V\times L}{H+L}$$

$$V=\frac{Qi}{S}\times\frac{10}{ti}$$

其中，y为渗透速率，单位为毫米/分钟；s为渗透筒横断面积，单位为平方厘米；Qi为在时段 t_i 中渗出的水量，单位为立方米；L为土层厚度，单位为厘米；H为水层厚度，单位为厘米；K_{ti} 为t温度下的渗透系数。

$$K_{10}=\frac{K_{ti}}{0.7+0.03t_i}$$

（4）土壤化学性质测定。

分析项目有土壤有机质、全氮、全磷、全钾、速效N、P、K。土壤有机质：重铬酸钾氧化法。土壤全N：重铬酸钾-硫酸消化法，开氏定氮法。土壤全磷：氢氟酸-高氯酸消化-钼锑抗比色法，钼锑抗比色法。全钾：氢氧化钠碱熔-火焰光度法。土壤水解N：康维皿法。土壤速效P：碳酸氢钠浸提法，钼锑抗比色法。土壤交换性K：醋酸铁浸提法，火焰分光光度法。

3.2.5 林地水文调查

森林水文分析项目有冠层截留量、枯落物容水量。

（1）冠层截留量。

1）乔木层截留量。乔木层截留量采用“浸水法”求出以鲜重为基准的最大持水量，即将标准枝称重后，浸入水中5分钟，然后轻轻捞出，待重力水滴净后称重，进而推算得到单位面积上乔木枝叶生物量和最大截留量。

2）灌木层截留量。在标准地内选择有代表性的样方4个，面积为5米×5米，砍下样方内所有灌木，称鲜重，进而推算单位面积内灌木层的鲜重。取一定重量的样品浸入水中5分钟，然后轻轻捞出，待重力水滴净后称重，测定灌木层的最大截留量，把样品带回实验室置于105℃的烘箱中至恒重，求出于鲜重比例，进而可算出单位面积灌木层生物量和最大截留量。

3）草本层截留量。在标准地内选择有代表性的样方 5 个，面积为 1 米×1 米，割下样方内所有草本植物，称鲜重，进而推算单位面积内草本层的鲜重。取一定重量的样品浸入水中 5 分钟，然后轻轻捞出，待重力水滴净后称重，测定草本层的最大截留率，把样品带回实验室置于 105 ℃的烘箱中至恒重，求出干鲜重比例，进而可算出单位面积草本层生物量和最大截留量。

4）最大截留率、截留量测定。用“简易吸水法”分别测定乔木层、灌木层和草本层的最大截留量。乔木、灌木层对干、枝叶分别进行测定。最大截留率计算公式为：

$$R_C = (Wa - Wb)/Wb \times 100$$

其中，R_C 为最大截留率，单位为%；Wb 为枝叶吸水前重，单位为克；Wa 为枝叶吸水后重，单位为克。

最大截留量计算公式为：

$$Mr = Rc \times Rb/10000$$

其中，Mr 为最大截留量，单位为毫米；Rc 为最大截留率，单位为%；Rb 为地上生物量，单位为千克/公顷。

（2）枯枝落叶层容水量。

在标准地内设置具有代表性的样方 5 个，面积为 1 米×1 米，测量枯落物的厚度，然后收集枯落物称重，进而计算单位林地面积枯落物现存量。取一定重量的样品带回，通过浸泡、称重、烘干测定其含水率和饱和吸水率，进而计算枯枝落叶层的最大容水量。

枯落物水容率计算公式为：

$$R = (W_a - W_b)/W_b \times 100$$

其中，R 为枯落物水容率，单位为%；W_a 为经 8~10 小时浸泡后的带水枯落物重，单位为克；W_b 为枯落物干重，单位为克。

枯落物水容量计算公式为：

$$M = (W_a - W_b)/S \times 100$$

其中，M 为枯落物水容量，单位为 mrn；W_a 为经 8~10 小时浸泡后的带水枯落物重，单位为克；W_b 为枯落物干重，单位为克；S 为小区面积，单位为平方厘米。

3.2.6　遥感监测方法

为了研究的需要，一般选择影像清晰，反差适中，时相好，各项指标均能符合要求，容易辨别地类地物的遥感影像数据。对于所获取的遥感影像数据，需要进行预处理才能正式使用。常用的 Landsat TM 影像在地面接收站即进行过较粗的辐射校正和几何校正，除高精度的定量应用外，TM 影像一般只需进行几何精校正即可，校正后进行图像处理、波段合成及图像拼接、裁剪处理，以期进一步发掘遥感影像的潜在信息，突出和显示目标物的所需专题特征信息。

根据不同土地利用类型的光谱反映特征建立解译标志，采用目视解译法识别影像的特征属性，并结合野外调查资料对影像进行监督分类，得到遥感分类图，进而比较各时的遥感分类图，完成监测的详细图。

3.3 退耕还林工程生态效益评价指标与评价计算方法

本书按照《森林生态系统服务功能评估规范》（GB/T 38582—2020）、《森林生态系统长期定位观测方法》（GB/T 33027）、《森林生态系统长期定位观测指标体系》（GB/T 35377）、《森林生态系统服务功能评估规范》（LY/T 1721）的文件的规范进行监测与评估。

3.3.1 评估指标体系

森林生态系统服务功能测算评估指标体系如图 3-1 所示。

3.3.2 森林生态系统服务功能物质量评估公式及参数设置

森林生态系统服务功能是指森林生态系统与生态过程所形成及维持的人类赖以生存的自然环境条件与效用。主要包括森林在涵养水源、保育土壤、固碳释氧、积累营养物质、净化大气环境、森林防护、生物多样性保护和森林游憩等方面提供的生态服务功能。

本书按照国家林业与草原局制定的《森林生态系统服务功能评估规范》（GB/T 38582—2020），通过采用森林生态系统长期连续定位观测数据、森林资源清查数据及社会公共数据对森林生态系统服务功能开展物质量与价值量评估（见表 3-3）。

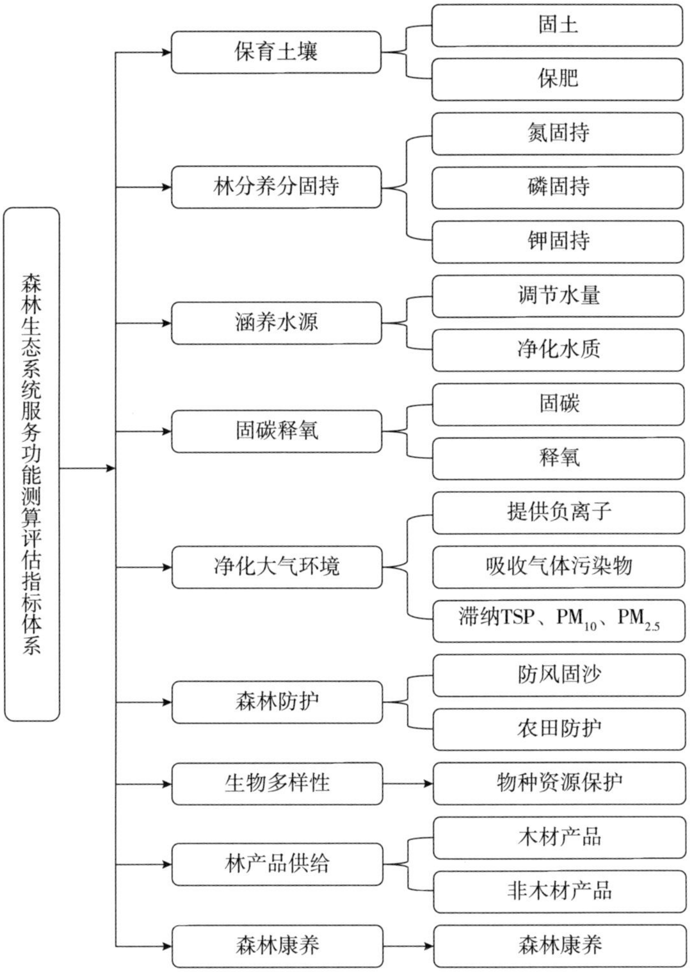

图 3-1　森林生态系统服务功能测算评估指标体系

表 3-3　森林生态系统服务功能物质量评估公式及参数设置

功能类别	指标类别	计算公式和参数说明
保育土壤	固土	$G_{固土}=A\times(X_2-X_1)\times F$ 其中，$G_{固土}$为评估林分年固土量，单位为吨/年；A 为林分面积，单位为公顷；X_2 为无林地土壤侵蚀模数，单位为吨 · 公顷/年；X_1 为林地土壤侵蚀模数，单位为吨 · 公顷/年；F 为森林生态系统服务修正系数

续表

功能类别	指标类别		计算公式和参数说明
保育土壤	保肥	减少氮流失	$G_N = A\times N\times(X_2-X_1)\times F$ 其中，G_N 为评估林分固持土壤而减少的氮流失量，单位为吨/年；A 为林分面积，单位为公顷；N 为实测林分中土壤含氮量，单位为%；X_2 为无林地土壤侵蚀模数，单位为吨·公顷/年；X_1 为林地土壤侵蚀模数，单位为吨·公顷/年；F 为森林生态系统服务修正系数
		减少磷流失	$G_P = A\times P\times(X_2-X_1)\times F$ 其中，G_P 为评估林分固持土壤而减少的磷流失量，单位为吨/年；P 为实测林分中的土壤含磷量，单位为%
		减少钾流失	$G_K = A\times K\times(X_2-X_1)\times F$ 其中，G_K 为评估林分固持土壤而减少的钾流失量，单位为吨/年；K 为实测林分中的土壤含钾量，单位为%
		减少有机质流失	$G_{\text{有机质}} = A\times M\times(X_2-X_1)\times F$ 其中，$G_{\text{有机质}}$ 为评估林分固持土壤而减少的有机质流失量，单位为吨/年；M 为实测林分中土壤含有机质量，单位为%
林分养分固持	氮固持		$G_{\text{氮}} = A\times N_{\text{营养}}\times B_{\text{年}}\times F$ 其中，$G_{\text{氮}}$ 为评估林分中氮固持量，单位为吨/年；A 为林分面积，单位为公顷；$N_{\text{营养}}$ 为实测林木氮元素含量，单位为%；$B_{\text{年}}$ 为实测林分净生产力，单位为吨·公顷/年；F 为森林生态系统服务修正系数
	磷固持		$G_{\text{磷}} = A\times P_{\text{营养}}\times B_{\text{年}}\times F$ 其中，$G_{\text{磷}}$ 为评估林分中磷固持量，单位为吨/年；A 为林分面积，单位为公顷；$P_{\text{营养}}$ 为实测林木磷元素含量，单位为%；$B_{\text{年}}$ 为实测林分净生产力，单位为吨·公顷/年；F 为森林生态系统服务修正系数
	钾固持		$G_{\text{钾}} = A\times K_{\text{营养}}\times B_{\text{年}}\times F$ 其中，$G_{\text{钾}}$ 为评估林分中钾固持量，单位为吨/年；A 为林分面积，单位为公顷；$K_{\text{营养}}$ 为实测林木钾元素含量，单位为%；$B_{\text{年}}$ 为实测林分净生产力，单位为吨·公顷/年；F 为森林生态系统服务修正系数
涵养水源	调节水量		$G_{\text{调}} = 10A\times(P_{\text{水}}-E-C)\times F$ 其中，$G_{\text{调}}$ 为评估林分年调节水量功能，单位为立方米/年；A 为林分面积，单位为公顷；$P_{\text{水}}$ 为实测林分降水量，单位为毫米/年；E 为实测林分蒸散量，单位为毫米/年；C 为实测林分地表快速径流量，单位为毫米/年；F 为森林生态系统服务修正系数

续表

功能类别	指标类别		计算公式和参数说明
涵养水源	净化水质		$G_{\text{净}}=10A\times(P_{\text{水}}-E-C)\times F$ 其中，$G_{\text{净}}$为评估林分年净化水质量，单位为立方米/年
固碳释氧	固碳	土壤固碳	$G_{\text{碳}}=G_{\text{植被固碳}}+G_{\text{土壤固碳}}$；$G_{\text{植被固碳}}=1.63R_{\text{碳}}\times A\times B_{\text{年}}\times F$ 其中，$G_{\text{碳}}$为评估林分生态系统年固碳量，单位为吨/年；$G_{\text{植被固碳}}$为评估林分年固碳量，单位为吨/年；$G_{\text{土壤固碳}}$为评估林分对应的土壤年固碳量，单位为吨/年；$R_{\text{碳}}$为CO_2中碳的含量，为27.27%；$B_{\text{年}}$为实测林分净生产力，单位为吨·公顷/年；A为林分面积，单位为公顷；F为森林生态系统服务修正系数
		植被固碳	$G_{\text{土壤固碳}}=A\times S_{\text{土壤}}\times F$ 其中，$G_{\text{土壤固碳}}$为评估林分中土壤年固碳量，单位为吨/年；$S_{\text{土壤}}$为单位面积实测林分土壤固碳量，单位为吨·公顷/年；A为林分面积，单位为公顷；F为森林生态系统服务修正系数
	释氧		$G_{\text{氧气}}=1.19A\times B_{\text{年}}\times F$ 其中，$G_{\text{氧气}}$为评估林分年释氧量，单位为吨/年；$B_{\text{年}}$为实测林分净生产力，单位为吨·公顷/年；A为林分面积，单位为公顷；F为森林生态系统服务修正系数
净化大气环境	提供负离子		$G_{\text{负离子}}=5.256\times10^{15}Q_{\text{负离子}}\times A\times H\times F/L$ 其中，$G_{\text{负离子}}$为评估林分年提供负离子个数，单位为个/年；$Q_{\text{负离子}}$为实测林分负离子浓度，单位为个/立方厘米；A为林分面积，单位为公顷；H为林分高度，单位为米；F为森林生态系统服务修正系数；L为负离子寿命，单位为分钟
	吸收气体污染物	吸收二氧化硫	$G_{\text{二氧化硫}}=Q_{\text{二氧化硫}}\times A\times F/1000$ 其中，$G_{\text{二氧化硫}}$为评估林分年吸收二氧化硫量，单位为吨/年；$Q_{\text{二氧化硫}}$为单位面积实测林分吸收二氧化硫量，单位为千克·公顷/年；A为林分面积，单位为公顷；F为森林生态系统服务修正系数
		吸收氟化物	$G_{\text{氟化物}}=Q_{\text{氟化物}}\times A\times F/1000$ 其中，$G_{\text{氟化物}}$为实测林分年吸收氟化物量，单位为吨/年；$Q_{\text{氟化物}}$为单位面积实测林分吸收氟化物量，单位为千克·公顷/年；A为林分面积，单位为公顷；F为森林生态系统服务修正系数
		吸收氮氧化物	$G_{\text{氮氧化物}}=Q_{\text{氮氧化物}}\times A\times F/1000$ 其中，$G_{\text{氮氧化物}}$为评估林分年吸收氮氧化物量，单位为吨/年；$Q_{\text{氮氧化物}}$为单位面积实测林分年吸收氮氧化物量，单位为千克·公顷/年；A为林分面积，单位为公顷；F为森林生态系统服务修正系数

续表

功能类别	指标类别		计算公式和参数说明
净化大气环境	滞纳TSP、PM10、PM2.5	滞纳 TSP	$G_{TSP}=Q_{TSP}\times A\times F/1000$ 其中，G_{TSP} 为评估林分年潜在滞纳 TSP（总悬浮颗粒物）量，单位为吨/年；Q_{TSP} 为实测林分单位面积年滞纳 TSP 量，单位为千克·公顷/年；A 为林分面积，单位为公顷；F 为森林生态系统服务修正系数
		滞纳 PM10	$G_{PM10}=Q_{PM10}\times A\times F/1000$ 其中，G_{PM10} 为评估林分年潜在滞纳 PM10（直径≤10 微米的可吸入颗粒物）量，单位为吨/年；Q_{PM10} 为实测林分单位面积年滞纳 PM10 量，单位为千克·公顷/年；A 为林分面积，单位为公顷；F 为森林生态系统服务修正系数
		滞纳 PM2.5	$G_{PM2.5}=Q_{PM2.5}\times A\times F/1000$ 其中，$G_{PM2.5}$ 为评估林分年潜在滞纳 PM2.5（直径≤2.5 微米的可入肺颗粒物）量，单位为吨/年；$Q_{PM2.5}$ 为实测林分单位面积年滞纳 PM2.5 量，单位为千克·公顷/年；A 为林分面积，单位为公顷；F 为森林生态系统服务修正系数
森林防护	防风固沙		$G_{防风固沙}=A_{防风固沙}\times(Y_2-Y_1)\times F$ 其中，$G_{防风固沙}$ 为评估林分防风固沙量，单位为吨/年；$A_{防风固沙}$ 为防风固沙林面积，单位为公顷；Y_2 为无林地风蚀模数，单位为吨·公顷/年；Y_1 为有林地风蚀模数，单位为吨·公顷/年；F 为森林生态系统服务修正系数
	农田防护		农田防护林森林防护的实物量可折算为农作物产量，单位为吨/年；防风固沙林可折算为牧草产量，单位为吨/年；海岸防护林可折算为其他实物量，单位为吨/年
森林生态系统服务修正系数	森林生态系统服务修正系数		$FES\text{-}CC=\frac{Be}{Bo}=\frac{BEF\times V}{Bo}$ 其中，FES-CC 为森林生态系统服务修正系数；Be 为评估林分的生物量，单位为千克/立方米；Bo 为实测林分的生物量，单位为千克/立方米；BEF 为蓄积量与生物量的转换因子；V 为评估林分的蓄积量，单位为立方米

3.3.3 森林生态系统服务功能价值量评估公式及参数设置

本书在森林生态系统服务功能价值量评估中，主要从森林在涵养水源、保育土壤、固碳释氧、积累营养物质、净化大气环境、森林防护、生物多样性保护和森林游憩等方面提供的生态服务功能物质量再计算出价值量进行评估（见表 3-4）。

表 3-4　森林生态系统服务功能价值量评估公式及参数设置

<table>
<tr><th>功能类别</th><th colspan="2">指标类别</th><th>计算公式和参数说明</th></tr>
<tr><td rowspan="5">保育土壤</td><td colspan="2">固土</td><td>$U_{\text{固土}}=G_{\text{固土}}\times C_{\text{土}}/\rho$
其中，$U_{\text{固土}}$ 为评估林分年固土价值，单位为元/年；$G_{\text{固土}}$ 为评估林分年固土量，单位为吨/年；$C_{\text{土}}$ 为挖取和运输单位体积土方所需费用，单位为元/立方米；ρ 为土壤容重，单位为克/立方厘米</td></tr>
<tr><td rowspan="4">保肥</td><td>减少氮流失</td><td rowspan="4">$U_{\text{肥}}=G_N\times C_1/R_1+G_P\times C_1/R_2+G_K\times C_2/R_3+G_{\text{有机质}}\times C_3$
其中，$U_{\text{肥}}$ 为评估林分年保肥价值，单位为元/年；G_N 为评估林分固持土壤而减少的氮流失量，单位为吨/年；C_1 为磷酸二铵化肥价格，单位为元/吨；R1 为磷酸二铵含氮量，单位为%；G_P 为评估林分固持土壤而减少的磷流失量，单位为吨/年；P 为实测林分中的土壤含磷量，单位为%；R_2 为磷酸二铵化肥含磷量，单位为%；G_K 为评估林分固持土壤而减少的钾流失量，单位为吨/年；C_2 为氯化钾化肥价格，单位为元/吨；R_3 为氯化钾化肥的含钾量，单位为%；K 为实测林分中的土壤含钾量，单位为%；$G_{\text{有机质}}$ 为评估林分固持土壤而减少的有机质流失量，单位为吨/年；C_3 为有机质价格，单位为元/吨</td></tr>
<tr><td>减少磷流失</td></tr>
<tr><td>减少钾流失</td></tr>
<tr><td>减少有机质流失</td></tr>
<tr><td rowspan="3">林分养分固持</td><td colspan="2">氮固持</td><td>$U_{\text{氮}}=G_{\text{氮}}\times C_1$
其中，$U_{\text{氮}}$ 为评估林分氮固持价值，单位为元/年；$G_{\text{氮}}$ 为评估林分中氮固持量，单位为吨/年；C_1 为磷酸二铵化肥价格，单位为元/吨</td></tr>
<tr><td colspan="2">磷固持</td><td>$U_{\text{磷}}=G_{\text{磷}}\times C_1$
其中，$U_{\text{磷}}$ 为评估林分磷固持价值，单位为元/年；$G_{\text{磷}}$ 为评估林分中磷固持量，单位为吨/年；C_1 为磷酸二铵化肥价格，单位为元/吨</td></tr>
<tr><td colspan="2">钾固持</td><td>$U_{\text{钾}}=G_{\text{钾}}\times C_2$
其中，$U_{\text{钾}}$ 为评估林分钾固持价值，单位为元/年；$G_{\text{钾}}$ 为评估林分中钾固持量，单位为吨/年；C_2 为氯化钾化肥价格，单位为元/吨</td></tr>
<tr><td>涵养水源</td><td colspan="2">调节水量</td><td>$U_{\text{调}}=G_{\text{调}}\times C_{\text{库}}$
其中，$U_{\text{调}}$ 为评估林分年调节水量价值，单位为元/年；$G_{\text{调}}$ 为评估林分年调节水量功能，单位为立方米/年；$C_{\text{库}}$ 为水资源市场交易价格，单位为元/立方米</td></tr>
</table>

续表

<table>
<tr><th>功能类别</th><th colspan="2">指标类别</th><th>计算公式和参数说明</th></tr>
<tr><td>涵养水源</td><td colspan="2">净化水质</td><td>$U_{净}=G_{净}\times K_{水}$
其中，$U_{净}$为评估林分净化水质价值，单位为元/年；$G_{净}$为评估林分年净化水质量，单位为立方米/年；$K_{水}$为水的净化费用，单位为元/年</td></tr>
<tr><td rowspan="2">固碳释氧</td><td colspan="2">固碳</td><td>$U_{碳}=G_{碳}\times C_{碳}$
其中，$U_{碳}$为评估林分固碳价值，单位为元/年；$G_{碳}$为评估林分生态系统年固碳量，单位为吨/年；$C_{碳}$为固碳价格，单位为元/吨</td></tr>
<tr><td colspan="2">释氧</td><td>$U_{氧}=G_{氧}\times C_{氧}$
其中，$U_{氧}$为评估林分年释氧价值，单位为元/年；$G_{氧}$为评估林分年释氧量，单位为吨/年；$C_{氧}$ 为氧气价格，单位为元/年</td></tr>
<tr><td rowspan="4">净化
大气环境</td><td colspan="2">提供负离子</td><td>$U_{负离子}=5.256\times10^{15}\times A\times H\times F\times K_{负离子}\times(Q_{负离子}-600)/L$
其中，$U_{负离子}$为评估林分提供负离子价格，单位为元/年；$G_{负离子}$为评估林分年提供负离子个数，单位为个/年；A 为林分面积，单位为公顷；H 为实测林分高度，单位为米；F 为森林生态系统服务修正系数；$K_{负离子}$为生产费用，单位为元/个；$Q_{负离子}$为实测林分负离子浓度，单位为个/立方厘米；L 为负离子寿命，单位为分钟</td></tr>
<tr><td rowspan="3">吸收气体污染物</td><td>吸收
二氧化硫</td><td>$U_{二氧化硫}=G_{二氧化硫}\times K_{二氧化硫}$
其中，$U_{二氧化硫}$ 为评估林分年吸收二氧化硫价值，单位为元/年；$G_{二氧化硫}$为评估林分年吸收二氧化硫量，单位为吨/年；$K_{二氧化硫}$为二氧化硫治理费用，单位为元/千克</td></tr>
<tr><td>吸收
氟化物</td><td>$U_{氟化硫}=G_{氟化物}\times K_{氟化物}$
其中，U 氟化物为评估林分年吸收氟化物价值，单位为元/年；$G_{氟化物}$为评估林分年吸收氟化物量，单位为吨/年；$K_{氟化物}$为氟化物治理费用，单位为元/千克</td></tr>
<tr><td>吸收
氮氧化物</td><td>$U_{氮氧化物}=G_{氮氧化物}\times K_{氮氧化物}$
其中，$U_{氮氧化物}$为评估林分年吸收氮氧化物价值，单位为元/年；$G_{氮氧化物}$为评估林分年吸收氮氧化物量，单位为吨/年；$K_{氮氧化物}$为氮氧化物治理费用，单位为元/千克</td></tr>
</table>

续表

功能类别	指标类别		计算公式和参数说明
净化大气环境	滞纳TSP、PM10、PM2.5	滞纳TSP	$U_{滞尘}=(G_{TSP}-G_{PM10}-G_{PM2.5})\times K_{TSP}+U_{PM10}+U_{PM2.5}$ 其中，$U_{滞尘}$为评估林分年潜在滞尘价值，单位为元/年；G_{TSP}为评估林分年潜在滞纳TSP（总悬浮颗粒物）量，单位为吨/年；G_{PM10}为评估林分年潜在滞纳PM10（直径≤10微米的可吸入颗粒物）量，单位为千克/年；$G_{PM2.5}$为评估林分年潜在滞纳PM2.5（直径≤2.5微米的可入肺颗粒物）量，单位为千克/年；K_{TSP}为降尘清理费用，单位为元/千克；U_{PM10}为评估林分年潜在滞纳PM_{10}的价值，单位为元/年；$U_{PM2.5}$为评估林分年潜在滞纳$PM_{2.5}$的价值，单位为元/年
		滞纳PM10	$U_{PM10}=C_{PM10}\times Q_{PM10}$ 其中，C_{PM10}为PM_{10}的清理费用，单位为元/千克
		滞纳PM2.5	$U_{PM2.5}=C_{PM2.5}\times Q_{PM2.5}$ 其中，$U_{PM2.5}$为$PM_{2.5}$的清理费用，单位为元/千克
森林防护	防风固沙		$U_{防风固沙}=K_{防风固沙}\times G_{防风固沙}$ 其中，$U_{防风固沙}$为评估林分防风固沙价值，单位为元/年；$K_{防风固沙}$为固沙成本，单位为元/吨；$G_{防风固沙}$为评估林分防风固沙量，单位为吨/年
	农田防护		$U_{农田防护}=Ka\times Va\times Ma\times A_{农}$ 其中，$U_{农田防护}$为评估林分农田防护功能的价值，单位为元/年；Ka为平均1公顷农田防护林能够实现农田防护面积19公顷；Va为农作物、牧草的价格，单位为元/千克；M_a为农作物、牧草平均增长量，单位为千克·公顷/年；$A_{农}$为农田防护林面积，单位为公顷
生物多样性	物种资源保育		$U_{生}=(1+\sum_{m=1}^{x}Em\times 0.1+\sum_{n=1}^{y}Bn\times 0.1+\sum_{r=1}^{z}Or\times 0.1)\times S_{生}\times A$ 其中，$U_{生}$为评估林分年物种资源保育价值，单位为元/年；Em为评估林分（或区域）内物种m的珍稀濒危指数；Bn为评估林分（或区域）内物种n的特有种指数；Or为评估林分（或区域）内物种r的古树年龄指数；x为计算珍稀濒危物种数量；y为计算特有物种数量；r为计算古树物种数量；$S_{生}$为单位面积物种资源保育价值，单位为元·公顷/年；A为林分面积，单位为公顷

续表

功能类别	指标类别	计算公式和参数说明
林产品供给	木材产品	$U_{木材产品} = \sum_{i}^{n}(Ai + Si + Ui)(i = 1, 2, \cdots, n)$ 其中，$U_{木材产品}$为区域内年木材产品价值，单位为元/年；Ai 为第 i 种木材产品面积，单位为公顷；Si 为第 i 种木材产品单位面积蓄积量，单位为立方米·公顷/年；Ui 为第 i 种木材产品市场价格，单位为元/立方米；
	非木材产品	$U_{非木材产品} = \sum_{j}^{n}(Aj + Vj + Pj)(j = 1, 2, \cdots, n)$ 其中，$U_{非木材产品}$为区域内年非木材产品价值，单位为元/年；Aj 为第 j 种木材产品面积，单位为公顷；Vj 为第 j 种非木材产品单位面积蓄积量，单位为立方米·公顷/年；Pj 为第 j 种非木材产品市场价格，单位为元/千克
森林康养	森林康养	$Ur = 0.8Uk$ 其中，Ur 为区域内年森林康养价值，单位为元/年；Uk 为各行政区林业旅游与休闲产业及森林康复疗养产业的价值，包括旅游收入、直接带动的其他产业的产值，单位为元/年；k 为行政区个数；0.8 为森林公园接待游客量和创造的旅游产值约占全国森林旅游总规模的 80%

以下对黄河上游生态效益的评估中均采用以上计算方法进行生态效益物质量和价值量的评估。

第4章
黄河上游退耕还林工程建设成效分析

20世纪80年代由于忽视了对公共资源和生态资源的管理，到了20世纪90年代以后，生态危机和资源危机集中爆发。为了从根本上遏制生态环境恶化的趋势，保护生物的多样性，促进社会和经济的可持续发展，我国于1999年开始试点实施退耕还林工程。

4.1 黄河上游退耕还林工程实施的内容与措施

退耕还林工程是一项复杂的系统工程，主要内容和措施是治理水土流失、保护生态环境，为人类提供森林生态系统服务。黄河上游退耕还林区处于西北干旱半干旱地区，这些地区曾出现了严重的资源危机和经济危机。

4.1.1 退耕还林工程的实施概况

退耕还林工程是一项重要的生态建设工程，就是通过退耕还林还草促进生态环境的恢复与发展。20世纪90年代后期，罕见的沙尘暴和特大的洪涝灾害对改革开放后忽视生态建设而引起的生态环境恶化问题提出了警示，1996年朱镕基同志强调“少砍树，多栽树，把森老虎请下山”，1997年江泽民同志发出了“再造一个山川秀美的西北地区”的号召，也由此为退耕还林工程的实施拉开了序幕（周少舟，2008）[①]。1999年党中央、国务院从社会经济可持续发展的战略高度出发，确定了实施退耕还林工程的重大决策，提出了“退耕还林（草）、封山绿化，个体承包、以粮代赈”的政策措施，并在四川、陕西、甘肃三省174县开展退耕还林还草试点，退耕还林还草试点工程正式拉开帷幕。

① 周少舟．天然林资源保护工程效益评价［D］．中国林业科学研究院博士学位论文，2008.

2000年9月，国务院发布了《关于进一步做好退耕还林还草试点工作的若干意见》（国发〔2000〕24号）（国家林业局，2000）。在总结试点经验的基础上，2002年4月国务院颁发了《关于进一步完善退耕还林政策措施的若干意见》（国发〔2002〕10号），退耕还林工程在25个省（自治区、直辖市）及新疆生产建设兵团全面展开，2002年12月国务院颁布了《退耕还林条例》，退耕还林工作真正纳入法制化轨道。2005年4月17日，国务院办公厅发布了《关于切实搞好"五个结合"进一步巩固退耕还林成果的通知》（国办发〔2005〕25号），退耕还林进入白热化阶段。这一时期退耕还林工程的实施，使生态环境得到改善，水土流失和风沙危害减轻，输入江河的泥沙量减少，同时，农民收入也有所增加，农村产业结构也有所调整，一些地区走上了"粮下川、林（草）上山，羊进圈"的良性发展轨道。

自2000年起退耕还林工程实施以来，以生态脆弱区为重点的生态保护网络基本形成，有效地遏制了生态继续恶化的局面。

4.1.2 退耕还林工程建设目标、内容与措施

退耕还林工程是一项复杂的系统工程，在实施过程中须分阶段分步骤逐步推进。实施退耕还林工程初期建设目标主要有以下三个：一是减少水土流失面积，治理沙化土地；二是森林资源稳定增长；三是解决农民的收入问题。为了进一步巩固退耕还林建设成果，改善退耕农户生产生活条件，逐步建立起促进生态改善、农民增收和经济发展的长效机制，促进退耕还林地区经济社会可持续发展，退耕还林工程的后期建设又提出了两个目标：一是确保退耕还林成果切实得到巩固。加强林木后期管护，搞好补植补造，提高造林成活率和保存率，杜绝砍树复耕现象发生。二是确保退耕农户长远生计得到有效解决。通过加大基本口粮田建设力度、加强农村能源建设、继续推进生态移民等措施，从根本上解决退耕农户吃饭、烧柴、增收等当前和长远的生活问题。

为了实现上述目标，2000年9月国务院发布了《关于进一步做好退耕还林还草试点工作的若干意见》（国发〔2000〕24号）。在总结试点经验的基础上，2002年4月国务院颁发了《关于进一步完善退耕还林政策措施的若干意见》（国发〔2002〕10号），2002年12月国务院颁布了《退耕还林条例》，退耕还林工作真正纳入法制化轨道。2005年4月17日，国务院办公厅发布了《关于切实搞好"五个结合"进一步巩固退耕还林成果的通知》（国办发〔2005〕25号），从中央到地方"坚持巩固退耕还林成果与解决退耕农户长远生计相结合；

坚持国家支持与退耕农户自力更生相结合；坚持中央制定统一的基本政策与省级人民政府负总责相结合”，切实加强了对退耕还林工程的领导。

4.1.2.1　我国退耕还林工程的主要建设目标

一是退耕还林工程退耕对象。退耕还林就是将 25 度以上坡耕地、沙化耕地、盐碱化耕地，以及风景旅游地区耕地退耕还林，通过退耕还林恢复和重建森林生态系统，增强水源涵养功能和水土保持功能。

二是加大基本口粮田建设力度。建设基本口粮田是解决退耕农户长远生计、巩固退耕还林成果的关键。要加大力度，力争用 5 年时间，实现具备条件的西南地区退耕农户人均不低于 0.5 亩、西北地区人均不低于 2 亩高产稳产基本口粮田的目标。对基本口粮田建设，中央安排预算内基本建设投资和巩固退耕还林成果专项资金给予补助，西南地区每亩补助 600 元，西北地区每亩补助 400 元。退耕还林有关地区要加大投入力度，加强基本口粮田建设。

4.1.2.2　我国退耕还林工程的主要政策内容

一是继续对退耕农户直接补助。现行退耕还林粮食和生活费补助期满后，中央财政安排资金，继续对退耕农户给予适当的现金补助，解决退耕农户当前生活困难。补助标准为：长江流域及南方地区每亩退耕地每年补助现金 105 元；黄河流域及北方地区每亩退耕地每年补助现金 70 元。原每亩退耕地每年 20 元生活补助费，继续直接补助给退耕农户，并与管护任务挂钩。补助期为：还生态林补助 8 年，还经济林补助 5 年，还草补助 2 年。根据验收结果，兑现补助资金。各地可结合本地实际，在国家规定的补助标准基础上，再适当提高补助标准。凡 2006 年底前退耕还林粮食和生活费补助政策已经期满的，要从 2007 年起发放补助；2007 年以后到期的，从次年起发放补助。

二是建立巩固退耕还林成果专项资金。为集中力量解决影响退耕农户长远生计的突出问题，中央财政安排一定规模资金，作为巩固退耕还林成果专项资金，主要用于西部地区、京津风沙源治理区和享受西部地区政策的中部地区退耕农户的基本口粮田建设、农村能源建设、生态移民以及补植补造，并向特殊困难地区倾斜。

中央财政按照退耕还林面积核定各省（自治区、直辖市）巩固退耕还林成果专项资金总量，并从 2008 年起按 8 年集中安排，逐年下达，包干到省。专项资金要实行专户管理，专款专用，并与原有国家各项扶持资金统筹使用。具体使用和管理办法由财政部会同有关部门制定，报国务院批准。

4.1.2.3 我国退耕还林工程的主要保障措施

一是加强农村能源建设。各地要从实际出发，因地制宜，以农村沼气建设为重点、多能互补，加强节柴灶、太阳灶建设，适当发展小水电。采取中央补助、地方配套和农民自筹相结合的方式，搞好退耕还林地区的农村能源建设。

二是继续推进生态移民。对居住地基本不具备生存条件的特困人口，实行易地搬迁。对西部一些经济发展明显落后、少数民族人口较多、生态位置重要的贫困地区，巩固退耕还林成果专项资金要给予重点支持。

三是继续扶持退耕还林地区。中央有关预算内基本建设投资和支农惠农财政资金要继续按原计划安排，统筹协调，保证相关资金能够整合使用。鼓励退耕农户和社会力量投资巩固退耕还林成果建设，允许退耕农户投资投劳兴建直接受益的生产生活设施。

四是调整退耕还林规划。为确保“十一五”期间耕地不少于18亿亩，原定“十一五”期间退耕还林2000万亩的规模，除2006年已安排400万亩外，其余暂不安排。国务院有关部门要进一步摸清25度以上坡耕地的实际情况，在深入调查研究、认真总结经验的基础上，实事求是地制订退耕还林工程建设规划。

五是继续安排荒山造林计划。为加快国土绿化进程，推进生态建设，今后仍继续安排荒山造林、封山育林。继续按原渠道安排种苗造林补助资金，并视情况适当提高补助标准。在安排荒山造林任务的同时，地方政府要负责安排好补植补造、抚育管理、病虫害防治和工程管理等工作，并安排相应经费。在不破坏植被、造成新的水土流失的前提下，允许农民间种豆类等矮秆农作物，以耕促抚、以耕促管。

4.1.3 黄河上游退耕还林工程的组织实施

为达到上述目标，退耕还林工程的具体措施主要有：

（1）加强领导，落实责任。省级人民政府要对本地区巩固退耕还林成果、解决退耕农户长远生计工作负总责，坚持目标、任务、资金、责任“四到省”原则。市、县、乡要层层落实巩固成果的目标和责任，逐乡、逐村、逐户地狠抓落实。

（2）科学规划，统筹安排。有关省级人民政府要制订切实可行的巩固退耕还林成果专项规划，重点包括退耕地区基本口粮田建设规划、农村能源建设规划、生态移民规划、农户接续产业发展规划等，并安排必要的退耕还林工作经费。规划要综合考虑还林的经营管理措施和退耕农户近期生计及长远发展配套项目，坚持因地制宜，突出重点，远近结合，综合整治，并与当地新农村建设规划等各专项规划相衔接。规划报有关部门审批，经批准的规划作为安排年度项目和巩固退耕还林成果专项资金的前提和依据。退耕还林工作经费安排方案要随专项规划一并上报。

（3）强化监督，严格检查。地方各级人民政府要认真落实政策，严肃工作纪律，严格核实退耕还林面积，严格资金支出管理，严禁弄虚作假骗取和截留挪用对农户的补助资金及专项资金。对于不认真执行中央政策的，根据问题性质和情节轻重，依法追究有关责任人员特别是地方人民政府负责人的责任。各级监察、审计部门要加强监督检查。

（4）健全机制，加强协调。建立巩固退耕还林成果部际联席会议制度，协调巩固退耕还林成果有关工作。有关部门要按照规划要求，各司其职，各负其责，加强沟通，协同配合，形成合力，确保退耕还林成果切实得到巩固，退耕农户长远生计得到有效解决。

4.2

黄河上游退耕还林工程建设成效以及对生态环境恢复的影响

黄河上游退耕还林工程区从 2000 年开始实施退耕还林工程，现在退耕还林工程取得了哪些进展？存在哪些问题呢？深入内蒙古自治区、陕西省、宁夏回族自治区、甘肃省、青海省进行实地调研，结果发现退耕还林工程的实施对黄河上游退耕还林工程区的生态环境和经济社会发展都产生了巨大的影响。

4.2.1　退耕还林工程造林面积的动态变化

黄河上游退耕还林工程实施后，由于贯彻“生态建设、生态安全、生态文明”的战略思想，坚持“退耕还林（草）、封山绿化，个体承包、以粮代赈”的指导方针，退耕还林工程取得了显著成效。本书重点从人工造林面积、退耕地造林和投资三个方面分析。

生态目标是退耕还林工程建设的主要目标。按照《全国生态环境建设规划》的总体规划，国家在 1999～2010 年用 12 年时间，完成退耕还林 500.00×

10^4 公顷，由此提高全国森林覆盖率 3.55%；用 20 年左右时间，结合退耕还林工程，将长江流域重点治理区森林覆盖率由目前的 22.10%提高到 45%以上；用 30 年左右时间，将黄河流域重点治理区森林覆盖率由目前的 10.10%提高到 27.00%以上；构建林草生态系统，遏制水土流失，改善流域乃至整个西部生态环境，建立起与国民经济和社会可持续发展相适应的良性生态环境系统，基本实现“山川秀美”的宏伟目标。

黄河上游退耕还林工程实施过程分为两个阶段。第一阶段：2000~2007 年。在这一阶段，黄河上游五个省份累计完成封山育林面积 289139 公顷，完成退耕还林面积 2797369 公顷，完成造林面积 6762556 公顷。第二阶段：2015~2018 年。在这一阶段，黄河上游五个省份累计完成封山育林 4855474 公顷，完成退耕还林面积 685114 公顷，完成人工造林面积 1860606 公顷。在整个退耕还林工程期，累计完成退耕还林面积 3482483 公顷，完成造林面积 8623162 公顷，累计实有封山造林面积 5144613 公顷。

2000~2018 年，内蒙古自治区累计完成封山育林面积 1723564 公顷，完成人工造林面积 2844171 公顷，完成退耕还林面积 1014548 公顷；陕西省累计完成封山育林面积 946830 公顷，完成人工造林面积 2474785 公顷，完成退耕还林面积 1035580 公顷；甘肃省累计完成封山育林面积 1382588 公顷，完成人工造林面积 2042315 公顷，完成退耕还林面积 923845 公顷；青海省累计完成封山育林面积 996836 公顷，完成人工造林面积 460294 公顷，完成退耕还林面积 176680 公顷；宁夏回族自治区累计完成封山育林面积 94795 公顷，完成人工造林面积 836925 公顷，完成退耕还林面积 331830 公顷（见表 4-1）。

4.2.2 退耕还林工程经济效益的动态变化

如表 4-2 所示，为了分析黄河上游退耕还林工程建设的经济目标和社会目标，本书重点对退耕还林林业工程所产生的第一产业产值、第二产业产值、第三产业产值这三个方面进行分析，这三个方面从更深层次反映了当地的经济发展情况。具体体现在：

通过实施退耕还林工程，改变西部地区长期不合理的农村产业结构，涉林第一产业、第二产业、第三产业比例逐渐合理。2000~2018 年，在实施退耕还林工程中，黄河上游退耕还林工程区完成涉林第一产业产值 130206585 万元；涉林第二产业产值 27654672 万元；涉林第三产业产值 19887638 万元。尤其是涉林第三产业产值，从 2011 年开始，发展势头迅猛，三大产业呈现出良性发展势头。

表 4-1　2000~2018 年黄河上游退耕还林工程面积统计

单位：公顷

年份	内蒙古自治区			陕西省			甘肃省			青海省			宁夏回族自治区		
	年末实有封山造林面积	造林面积	退耕地造林	年末实有封山造林面积	造林面积	退耕地造林	年末实有封山造林面积	造林面积	退耕地造林	年末实有封山造林面积	造林面积	退耕地造林	年末实有封山造林面积	造林面积	退耕地造林
2000		110956	26612		123168	54847		53049	49119		4826	4826		28593	11260
2001		53455	46213		101216	49728		28732	28399		16718	10054		16987	14259
2002		631565	232865		498353	235299		245690	111832		80401	47202		120000	53333
2003		654897	299317		562405	279641		526106	261397		88160	60572		270759	138887
2004		442470	106668		421506	197236		316138	33301		43707	13636		144895	65155
2005		265565	144003		62454	546		207640	121929		38177	8747		82380	14680
2006		54752	15589		78377	14682		66250	12863					37165	9380
2007	136309	73044	19733	40800	90050	0	59995	75337	449	43368	21923	3110	8667	24690	
2008	183898	154978		77570	74131		86667	60069		43369	15509		12334	35844	
2009	206094	52478		90780	39328		104720	42797		63366	28102		13334	33042	
2010	2867	55003		0	60737		0	44027		0	20855		0	20238	
2011	178924	46513		116198	59356		122745	22164		90700	22516		13332	5999	
2012	116626	39972		109011	47764		132588	20937		105002	16200		11133	8333	
2013	249253	42159		123721	45385		126947	19634		108667	16000		11465	8000	
2014	149917	16399		104973	3928		143848	6835		122667	18667		5532	0	

续表

年份	内蒙古自治区			陕西省			甘肃省			青海省			宁夏回族自治区		
	年末实有封山造林面积	造林面积	退耕地造林	年末实有封山造林面积	造林面积	退耕地造林	年末实有封山造林面积	造林面积	退耕地造林	年末实有封山造林面积	造林面积	退耕地造林	年末实有封山造林面积	造林面积	退耕地造林
2015	151114	18618	3334	96144	58686	57621	135416	43470	43336	119833	0	0	6134	0	0
2016	139237	47742	36609	72944	46100	44139	166614	10219	7999	109666	0	0	4465	0	13334
2017	109029	32045	32045	60144	48243	48243	159142	146509	146509	109666	19912	19912	4399	0	9542
2018	100296	51560	51560	54545	53598	53598	143906	106712	106712	80532	8621	8621	4000	0	2000
合计	1723564	2844171	1014548	946830	2474785	1035580	1382588	2042315	923845	996836	460294	176680	94795	836925	331830

资料来源：《中国林业统计年鉴》。

自 1999 年退耕还林工程开始实施以来，2000~2018 年，内蒙古自治区累计投资 3058514 万元，实现涉林第一产业产值 21267291 万元，其中，育种育苗造林 7312575 万元，木材 2593250 万元，经济林 4231924 万元；实现涉林第二产业产值 13544263 万元，其中，木材加工与制造 9905510 万元，非木质林产品加工制造 830834 万元；实现涉林第三产业产值 7119722 万元，其中，旅游休闲 3260297 万元，生态服务 306153 万元，林下经济 2841557 万元。

2000~2018 年陕西省累计投资 3027194 万元，实现涉林第一产业产值 66495191 万元，其中，育种育苗造林 8265099 万元，木材 977779 万元，经济林 51339301 万元；实现涉林第二产业产值 9002855 万元，其中，木材加工与制造 3235574 万元，非木质林产品加工制造 3714480 万元；实现涉林第三产业产值 7229601 万元，其中，旅游休闲 4687138 万元，生态服务 1347344 万元，林下经济 3448747 万元。

2000~2018 年甘肃省累计投资 3458616 万元，实现涉林第一产业产值 30450619 万元，其中，育种育苗造林 3783029 万元，木材 207110 万元，经济林 23337279 万元；实现涉林第二产业产值 1688535 万元，其中，木材加工与制造 173521 万元，非木质林产品加工制造 922755 万元；实现涉林第三产业产值 3261465 万元，其中，旅游休闲 1204407 万元，生态服务 129456 万元，林下经济 1904575 万元。

2000~2018 年青海省累计投资 782627 万元，实现涉林第一产业产值 3568840 万元，其中，育种育苗造林 859296 万元，木材 17850 万元，经济林 2123048 万元；实现涉林第二产业产值 98798 万元，其中，木材加工与制造 1042 万元，非木质林产品加工制造 54572 万元；实现涉林第三产业产值 198422 万元，其中，旅游休闲 187138 万元，生态服务 4947 万元，林下经济 1772 万元。

2000~2018 年宁夏回族自治区累计投资 986593 万元，实现涉林第一产业产值 8424644 万元，其中，育种育苗造林 1653222 万元，木材 10170 万元，经济林 5728218 万元；实现涉林第二产业产值 3320221 万元，其中，木材加工与制造 40502 万元，非木质林产品加工制造 3235171 万元；实现涉林第三产业产值 2078428 万元，其中，旅游休闲 1787676 万元，生态服务 22658 万元，林下经济 50797 万元（见表 4-2）。

表 4-2　2000~2018 年黄河上游退耕还林经济社会效益统计

单位：万元

年份			2000	2001	2002	2003	2004	2005	2006	2007	2008	2009	2010	2011	2012	2013	2014	2015	2016	2017	2018
内蒙古自治区	全部林业投资完成额		20715	26818	124453	198250	195086	105712	119999	221470	234876	236162	214168	199111	207693	158656	146215	201839	139376	161458	146457
	涉林第一产业产值	合计	148808	164365	238321	370144	409731	476865	872349	1042754	1096377	1030362	1145325	1190042	1379044	1545569	1941184	1973569	2080674	2161261	2000547
		育种育苗造林	82374	749161	167568	209843	234202	291438	370347	421348	460173	510423	566419	612027	712894	188463	300696	336931	361693	379843	356732
		木材	62259	82823	62557	115021	150933	158977	194640	270590	247901	207596	225136	181799	161112	131687	132034	103373	37036	35245	32531
		经济林	4175	69092	8196	45280	24596	26451	152884	169954	173245	185774	203383	247422	289382	321052	399865	445247	502499	459700	503727
	涉林第二产业产值	合计	252672	255586	261603	185507	235285	308776	389861	617820	664941	542705	556491	635051	666865	761655	1155493	1193769	1522694	1667720	1669769
		木材加工与制造	73525	117256	68783	105438	159305	228734	292412	347767	334335	325526	342492	470557	520118	565146	897150	897903	1255910	1464542	1438611
		非木质林产品加工制造	134222	119664	125730	2676	4632	62859	7529	7759	8262	20661	7211	4509	17204	9861	13459	53524	85180	77529	68363
	涉林第三产业产值	合计	40625	39128	54127	92366	120806	142103	230631	271855	321330	222688	320281	353341	403046	494232	739644	526168	763600	912119	1071632
		旅游休闲	478	748	1167	350	1333	12475	59838	78348	74647	95295	123924	113829	131549	142372	218187	313431	521136	608864	762326
		生态服务									1652	3606	3976	3731	3703	3525	10774	39205	39765	108086	88130
		林下经济												10072	238616	285898	408021	418133	498465	505187	477165
陕西省	全部林业投资完成额（万元）		21176	23887	72837	148125	180333	158219	165326	76727	226971	236127	223977	200057	181629	192428	194293	234673	158107	156094	176208
	涉林第一产业产值	合计	341472	355944	440051	456559	442126	387998	1211552	1528378	1575833	1711147	2233078	2786660	4283247	5641138	6662610	7892891	8561249	9634847	10348411
		育种育苗造林	174495	192947	257055	289033	266347	206261	42897	204172	212588	299588	384720	466557	779491	479566	508315	569428	620984	990394	1320261
		木材	151873	150656	173919	13851	19927	19185	27284	30474	42185	35390	39718	40144	32821	34743	33885	35681	35096	27729	33218
		经济林	15104	12341	9077	150757	153093	159783	949521	1264605	1279655	1325377	1742438	2214365	3319840	4470683	5419912	6393829	7001858	7599228	7857835

续表

年份			2000	2001	2002	2003	2004	2005	2006	2007	2008	2009	2010	2011	2012	2013	2014	2015	2016	2017	2018
陕西省	涉林第二产业产值	合计	59811	46419	43154	46490	56729	58138	87589	106640	114357	152064	172977	254652	729137	925481	991431	1177381	1293247	1341323	1345835
		木材加工与制造	52957	700	38436	44489	56265	57250	68870	83073	87525	122016	123646	190241	304077	326986	342782	350593	367900	401874	215894
		非木质林产品加工制造	6210	1991	1354	673	652	979	386	913	7048	5050	5599	11196	158279	330531	413188	566119	635532	699981	868799
	涉林第三产业产值	合计	17476	16458	13601	12435	17541	20641	22073	40676	47366	114461	206498	216976	404216	558965	747606	1009497	1045338	1290793	1426984
		旅游休闲	4472	5238	4133	3049	1333	19061	9522	18432	17775	24576	40392	66087	230217	318589	423904	681451	747166	973852	1097889
		生态服务									3141	58042	130437	108513	71941	106947	146059	207384	170361	184073	160446
		林下经济												27247	260373	312228	280725	591149	642128	617356	717541
甘肃省	全部林业投资完成额		6684	7128	76978	153168	164721	179673	165000	164713	248156	230440	385760	199212	175044	164309	180827	270929	256047	147323	282504
	涉林第一产业产值	合计	172608	196065	236641	265533	276198	219110	588841	705195	811435	1006415	1391454	1699294	2042246	2491464	2963084	3361899	3950840	4329073	3743224
		育种育苗造林	119002	152876	185944	235342	214470	176574	191469	190075	208075	223750	234066	289450	344091	129624	151508	174369	187797	186160	188387
		木材	49514	39796	49394	3638	2791	3773	3113	6109	6269	4911	4138	4468	4053	4042	5491	3497	5570	3496	3047
		经济林	4092	3393	1303	26553	58757	38725	356313	456401	553146	715110	1037141	1314345	1574224	2000629	2456469	2798215	3283723	3641480	3017260
	涉林第二产业产值	合计	16136	17302	19609	19609	13711	14049	21214	40511	46085	54388	92546	75039	114083	141950	150060	192258	206104	217178	236703
		木材加工与制造	15169		18221	18449	12333	13231	6672	8213	11129	7645	4403	6467	4411	6134	6992	8465	12797	6420	6370
		非木质林产品加工制造	783	700	1026	3930	1056	1063	4052	1633	11708	5956	33255	3412	9088	16494	89577	157205	169237	201065	211515

续表

年份			2000	2001	2002	2003	2004	2005	2006	2007	2008	2009	2010	2011	2012	2013	2014	2015	2016	2017	2018
甘肃省	涉林第三产业产值	合计	7610	7498	7684	11515	24598	34261	60905	67864	92840	117674	136078	152394	188912	191509	280043	261870	417495	429732	770983
		旅游休闲	3217	2567	2727	768	1114	1392	5907	8192	7181	14364	16672	24786	44469	53247	63191	76860	191025	173549	513179
		生态服务									8492	6915	4953	5331	9639	7381	15867	11655	16274	21014	21935
		林下经济												1830	49420	137679	210024	245881	363793	488825	407123
青海省	全部林业投资完成额		9775	12019	32461	52631	46062	47398	39073	57210	54761	61591	50799	44689	40950	43159	41807	67108	33127	29098	18909
	涉林第一产业产值	合计	16386	19604	33857	47594	22724	19555	19216	21370	23284	56493	72530	122476	345009	351207	422989	503389	476823	501020	493314
		育种育苗造林	15114	18394	32573	45818	21444	18248	14400	16464	18848	32950	31970	47976	233023	8402	151508	10141	44447	69798	27778
		木材	412	235	540	1217	990	950	1102	1053	1233	1290	1216	1226	997	977	1190	1731	874	353	264
		经济林	860	975	744	559	290	357	1652	2364	1578	20521	37680	67852	108567	121357	227685	428253	374082	392650	335022
	涉林第二产业产值	合计	125	0		704	50		50					42	160	180	526	0	0	0	96961
		木材加工与制造	86				50							40	160	180	526	0	0	0	
		非木质林产品加工制造	39						50									0	0	0	54483
	涉林第三产业产值	合计	1041	1589	959		871	445	1119	1346	715	2550	2374	1851	3027	4855	5950	8297	7634	68735	85064
		旅游休闲	463	445	361	65	48	420	699	764	401	2070	2374	1412	2977	3254	3923	7885	7634	67863	84080
		生态服务														1346	1615	130	0	872	984
		林下经济															938	410	280	144	

续表

年份			2000	2001	2002	2003	2004	2005	2006	2007	2008	2009	2010	2011	2012	2013	2014	2015	2016	2017	2018
宁夏回族自治区	全部林业投资完成额		3407	10260	29263	54509	63502	77716	76624	11953	75194	77924	98300	92233	56299	60483	49280	0	62562	42850	44234
	涉林第一产业产值	合计	39254	47140	70143	83431	61990	55318	134073	247606	307015	314629	445957	643542	754649	796185	873320	914552	906572	964848	764420
		育种育苗造林	36606	44442	68069	82331	59739	52444	50869	61176	68782	68902	85886	118230	184669	57679	133660	182617	88191	110039	98891
		木材	2282	2432	1965	59	26	7	1309	127	454	251	191	20		540	179	166	79	83	
		经济林	366	266	109	1041	2225	2867	78000	180808	225024	227895	340981	509938	552137	594242	602630	596340	656795	687339	469215
	涉林第二产业产值	合计	6691	4901	1322	2953	2040	579		21101	49700	210243	210445	231652	229959	254519	307556	366083	383816	477665	558996
		木材加工与制造	4141			2614	906	579			26282					2000	1712	275	1750	243	
		非木质林产品加工制造			1322					2408	90241	136836	133018	176258	158144	252519	304193	364862	381120	676450	557800
	涉林第三产业产值	合计	628	516	298	3463	988	361	551	3525	67868	85442	55856	76176	100585	111433	178268	261351	409869	426003	295247
		旅游休闲	96	103	154	347	356	291	382	3525	67868	85442	55856	76176	93360	106997	162297	184014	340528	360288	249596
		生态服务															10128	9520	520	2021	469
		林下经济													7212	5543	5380	7440	8853	9921	6448

资料来源：《中国林业统计年鉴》。

从表 4-2 可以看出，2000~2018 年，黄河上游退耕还林工程建设累计完成投资额 11313544 万元；实现涉林第一产业总产值 130206585 万元；涉林第二产业产值 27654672 万元；涉林第三产业产值 19887638 万元。黄河上游退耕还林工程的经济效益逐渐体现出来，产出远远大于投入，第二产业、第三产业快速发展，靠砍伐木材为主的第一产业萎缩，退耕还林工程建设效益非常明显。

4.3 小结

本书根据黄河上游退耕还林区工程建设成效的研究和分析，得出了如下结论：

退耕还林工程的实施，使生态环境得到了很好的改善。通过退耕还林还草，大力营造人工林，使森林资源得到了充分的恢复和发展，森林覆盖率明显提高，森林面积持续增长，生态服务功能有所增强，这表明我国的生态建设工程已初见成效。

退耕还林工程的实施，提升了我国的林业发展水平。既加大了基本口粮田建设力度，加强了生态公益林建设，有效地保护了生态环境，又调整了农业产业结构，提高了农田种植效率，发展了地区经济，加强了农村能源建设，推进了生态移民。人口、资源、环境、经济之间的矛盾基本得到缓解。

退耕还林工程的实施，为地方发展经济、转产、转型提供了难得的发展机遇。在国家大力发展生态经济的背景下和生态补偿的支持下，凭借自身的区位优势和自然环境优势，积极地发展新能源开发、生态旅游、林下资源开发利用等项目，既保护了生态，又增加了可持续发展的后劲，还调整和优化了经济结构，恢复和发展了经济。

退耕还林工程的实施，推动了农村社会保障体系建设，推进了生态移民，减轻了土地的承载力，还提供了一些就业渠道。

第 5 章 退耕还林工程生态效益评价

5.1 黄河上游退耕还林工程效益评价指标与评价方法

5.1.1 退耕还林工程效益评价指标

黄河上游退耕还林工程效益反映的是工程实施后对区域经济、生态、社会的效果，其评价结果要为持续开展退耕还林工程提供科学依据。到目前为止，针对退耕还林还没有较为规范的评价指标和方法。退耕还林工程是一个多层次、多功能、多目标的复杂的复合生态系统工程，其综合评价内容包括对系统的生态分析、经济分析和社会分析，以及今后发展的趋势。虽然在森林效益分类、指标体系设置、评价方法研究等方面做了许多富有成效的工作，但是由于森林效益评价极其复杂，退耕还林工程建设发展历史短、发挥效益时间又缓慢，评价研究工作又处于起步阶段，在监测工作上也存在一些缺陷，而且不同区域的指标选择和权重又有区别，因而本书针对退耕还林工程区的区域特点，建立适合该地区的退耕还林工程综合效益评价指标体系，对定性、定量地评价退耕还林工程建设成效，促进退耕还林工程朝高效、稳定、健康的方向发展具有十分重要的意义。为此，在综合考虑有关森林生态服务功能评估规范的基础上，本书充分分析研究黄河上游退耕还林工程对当地生态、经济、社会产生的影响，确定退耕还林工程在当地发挥作用的确切效益，在系统分析和整合国内外现有研究成果的基础上，构建了黄河上游退耕还林工程效益评价指标体系。

本书结合中国《森林生态系统服务功能评估规范》（GB/T 38582—2020）确立森林生态系统的研究对象和范围，并综合运用生态学和经济学的理论与方法，选取森林生态系统保育土壤、林木养分固持、涵养水源、固碳释氧、净化大气环境、森林防护、森林生态系统修正系数等13个主要方面进行森林生态系统服务功能的评估（见表5-1）。

表5-1 中国退耕还林工程综合效益评价指标体系

总体层	系统层	标准层	指标层
黄河上游退耕还林工程综合效益评价指标体（A）	生态效益指标（B1）	保育土壤效益指标（C1）	保土（D1）
			固肥（D2）
		林木养分固持（C2）	氮固持（D3）
			磷固持（D4）
			钾固持（D5）
		涵养水源功能指标（C3）	调节水量（D6）
			净化水质（D7）
		固碳释氧效益指标（C4）	固碳（D8）
			释氧（D9）
		净化大气环境（C5）	提供负离子（D10）
			吸收气体污染物（D11）
			滞尘（D12）
		森林防护指标（C6）	防风固沙（D13）
		生物多样性指标（C7）	物种资源保育（D14）
		森林生态系统服务修正系数（C8）	森林生态系统服务修正系数（D15）
	经济效益指标（B2）	涉林第一产业产值（C9）	育种育苗造林（D16）
			木材（D17）
			经济林（D18）
		涉林第二产业产值（C10）	木材加工与制造（D19）
			非木质林产品加工制造（D20）
		涉林第三产业产值（C11）	旅游休闲（D21）
			生态服务（D22）
			林下经济（D23）
	社会效益指标（B3）	可量化的社会效益（C12）	适龄儿童入学率（D24）
			低保医保覆盖率（D25）
		潜在的社会效益（C13）	提高农民环保意识（D26）
			合理转移农村劳动力（D27）
			产业结构变化（D28）
			加快新农村建设（D29）

资料来源：根据实际研究调查所得。

5.1.2　退耕还林工程生态效益评价方法

本书对退耕还林工程林草植被的保育土壤、林木养分固持、涵养水源、固碳制氧、净化环境、改善小气候、维护生态多样性等生态效益进行了全面评价，首先是对生态效益物质量的评价，其次是通过科学的经济途径实现生态效益物质量的货币化。因此，对生态效益价值的核算包含两部分内容：一是以生态学为基础，从技术的角度计算出各项生态效益的物质量，确定核算评价体系中各项具体功能及指标物质量大小的适当模型；二是以经济学为基础，研究物质量向货币价值量转化的具体方法。在生态效益物质量已知的条件下，选择合适的经济转换参数是实现生态效益经济计量的关键。本书经济参数的选择注重可操作性，根据区域特点及物价指数进行了相应调整。同时，对于难以直接确定经济参数的生态效益，同时采用几种相近的方法计量，然后取其平均值。

由于生态功能是立体多维的，本书研究仅涉及可实地观测、调查的方面，重点研究物质量与价值量的对应关系，尽可能采用市场价格法或工程替代的市场价格法进行测评，以使生态效益价值量的测评客观公正，减少随意性和主观性。

具体来说，各项生态效益指标的物质量和价值量计算如下：

5.1.2.1　保育土壤功能

保育土壤：“指森林中活地被物和凋落物层层截留降水，降低水滴对表土的冲击和地表径流的侵蚀作用；同时林木根系固持土壤，防止土壤崩塌泻溜，减少土壤肥力损失以及改善土壤结构的功能。”

侯元兆（1995）认为，森林的保育价值有减少林地资源损失、防止泥沙滞留和淤积、保护土壤肥力和减少土体崩塌泻溜。① 肖寒等（2000）以潜在土壤侵蚀量与现实土壤侵蚀量的差值表示生态系统土壤保持量，并运用市场价值法、机会成本法和影子工程法计算了因土壤侵蚀而导致的营养物质流失、土地废弃和泥沙淤积灾害所造成的损失，也即土壤保持价值。肖玉等（2003）认为，潜在土壤侵蚀量和现实土壤侵蚀量之差即为生态系统土壤保持量。关文彬（2002）运用市场价值法、机会成本法和影子工程法从减少土地废弃、减轻泥沙淤积灾害和保护土壤肥力 3 个方面评价了生态系统的价值。鲁绍伟等（2005）运用机会成本法、影子价格法和替代工程法评价了森林减少土地废弃、泥沙淤

① 侯元兆. 中国森林资源核算研究［J］. 世界林业研究，1995（3）：51-56.

积和土壤养分流失的价值。余新晓等（2002）计算了森林减少土地损失、减少土壤肥力损失以及减免泥沙淤积和滞留的价值。周冰冰（2000）利用潜在土壤侵蚀损失法计算了森林的保土价值。

笔者从以上研究中发现，许多学者（周冰冰，2000；余新晓等，2005）在计算保育土壤功能时选用了多个指标，如减少的土地废弃面积或可耕面积、泥沙淤积、土壤肥力等，存在重复计算的可能，为此本书选用固土和保肥两个指标反映森林保育土壤功能。

（1）固土指标。

森林的固土效益直接反映在地表的土壤侵蚀程度上，所以可以通过无林地土壤侵蚀模数和有林地土壤侵蚀模数之差估算森林的固土量，然后转化为土方工程、土地面积或其他指标，再根据相应工程或土地造价计算森林的保持土壤价值。日本在1972年、1978年、1991年、2001年评价森林防止土壤泥沙侵蚀效能时，都采取了有林地与无林间的侵蚀对比方法，为此本书也采用这种方法。

1）年固土量。林分年固土量公式为：

$$G_{固土}=A\times(X_2-X_1)\times F$$

其中，$G_{固土}$为评估林分年固土量，单位为吨/年；A为林分面积，单位为公顷；X_2为无林地土壤侵蚀模数，单位为吨·公顷/年；X_1为林地土壤侵蚀模数，单位为吨·公顷/年；F为森林生态系统服务修正系数。

本书根据实际监测数据进行分析。其中，2007年无林地土壤侵蚀模数15280吨·公顷/年，林地土壤侵蚀模数5400吨·公顷/年；2018年无林地土壤侵蚀模数15280吨·公顷/年，林地土壤侵蚀模数4700吨·公顷/年；2007年、2018年本书的修正系数分别取0.30和0.25。

2）固土价值。林分年固土价值公式为：

$$U_{固土}=G_{固土}\times C_{土}/\rho$$

其中，$U_{固土}$为评估林分年固土价值，单位为元/年；$G_{固土}$为评估林分年固土量，单位为吨/年；$C_{土}$为挖取和运输单位体积土方所需费用，单位为元/立方米；ρ为土壤容重，单位为克/立方厘米。

本书根据实际监测数据进行分析。其中，2007年土壤容重ρ为1.28，2018年土壤容重ρ为1.18。

根据2002年黄河水利出版社出版的《中华人民共和国水利部水利建筑工程预算定额》（上册）中人工挖土方Ⅰ和Ⅱ土类每100立方米需42个工时，按每个人工30元/天计算。

（2）保肥指标。

土壤侵蚀带走大量的土壤营养物质，根据 N、P、K 等养分含量和森林减少的土壤损失量，可以估算出森林每年减少的养分损失量。由于土壤侵蚀造成了 N、P、K 大量损失，使土壤肥力下降，通过计算年固土量中 N、P、K 的数量，再换算为化肥即为森林年保肥价值。许多研究（欧阳志云，1999；肖玉等，2003；余新晓等，2005）都采用了这种方法，本书也采用这种方法。

1）年保肥量。

①减少氮流失。

$$G_N = A \times N \times (X_2 - X_1) \times F$$

其中，G_N 为评估林分固持土壤而减少的氮流失量，单位为吨/年；A 为林分面积，单位为公顷；N 为实测林分中土壤含氮量，单位为%；X_2 为无林地土壤侵蚀模数，单位为吨·公顷/年；X_1 为林地土壤侵蚀模数，单位为吨·公顷/年；F 为森林生态系统服务修正系数。

②减少磷流失。

$$G_P = A \times P \times (X_2 - X_1) \times F$$

其中，G_P 为评估林分固持土壤而减少的磷流失量，单位为吨/年；P 为实测林分中的土壤含磷量，单位为%。

③减少钾流失。

$$G_K = A \times K \times (X_2 - X_1) \times F$$

其中，G_K 为评估林分固持土壤而减少的钾流失量，单位为吨/年；K 为实测林分中的土壤含钾量，单位为%。

④减少有机质流失。

$$G_{有机质} = A \times M \times (X_2 - X_1) \times F$$

其中，$G_{有机质}$为评估林分固持土壤而减少的有机质流失量，单位为吨/年；M 为实测林分中土壤含有机质量，单位为%。

2）年保肥价值。林分年保肥价值采用侵蚀土壤中的 N、P、K 物质折合成磷酸二铵和氯化钾的价值计算。公式为：

$$U_{肥} = G_N \times C_1 / R_1 + G_P \times C_1 / R_2 + G_K \times C_2 / R_3 + G_{有机质} \times C_3$$

其中，$U_{肥}$为评估林分年保肥价值，单位为元/年；G_N 为评估林分固持土壤而减少的氮流失量，单位为吨/年；C_1 为磷酸二铵化肥价格，单位为元/吨；R_1 为磷酸二铵含氮量，单位为%；G_P 为评估林分固持土壤而减少的磷流失量，单位为吨/年；P 为实测林分中的土壤含磷量，单位为%；R_2 为磷酸二铵化肥含磷量，单位为%；G_K 为评估林分固持土壤而减少的钾流失量，单位为吨/年；C_2 为氯化钾化肥价格，单位为元/吨；R_3 为氯化钾化肥的含钾量，单位为%；K 为实测林分中的土壤含钾量，单位为%；$G_{有机质}$ 为评估林分固持土壤而减少的有机质流失量，单位为吨/年；C_3 为有机质价格，单位为元/吨；

5.1.2.2 林木养分固持功能

林木养分固持：林木在大气、土壤和降水中吸收 N、P、K 等营养元素并贮存在体内的功能。

欧阳志云（1999）认为，"生物从土壤、大气、降水中获得必需的营养元素，构成生物体。生态系统的所有生物体内都贮存着元素，并通过元素循环，促使生物与非生物环境之间的元素变换，维持生态过程"。靳芳（2005）指出，"森林生态系统在其生长过程中不断从周围环境吸收营养元素，固定在植物体中"。

森林植被在生长过程中每年从土壤或空气中要吸收大量营养物质，如氮、磷、钾等，并贮存在植物体中。考虑到指标操作的可行性，本书主要考虑主要营养元素氮、磷、钾 3 种元素物质的含量。在计算森林营养物质积累量时，以氮、磷、钾在植物体中的含量为依据，再结合全国森林资源清查数据及森林净生产力数据计算出我国森林生态系统年固定营养物质氮、磷、钾的总量。国内很多研究（欧阳志云，1999；余新晓等，2005）均采用了这种方法。

（1）林木养分固持物质量。

本书的森林生态系统林木养分固持物质量主要通过计算每年树木吸收的营养物质（氮、磷、钾）来体现。森林年增加氮、磷、钾量采用下列公式进行计算。

1）氮固持。

$$G_{氮} = A \times N_{营养} \times B_{年} \times F$$

其中，$G_{氮}$ 为评估林分中氮固持量，单位为吨/年；A 为林分面积，单位为公顷；$N_{营养}$ 为实测林木氮元素含量，单位为%；$B_{年}$ 为实测林分净生产力，单位为吨·公顷/年；F 为森林生态系统服务修正系数。

2）磷固持。

$$G_{磷} = A \times P_{营养} \times B_{年} \times F$$

其中，$G_{磷}$ 为评估林分中磷固持量，单位为吨/年；A 为林分面积，单位为公顷；$P_{营养}$ 为实测林木磷元素含量，单位为%；$B_{年}$ 为实测林分净生产力，单位为吨·公顷/年；F 为森林生态系统服务修正系数。

3）钾固持。

$G_{钾}=A\times K_{营养}\times B_{年}\times F$

其中，$G_{钾}$为评估林分中钾固持量，单位为吨/年；A 为林分面积，单位为公顷；$K_{营养}$为实测林木钾元素含量，单位为%；$B_{年}$为实测林分净生产力，单位为吨·公顷/年；F 为森林生态系统服务修正系数。

（2）林木营养固持价值量。

本书采取把营养物质折合成磷酸二铵化肥和氯化钾化肥的方法计算林木营养固持价值，公式为：

1）氮固持价值。

$U_{氮}=G_{氮}\times C_1$

其中，$U_{氮}$为评估林分氮固持价值，单位为元/年；$G_{氮}$为评估林分中氮固持量，单位为吨/年；C_1 为磷酸二铵化肥价格，单位为元/吨。

2）磷固持价值。

$U_{磷}=G_{磷}\times C_1$

其中，$U_{磷}$为评估林分磷固持价值，单位为元/年；$G_{磷}$为评估林分中磷固持量，单位为吨/年；C_1 为磷酸二铵化肥价格，单位为元/吨。

3）钾固持价值。

$U_{钾}=G_{钾}\times C_2$

其中，$U_{钾}$为评估林分钾固持价值，单位为元/年；$G_{钾}$为评估林分中钾固持量，单位为吨/年；C_2 为氯化钾化肥价格，单位为元/吨。

5.1.2.3　涵养水源功能

涵养水源：森林对降水的截留、吸收和贮存，将地表水转为地表径流或地下水的作用。主要功能表现在增加可利用水资源、净化水质和调节径流三个方面。

根据周晓峰（1999）的定义，“森林涵养水源作用指森林对降水的截留、吸收和贮存，将地表水转为地下水，增加枯水期径流的作用。其主要功能表现在削减洪峰、增加可利用水资源两个方面”。本书把“作用”改为“功能”，增加了“净化水质”。

森林涵养水源的量化，是准确评估其价值的基础之一。森林涵养水源量已有多种计算方法，目前主要有非毛管孔隙度蓄水量法、水量平衡法、地下径流增长法、多因子回归法、采伐损失法和降水贮存法等。其中，非毛管孔隙度蓄水量法和水量平衡法是最常用的两种方法。

非毛管孔隙度蓄水量法：根据森林土壤的非毛管孔隙度计算出森林土壤的蓄水能力，再结合森林区域的年降水量，求出森林的年涵养水源量。非毛管孔隙度蓄水量法可以反映土壤蓄水的最大潜力，但每一次降水时非毛管孔隙都不可能全部蓄满，而且降雨强度大时还可能出现超渗产流，一年中有几次蓄满不好确定，因此此方法计算出的土壤蓄水量与森林土壤实际调节水量之间存在较大的误差。

水量平衡法：森林调节水量的总量为降水量与森林蒸散（蒸腾和蒸发）及其他消耗的差值（周冰冰，2000）。水量平衡法反映了林分全年或某时间段内调节水量的总量，能够较好地反映实际情况。侯元兆（1995）对比了中国土壤蓄水能力、森林水源涵养量和森林区域径流量三种方法的研究结果，认为水量平衡法的计算结果能够比较准确地反映森林的现实年水源涵养量。

目前，国内外相关研究大多采用水量平衡法（周冰冰，2000；肖寒等，2000；余新晓等，2002；张颖，2004；李少宁，2007）。因此，本书采用水量平衡法计算各森林类型每年的涵养水源量。

（1）年调节水量和净化水质量。森林生态系统年调节水量和净化水质量的公式分别为：

1）调节水量。

$$G_{调}=10A\times(P_{水}-E-C)\times F$$

其中，$G_{调}$为评估林分年调节水量功能，单位为立方米/年；A为林分面积，单位为公顷；$P_{水}$为实测林分降水量，单位为毫米/年；E为实测林分蒸散量，单位为毫米/年；C为实测林分地表快速径流量，单位为毫米/年；F为森林生态系统服务修正系数。

2）净化水质量。

$$G_{净}=10A\times(P_{水}-E-C)\times F$$

其中，$G_{净}$为评估林分年净化水质量，单位为立方米/年。

由于林区快速地表径流（即超渗径流）总量相对很小，很多研究都忽略此项。但经多年观测发现，快速地表径流是森林生态系统水分输出的重要支出项之一，在计算调节水量时不应忽视。

（2）调节水量价值和净化水质价值。调节水量价值核算方法使用的方法有替代工程法（影子工程法）、地下径流增长法和采代损失法。

替代工程法（影子工程法）：由于水利工程的造价较易得到，森林涵养水源的价值也就可以得到。与无林地区相比，有林地区的地下径流呈增长态势。若能确定水资源的价格，则可以计算森林的涵养水源价值。该方法比较简单、实用，所需要的数据量少，而且均可通过实测获取。该方法虽然包括了森林涵养水源量的主要部分，但并非其全部。同时，该方法认为有林地和无林地的土壤非毛管孔隙度相等，但这并不符合实际。

采代损失法：该方法的基本原理为若某地森林遭到破坏，那么该地的地表径流、地下径流和蒸发等因子的情况将要发生巨大变化，并产生水源损失和灾害损失，而这两种损失之和，可视为森林涵养水源的价值。

本书认为，由于森林调节水量与水库蓄水的本质相同，因此根据水库工程的蓄水成本（影子工程法）可以计算森林生态系统调节水量的价值。

1）调节水量价值。

$U_{调}=G_{调}\times C_{库}$

其中，$U_{调}$为评估林分年调节水量价值，单位为元/年；$G_{调}$为评估林分年调节水量功能，单位为立方米/年；$C_{库}$为水资源市场交易价格，单位为元/立方米。$C_{库}$为水库建设单位库容投资（占地拆迁补偿、工程造价、维护费用等）。根据 1993~1999 年《中国水利年鉴》平均水库库容造价 2.17 元/吨，2005 年价格指数为 2.816，即可得到单位库容造价为 6.0017 元/吨。

2）净化水质价值。

$U_{净}=G_{净}\times K_{水}$

其中，$U_{净}$为评估林分净化水质价值，单位为元/年；$G_{净}$为评估林分年净化水质量，单位为立方米/年；$K_{水}$为水的净化费用，单位为元/年。

周冰冰（2000）采用了净化水质成本计算了森林生态系统净化水质价值。该方法的数据容易获取而且容易被社会接受，因此本书也采用该方法。K 值采用网格法得到 2007 年全国各大中城市的居民用水价格的平均值，为 2.09 元/吨。

5.1.2.4　固碳释氧功能

固碳释氧：森林生态系统通过森林植被、土壤动物和微生物固定碳素、释放氧气的功能。

欧阳志云（1999）指出，“植物通过光合作用固定太阳能，使光能通过绿色植物进入食物链，为所有物种包括人类提供生命维持物质”。周冰冰（2000）则认为，森林的固碳供氧功能，对于人类社会和整个动物界，对于全球气候平衡，都有重要意义。因此，本书通过固碳、制氧两个指标反映森林固碳制氧功能和价值。

目前，国内外固碳制氧的评价方法有：①用温室效应损失法评价森林的固碳价值；②用造林成本法评价森林的固碳和制氧价值；③用碳税法评价森林的固碳价值；④用工业制氧评价森林的供氧价值（周冰冰，2000）。

（1）固碳指标。

目前，国内外计算森林固定 CO_2 量的方法有三种。一是根据光合作用和呼吸作用方程式计算。日本在 1972 年、1978 年、1991 年和 2002 年核算森林固定 CO_2 的效益时，根据光合作用和呼吸作用的方程式计算出森林每生产 1 克干物质需要 1.6 克二氧化碳。二是实验测定森林每年固定 CO_2 的量。三是根据数学模型计算森林年固定 CO_2 的量。

本书采用第一种方法，首先根据光合作用和呼吸作用方程式确定森林每生产 1 吨干物质固定吸收 CO_2 的量，然后根据树种的年净生产力计算出森林每年固定 CO_2 的总量。

根据光合作用的化学反应式，森林植被每积累 1 克干物质，可以固定 1.63 克 CO_2，释放 1.19 克 CO_2。CO_2 中碳所占的比例为 27.27%。林分土壤固碳量即为土壤的固碳速率，可由森林生态站直接测定获取。

目前，碳税法已是国内外通用方法。《中国生物多样性国情研究报告》（中国生物多样性国情研究报告编写组，1998）中就使用了碳税法。因此，本书也采用碳税法评估森林生态系统的年固碳量。

1）年固碳量。

年固碳量包括土壤固碳量和植被固碳量，即 $G_{碳}=G_{植被固碳}+G_{土壤固碳}$。

①植被固碳量。

$$G_{植被固碳}=1.63R_{碳}\times A\times B_{年}\times F$$

其中，$G_{植被固碳}$ 为评估林分年固碳量，单位为吨/年；$R_{碳}$ 为 CO_2 中碳的含量，为 27.27%；$B_{年}$ 为实测林分净生产力，单位为吨·公顷/年；A 为林分面积，单位为公顷；F 为森林生态系统服务修正系数。

②土壤固碳量。

$$G_{土壤固碳}=A\times S_{土壤}\times F$$

其中，$G_{土壤固碳}$ 为评估林分中土壤年固碳量，单位为吨/年；$S_{土壤}$ 为单位面积实测林分土壤固碳量，单位为吨·公顷/年；A 为林分面积，单位为公顷；F 为森林生态系统服务修正系数。

2）年固碳价值。

$U_{碳}=G_{碳}\times C_{碳}$

其中，$U_{碳}$为评估林分固碳价值，单位为元/年；$G_{碳}$为评估林分生态系统年固碳量，单位为吨/年；$C_{碳}$为固碳价格，单位为元/吨。采用瑞典的碳税率 150 美元/吨（折合人民币 1200.00 元/吨）；

（2）制氧指标。

根据光合作用化学反应式，森林植被每积累 1 克干物质，可以释放 1.19 克 O_2。

1）年释氧量。

$G_{氧气}=1.19A\times B_{年}\times F$

其中，$G_{氧气}$为评估林分年释氧量，单位为吨/年；$B_{年}$为实测林分净生产力，单位为吨·公顷/年；A 为林分面积，单位为公顷；F 为森林生态系统服务修正系数。

2）年释氧价值。

$U_{氧}=G_{氧}\times C_{氧}$

其中，$U_{氧}$为评估林分年释氧价值，单位为元/年；$G_{氧}$为评估林分年释氧量，单位为吨/年；$C_{氧}$为氧气价格，单位为元/年。采用中华人民共和国原卫生部公布的氧气平均价格。

5.1.2.5　净化大气环境功能

净化大气环境：森林生态系统对大气污染物（如二氧化硫、氟化物、氮氧化物、粉尘、重金属等）的吸收、过滤、阻隔和分解，以及降低噪声、提供负离子和萜烯类（如芬多精）物质等功能。

《中国生物多样性国情报告》编写组（1998）、欧阳志云（1999）、周冰冰（2000）、赵同谦（2004）把净化大气环境命名为“净化环境”。周晓峰（1999）、余新晓（2005）则把净化大气环境命名为“净化大气”。由于本书中主要涉及吸收大气中的污染物质，而降低噪声是环境因子，所以统称为净化大气环境。

周冰冰（2000）指出，“森林等绿色植物对于大气污染物质的吸收、降解、积累和迁移，即是它对大气的净化作用”。施晓清（2001）认为，“生态系统对环境的净化服务就是通过生态系统的生态过程，通过物理、化学和生物作用，生态系统的某一部分将人类向环境排放的废弃物利用或作用后，使之得到降解和净化，从而成为生态系统的一部分”。

评估森林生态系统净化大气环境的功能时，学者们所选用指标存在一定的差异。余新晓（2005）考虑二氧化硫和滞尘两个方面；肖寒等（2000）则运用替代花费法，以削减粉尘的成本来估算森林生态系统滞尘功能的价值；关文彬等（2002）重点对吸收污染气体的价值和阻滞粉尘的价值进行评估。

国内外评估森林生态系统净化大气环境功能的方法主要有：①吸收能力法：根据单位面积森林吸收污染物的平均值乘以森林的面积计算出吸收的污染物量，再根据防治污染工程中削减单位重量污染物的投资额度计算出森林吸收某一污染物的经济价值。②阈值法：以某一污染物在林木体内达到阈值时的吸收量计算吸收能力。③叶干重法：树木吸收某一污染物量等于叶片积累、代谢转移和表面吸附之和。

综合国内外的相关研究，根据净化大气环境的定义，结合指标测度的可操作性，本书选择提供负离子、吸收污染物和滞尘三个方面的指标反映森林净化大气环境功能。

（1）提供负离子。

任云卯（2004）认为，“空气负离子是大气中的中性分子或原子，在自然界电离源的作用下，其外层电子脱离原子核的束缚而成为自由电子，自由电子很快会附着在气体分子或原子上，特别容易附在氧分子和水分子上，而成为空气负离子。森林树冠、枝叶的尖端放电以及光合作用过程的光电效应均会促使空气电解，产生大量的空气负离子。植物释放的挥发性物质如植物精气（又称芬多精）等也能促进空气电离，从而增加空气负离子浓度”。本书采用了该定义。

由于国内外目前没有文献可借鉴，森林生态系统年提供负离子量和年提供负离子价值量的计算公式为本书首创。

1）年提供负离子量。本书采用以下公式计算森林提供负离子的物质量：

$$G_{负离子}=5.256\times10^{15}Q_{负离子}\times A\times H\times F/L$$

其中，$G_{负离子}$为评估林分年提供负离子个数，单位为个/年；$Q_{负离子}$为实测林分负离子浓度，单位为个/立方厘米；A 为林分面积，单位为公顷；H 为林分高度，单位为米；F 为森林生态系统服务修正系数；L 为负离子寿命，单位为分钟。根据负离子寿命为 10 分钟，负离子浓度为 10^6 立方厘米，树高平均按 10 米计算，换算成每年每公顷，即得出系数 5.256×10^{15}。

2）年提供负离子价值。国内外相关研究（石强，2002；张清杉，2006）证明，当空气中负离子达到 600 个/立方厘米以上时，才能有益于人体健康。因此，本书中林分年提供负离子价值采用以下公式计算，即：

$U_{负离子}=5.256\times10^{15}\times A\times H\times F\times K_{负离子}\times(Q_{负离子}-600)/L$

其中，$U_{负离子}$为评估林分提供负离子价格，单位为元/年；$G_{负离子}$为评估林分年提供负离子个数，单位为个/年；A 为林分面积，单位为公顷；H 为实测林分高度，单位为米；F 为森林生态系统服务修正系数；$K_{负离子}$为生产费用，单位为元/个；$Q_{负离子}$为实测林分负离子浓度，单位为个/立方厘米；L 为负离子寿命，单位为分钟。

负离子价格根据台州科利达电子有限公司生产的适用范围 30 平方米（房间高 3 米）、功率为瓦、负离子浓度 1000000 个/立方厘米、使用寿命为 10 年、价格 65 元/个的 KLD-2000 型负离子发生器而推断获得，负离子寿命为 10 分钟，电费为 0.4 元/度。计算得出生产负离子费用（K 负离子）为 5.8185 元/10^{18} 个。

（2）吸收气体污染物指标。

二氧化硫、氟化物、氮氧化物、重金属是大气污染物中的主要物质，因此本书选取森林二氧化硫、氟化物、氮氧化物指标评估森林吸收污染物的作用。

1）吸收二氧化硫。森林对二氧化硫的吸收可以使用面积-吸收能力法、阈值法和叶干质量估算法计算（周冰冰，2000）。本书采用面积-吸收能力法评估森林二氧化硫年物质量和价值。

①二氧化硫年吸收量。

$G_{二氧化硫}=Q_{二氧化硫}\times A\times F/1000$

其中，$G_{二氧化硫}$为评估林分年吸收二氧化硫量，单位为吨/年；$Q_{二氧化硫}$为单位面积实测林分吸收二氧化硫量，单位为千克・公顷/年；A 为林分面积，单位为公顷；F 为森林生态系统服务修正系数。

②吸收二氧化硫价值。

$U_{二氧化硫}=K_{二氧化硫}\ Q_{二氧化硫}\ A$

其中，$U_{二氧化硫}$为林分年吸收二氧化硫价值，单位为元/年；$K_{二氧化硫}$为二氧化硫的治理费用，单位为元/千克；$Q_{二氧化硫}$为单位面积森林二氧化硫吸收量，单位为千克・公顷/年；A 为林分面积，单位为公顷。

2）吸收氟化物。本书采用面积-吸收能力法评估森林氟化物年吸收量和价值。

①氟化物年吸收量。

$G_{氟化物}=Q_{氟化物}\times A\times F/1000$

其中，$G_{氟化物}$为实测林分年吸收氟化物量，单位为吨/年；$Q_{氟化物}$为单位面积实测林分吸收氟化物量，单位为千克·公顷/年；A 为林分面积，单位为公顷；F 为森林生态系统服务修正系数。

②吸收氟化物价值。

$U_{氟}=K_{氟化物}\ Q_{氟化物}\ A$

其中，$U_{氟}$为森林年吸收氟化物价值，单位为元/年；$Q_{氟化物}$为单位面积森林对氟化物的年吸收量，单位为千克·公顷/年；$K_{氟化物}$为氟化物治理费用，单位为元/千克；A 为林分面积，单位为公顷。

3）吸收氮氧化物。本书采用面积-吸收能力法评估氮氧化物森林年吸收量和价值量。

①氮氧化物年吸收量。

$G_{氮氧化物}=Q_{氮氧化物}\times A\times F/1000$

其中，$G_{氮氧化物}$为评估林分年吸收氮氧化物量，单位为吨/年；$Q_{氮氧化物}$为单位面积实测林分年吸收氮氧化物量，单位为千克·公顷/年；A 为林分面积，单位为公顷；F 为森林生态系统服务修正系数。

②吸收氮氧化物价值。

$U_{氮氧化物}=G_{氮氧化物}\times K_{氮氧化物}$

其中，$U_{氮氧化物}$为评估林分年吸收氮氧化物价值，单位为元/年；$G_{氮氧化物}$为评估林分年吸收氮氧化物量，单位为吨/年；$K_{氮氧化物}$为氮氧化物治理费用，单位为元/千克。

（3）滞尘指标。

滞尘包括滞纳 TSP、PM10、PM2.5。本书采用面积-吸收能力法评估森林年阻滞降尘量和价值，计算公式与其他研究（周冰冰等，2000；余新晓等，2005；关文彬等，2002）一致。年阻滞降尘量计算公式为：

1）年阻滞降尘量。

①滞纳 TSP 量。

$G_{TSP}=Q_{TSP}\times A\times F/1000$

其中，G_{TSP} 为评估林分年潜在滞纳 TSP（总悬浮颗粒物）量，单位为吨/年；Q_{TSP} 为实测林分单位面积年滞纳 TSP 量，单位为千克·公顷/年；A 为林分面积，单位为公顷，F 为森林生态系统服务修正系数。

②滞纳 PM10 量。

$G_{PM10}=Q_{PM10}\times A\times F/1000$

其中，G_{PM10} 为评估林分年潜在滞纳 PM10（直径≤10 微米的可吸入颗粒物）量，单位为吨/年；Q_{PM10} 为实测林分单位面积年滞纳 PM10 量，单位为千克·公顷/年；A 为林分面积，单位为公顷；F 为森林生态系统服务修正系数。

③滞纳 PM2.5 量。

$$G_{PM2.5}=Q_{PM2.5}\times A\times F/1000$$

其中，$G_{PM2.5}$ 为评估林分年潜在滞纳 PM2.5（直径≤2.5 微米的可入肺颗粒物）量，单位为吨/年；$Q_{PM2.5}$ 为实测林分单位面积年滞纳 PM2.5 量，单位为千克·公顷/年；A 为林分面积，单位为公顷，F 为森林生态系统服务修正系数。

2）森林植被年阻滞降尘价值。

①滞纳 TSP 价值。

$$U_{滞尘}=(G_{TSP}-G_{PM10}-G_{PM2.5})\times K_{TSP}+U_{PM10}+U_{PM2.5}$$

其中，$U_{滞尘}$ 为评估林分年潜在滞尘价值，单位为元/年；G_{TSP} 为评估林分年潜在滞纳 TSP（总悬浮颗粒物）量，单位为吨/年；G_{PM10} 为评估林分年潜在滞纳 PM10（直径≤10 微米的可吸入颗粒物）量，单位为千克/年；$G_{PM2.5}$ 为评估林分年潜在滞纳 PM2.5（直径≤2.5 微米的可入肺颗粒物）量，单位为千克/年；K_{TSP} 为降尘清理费用，单位为元/千克；U_{PM10} 为评估林分年潜在滞纳 PM_{10} 的价值，单位为元/年；$U_{PM2.5}$ 为评估林分年潜在滞纳 $PM_{2.5}$ 的价值，单位为元/年。

②滞纳 PM10 价值。

$$U_{PM10}=C_{PM10}\times Q_{PM10}$$

其中，C_{PM10} 为 PM_{10} 的清理费用，单位为元/千克。

③滞纳 PM2.5 价值。

$$U_{PM2.5}=C_{PM2.5}\times Q_{PM2.5}$$

其中，$U_{PM2.5}$ 为 $PM_{2.5}$ 的清理费用，单位为元/千克。

采用中华人民共和国国家发展和改革委员会等四部委 2003 年第 31 号令《排污费征收标准及计算方法》中北京市一般性粉尘排污费收费标准 0.15 元/千克。

5.1.2.6 森林防护功能

森林防护：防风固沙林、农田牧场防护林、护岸林、护路林等防护林降低风沙、干旱、洪水、台风、盐碱、霜冻等自然灾害危害的功能。

农田防护林防护的实物量可折算为农作物产量；防风固沙林防护的实物量可折算为牧草产量；海岸防护林防护的实物量可折算为其他实物量。本书计算方法与其他研究（周冰冰，2000；张颖，2004 等）一致，其计算公式为：

（1）防风固沙量。

$G_{防风固沙}=A_{防风固沙}\times(Y_2-Y_1)\times F$

其中，$G_{防风固沙}$为评估林分防风固沙量，单位为吨/年；$A_{防风固沙}$为防风固沙林面积，单位为公顷；Y_2为无林地风蚀模数，单位为吨·公顷/年；Y_1为有林地风蚀模数，单位为吨·公顷/年；F为森林生态系统服务修正系数。

（2）农田防护量。

农田防护林森林防护的实物量可折算为农作物产量，单位为吨/年。

（3）防风固沙价值。

$U_{防风固沙}=K_{防风固沙}\times G_{防风固沙}$

其中，$U_{防风固沙}$为评估林分防风固沙价值，单位为元/年；$K_{防风固沙}$为评估林分防风固沙成本，单位为元/吨；$G_{防风固沙}$为评估林分防风固沙量，单位为吨/年。

（4）农田防护价值。

$U_{农田防护}=Ka\times Va\times Ma\times A_{农}$

其中，$U_{农田防护}$为评估林分农田防护功能的价值，单位为元/年；Ka为平均1公顷农田防护林能够实现农田防护面积19公顷；Va为农作物、牧草的价格，单位为元/千克；M_a为农作物、牧草平均增长量，单位为千克·公顷/年；$A_{农}$为农田防护林面积，单位为公顷。

5.1.2.7 生物多样性保育功能

生物多样性包括景观多样性、生态系统多样性、物种多样性和遗传（基因）多样性四个不同的层次。在所有层次的生物多样性中，物种多样性最为基本（袁建立等，2003）。森林物种多样性保育功能指森林生态系统为生物物种提供生存与繁衍的场所从而对其起到保育作用的功能（李少宁，2007）。我国森林物种多样性极其丰富，对生物多样性保育功能进行评估具有重要的现实意义（王兵等，2008）。

本书采用物种保育指标反映森林保护生物多样性功能。由于生物多样性的内容十分复杂，所以本书只计算其保育价值。其总价值计算公式为：

$U_{生物}=S_{生物}\ A$

其中，$U_{生物}$为林分年物种保育价值，单位为元/年；$S_{生物}$为单位面积年物种损失的机会成本，单位为元·公顷/年；A为林分面积，单位为公顷。

由于我国经纬度的跨度大，东西南北的气温差异明显，形成了不同的森林植被类型，从西到东及从北到南的生物多样性越来越丰富。张颖（2004）在总结相关研究经验的基础上，将机会成本法与支付意愿法相结合，对全国不同区域的森林生物多样性进行了核算，核算结果为热带区>亚热带区>温带区>高寒带区，且西北地区的多样性价值偏低，这与我国森林生物多样性指数空间变化趋势基本一致，即森林生物多样性越高，价值量越大，且与国外的一些研究结果比较相近。因此，本书采用生物多样性指数计算森林生态系统的保护生物多样性价值。

目前生态学中反映生物多样性的指数很多，其中 Shannon-Weiner 指数是衡量生态系统物种多样性的一个经典且常用的指标，它既能够反映森林中物种的丰富度和物种分布的均匀度，又能够全面表达生物多样性状况，是其他指标做不到的。因此，本书采用 Shannon-Weiner 指数方法评估森林生态系统的物种保育价值。

从国内外研究结果来看，物种资源最丰富的巴西亚马逊热带雨林，其 Shannon-Weiner 指数为 6.21，海南尖峰岭热带原始林为 5.78~6.28，霸王岭沟谷雨林为 5.82（李意德，2002）。物种资源最丰富的热带雨林生物多样性价值为 5.9 万元/公顷左右（张颖，2004）。薛达元（2000）采用支付意愿方法计算出长白山自然保护区生物多样性的存在价值、遗传价值和选择价值总和为 49.65 亿元，每公顷生物多样性的平均价值为 23642.86 元。基于上述研究结果，本书把全国的 Shannon-Weiner 指数划分为 7 个等级，每个等级分别给予了一定赋值（见表 5-2）。

表 5-2　生物多样性保育价值

Shannon-Weiner 指数	价值（元·公顷/年）
指数<1	3000
1≤指数<2	5000
2≤指数<3	10000
3≤指数<4	20000
4≤指数<5	30000
5≤指数<6	40000
指数≥6	50000

资料来源：《森林生态系统服务功能评估规范》（GB/T 38582—2020）。

基于 Shannon-Wlener 指数对我国森林生态系统物种多样性保育价值进行的评估是首次将全国的森林生态系统放在客观统一的标尺下对比分析，避免了评估结果受人为主观因素影响大的状况。但是，当时没有考虑到濒危物种和特有种的保育价值。濒危物种同样是生物多样性的重要组成部分，在物种保育价值评估时引入濒危指数，可以加强人们对濒危物种的保护（成克武等，2004）。有些物种在某个地区广泛分布，不属于濒危物种，但在这个地区之外却没有分布，全球各个陆地的条件异质性以及植物的遗传变异性和种间杂交促成了生态系统的特有种现象和生物多样性。所以，地方特有种成了某个地方植被类型的一个独特标志（Boris Vilenkin et al.，2009）。

通过把 Shannon-Wiener 指数、濒危指数和特有种指数引入森林生物多样性物种保育价值评估方法中以达到对森林生物多样性物种保育价值准确评估的目的，为精准评估森林生物多样性物种保育价值提供了科学计算手段。

森林生物多样性物种保育价值评估公式为：

$$U_{生} = \left(1 + \sum_{m=1}^{x} Em \times 0.1 + \sum_{n=1}^{y} Bn \times 0.1 + \sum_{r=1}^{z} Or \times 0.1\right) \times S_{生} \times A$$

其中，$U_{生}$为评估林分年物种资源保育价值，单位为元/年；Em 为评估林分（或区域）内物种 m 的珍稀濒危指数（见表 5-3）；Bn 为评估林分（或区域）内物种 n 的特有种指数（见表 5-4）；Or 为评估林分（或区域）内物种 r 的古树年龄指数；x 为计算珍稀濒危物种数量；y 为计算特有物种数量；r 为计算古树物种数量；$S_{生}$为单位面积物种资源保育价值，单位为元·公顷/年；A 为林分面积，单位为公顷。

表 5-3　物种濒危指数体系

濒危指数	濒危等级
4	极危
3	濒危
2	易危
1	近危

资料来源：《森林生态系统服务功能评估规范》（GB/T 38582—2020）。

表 5-4　特有种指数体系

特有种指数	濒危等级
4	仅限于范围不大的山峰或特殊的自然地理环境下分布

续表

特有种指数	濒危等级
3	仅限于某些较大的自然地理环境下分布的群类，如分布于较大的海岛（岛屿）、高原、若干个山脉等
2	仅限于某个大陆分布的分类群
1	至少在两个大陆都有分布的要类群
0	世界广布的分类群

资料来源：《森林生态系统服务功能评估规范》（GB/T 38582—2020）。

5.1.2.8　森林康养功能

Douglass R. W.（1982）认为，“森林游憩是发生在森林区域内的所有户外游憩形式的总和，不管森林是否为这些活动提供了主要效用”。陈应发（1994）指出“森林游憩也称森林旅游、森林游乐，指在林地上进行的任何目的的野外游憩，它包括野营、野餐、游览、观光、漫步、骑马、狩猎、钓鱼、游泳、划船、滑雪、滑冰、探险、疗养、考察和教育等”。陈鑫峰（2000）则认为，游憩是个人在休闲时间或自由时间内，所从事的让身心愉悦、精神满足的行为。

本书在上述定义的基础上，认为“森林游憩指森林生态系统为人类提供休闲娱乐的场所，使人消除疲劳、身心愉悦、有益健康的功能”。

国外对森林游憩的评价已有40多年的历史，其中代表性的评价方法可分为6类（见表5-5），根据国内外研究现状及我国经济不发达的状况，本书采用游憩费用法计算森林游憩价值，建议计算时直接采用评估阶段林业系统管辖的自然保护区和森林公园全年的旅游直接收入数据，从旅游市场的实际需求评价。对于物质生产范围来说，使用劳动消耗评价是成立的，但对于不能通过实物交换的非物质生产范围内的游憩效能则不可行（孟永庆，1994）。

表5-5　森林游憩的评价方法

评价方法	内涵
政策性评估	森林主管单位根据经验对所辖区域内的森林做出最佳的判断，而赋予的价值，其典型的方法为阿特奎逊法和普罗丹法
生产性评估	从生产者的角度来说，森林游憩的价值至少为开发、经营和管理游憩区所耗费的成本，其典型方法有直接成本法和平均成本法

续表

评价方法	内涵
消费性评估	从消费者的角度看，森林游憩的价值至少应该等于游客游憩时的花费，其典型方法有游憩费用法
替代性评估	以“其他经营活动”的收益作为森林游憩的价值，其典型方法有机会成本法和市场价值法
间接性评估	根据游客支出的费用资料求出游憩商品的消费者剩余，并以消费者剩余作为森林游憩的价值，其典型方法有旅行费用法（TCM）
直接性方法	直接询问游客或公众对“游憩商品”自愿支付（WTP）的价格，其典型方法有条件价值法（CVM）

资料来源：《森林生态系统服务功能评估规范》（GB/T 38582—2020）。

森林康养价值的计算公式为：

$$Ur = 0.8Uk$$

其中，Ur 为区域内年森林康养价值，单位为元/年；Uk 为各行政区林业旅游与休闲产业及森林康复疗养产业的价值，包括旅游收入、直接带动的其他产业的产值，单位为元/年；k 为行政区个数；0.8 为森林公园接待游客量和创造的旅游产值约占全国森林旅游总规模的 80%。

5.1.2.9 森林生态系统服务功能总价值

森林生态系统服务功能总价值为 14 项指标价值之和，公式为：

$$U = \sum_{i=1}^{14} U_i$$

其中，U 为森林生态系统服务功能总价值，单位为元/年；U_i 为服务功能各分项价值，单位为元/年。

5.2 黄河上游退耕还林工程区生态效益评价结果

黄河上游退耕还林工程实施分为两个阶段，2000～2007 年为第一阶段，2015～2018 年为第二阶段。

5.2.1　内蒙古自治区退耕还林生态效益评估

5.2.1.1　内蒙古自治区森林资源状况

内蒙古自治区实施林业工程 20 多年，生态环境发生了巨大变化，据 2018 年林业统计年鉴，内蒙古自治区森林覆盖率 22.10%，林地总面积 4499.17 万公顷。森林面积 2614.85 公顷；森林蓄积 152704.12 万立方米，人工林 600.01 万公顷，蓄积 13907.88 万立方米，生态建设取得了显著成效。

5.2.1.2　退耕还林工程发挥效益的森林面积

1999 年开始试点，以治理水土流失、改善生态环境为目标，实施了退耕还林工程。退耕还林第一期工程从 2000 年开始到 2007 年结束，累计完成封山造林面积 136309 公顷，人工造林面积 2286704 公顷，退耕地造林面积 891000 公顷。退耕还林第二期工程从 2015 年开始到 2018 年，累计完成封山造林面积 1587255 公顷，人工造林面积 557467 公顷，退耕地造林面积 123548 公顷。两期工程总共完成封山造林面积 1859873 公顷，人工造林面积 5130875 公顷，退耕地造林面积 1905548 公顷（见表 5-6）。退耕还林工程都是在退耕地上或荒山荒地上造林，在实施管护后，每年都在发挥着生态效益。为了便于进行比较研究，本书仅对退耕还林工程的数据进行分析，虽然有所欠缺，但对退耕还林工程综合效益评价来讲，还是切实可行的。

表 5-6　内蒙古自治区退耕还林工程建设造林面积　　单位：公顷

内蒙古自治区			
年份	年末实有封山造林面积	人工造林面积	退耕地造林
2000		110956	26612
2001		53455	46213
2002		631565	232865
2003		654897	299317
2004		442470	106668
2005		265565	144003
2006		54752	15589
2007	136309	73044	19733
一期合计	136309	2286704	891000

续表

内蒙古自治区			
年份	年末实有封山造林面积	人工造林面积	退耕地造林
2008	183898	154978	
2009	206094	52478	
2010	2867	55003	
2011	178924	46513	
2012	116626	39972	
2013	249253	42159	
2014	149917	16399	
2015	151114	18618	3334
2016	139237	47742	36609
2017	109029	32045	32045
2018	100296	51560	51560
二期合计	1587255	557467	123548
总合计	1859873	5130875	1905548

资料来源：《中国林业统计年鉴》。

5.2.1.3 森林生态系统服务功能评估结果

内蒙古自治区退耕还林发挥生态效益的森林面积为1905548公顷，退耕还林工程森林生态系统服务功能物质量的计算涉及的各项生态因子由课题组实地监测所得。同时，退耕还林工程森林生态系统服务功能价值量的计算参照第三章。其中保土、固肥、氮固持、磷固持、钾固持、调节水量、净化水质、固碳、释氧、提供负离子、吸收气体污染物、滞尘、防风固沙、物种资源保育、森林生态系统服务修正系数的详细计算结果如表5-7所示。

表5-7 2007年和2018年内蒙古自治区退耕还林工程生态效益物质量和价值量

功能类别	指标层	物质量		价值量	
		2007年	2018年	2007年	2018年
保育土壤效益指标（C1）（吨·年/万元）	保土（D1）	2640924000	5040174460	1178924.98	2440640.41
	固肥（D2）	86226168.6	164813704.8	1849863737.78	3530460762.95

续表

功能类别	指标层	物质量		价值量	
		2007 年	2018 年	2007 年	2018 年
林木养分固持（C2）（吨·年/万元）	氮固持（D3）	14530.21416	73090.15186	3487.25	17541.64
	磷固持（D4）	934.085196	4698.65262	224.18	1127.68
	钾固持（D5）	8302.97952	41765.80106	1826.66	9188.48
涵养水源功能指标（C3）（立方米·年/万元）	调节水量（D6）	162154262.6	289042505.3	97320.12	404731.77
	净化水质（D7）	162154262.6	289042505.3	33890.24	211001.03
固碳释氧效益指标（C4）（吨·年/万元）	固碳（D8）	3946137.669	8014750.213	473536.52	961770.03
	释氧（D9）	617534.1018	3106331.454	61753.41	310633.15
净化大气环境（C5）	提供负离子（D10）（个·年/万元）	0.96×10^{25}	1.7×10^{25}	57.60×10^{25}	100.86×10^{25}
	吸收气体污染物（D11）（千克·年/万元）	1.92456	6.8599728	0.76	3.25
	滞尘（D12）（千克·年/万元）	507.87	1810.2706	80109798.42	171327795.91
森林防护指标（C6）	防风固沙（D13）（公顷/万元）	2640924000	5040174460	270.04	490.70
生物多样性指标（C7）	物种资源保育（D14）（公顷/万元）	2958120000	6326419360	295812.00	632641.94
森林生态系统服务修正系数（C8）	森林生态系统服务修正系数（D15）	0.3	0.25	0.3	0.25

资料来源：《中国林业统计年鉴》。

研究所得的内蒙古自治区退耕还林工程生态效益评估物质量为：

2007 年：保土 2640924000 吨·年/万元、固肥 86226168.6 吨·年/万元、氮固持 14530.21416 吨·年/万元、磷固持 934.085196 吨·年/万元、钾固持

8302.97952 吨·年/万元、调节水量 162154262.6 立方米·年/万元、净化水质 162154262.6 立方米·年/万元、固碳 3946137.669 吨·年/万元、释氧 617534.1018 吨·年/万元、提供负离子 0.96×10^{25} 个·年/万元、吸收气体污染物 1.92456 千克·年/万元、滞尘 507.87 千克·年/万元、防风固沙 2640924000 公顷/万元、物种资源保育 2958120000 公顷/万元、森林生态系统服务修正系数为 0.3。

2018 年：保土 5040174460 吨·年/万元、固肥 164813704.8 吨·年/万元、氮固持 73090.15186 吨·年/万元、磷固持 4698.65262 吨·年/万元、钾固持 41765.80106 吨·年/万元、调节水量 289042505.3 立方米·年/万元、净化水质 289042505.3 立方米·年/万元、固碳 8014750.213 吨·年/万元、释氧 3106331.454 吨·年/万元、提供负离子 1.7×10^{25} 个·年/万元、吸收气体污染物 6.8599728 千克·年/万元、滞尘 1810.2706 千克·年/万元、防风固沙 5040174460 公顷/万元、物种资源保育 6326419360 公顷/万元、森林生态系统服务修正系数为 0.25。

研究所得的内蒙古自治区退耕还林工程生态效益价值量为：

2007 年：保土 1178924.98 吨·年/万元、固肥 1849863737.78 吨·年/万元、氮固持 3487.25 吨·年/万元、磷固持 224.18 吨·年/万元、钾固持 1826.66 吨·年/万元、调节水量 97320.12 立方米·年/万元、净化水质 33890.24 立方米·年/万元、固碳 473536.52 吨·年/万元、释氧 61753.41 吨·年/万元、提供负离子 57.60×10^{25} 个·年/万元、吸收气体污染物 0.76 千克·年/万元、滞尘 80109798.42 千克·年/万元、防风固沙 270.04 公顷/万元、物种资源保育 295812.00 公顷/万元、森林生态系统服务修正系数为 0.3。

2018 年：保土 2440640.41 吨·年/万元、固肥 3530460762.95 吨·年/万元、氮固持 17541.64 吨·年/万元、磷固持 1127.68 吨·年/万元、钾固持 9188.48 吨·年/万元、调节水量 404731.77 立方米·年/万元、净化水质 211001.03 立方米·年/万元、固碳 961770.03 吨·年/万元、释氧 310633.15 吨·年/万元、提供负离子 100.86×10^{25} 个·年/万元、吸收气体污染物 3.25 千克·年/万元、滞尘 171327795.91 千克·年/万元、防风固沙 490.70 公顷/万元、物种资源保育 632641.94 公顷/万元、森林生态系统服务修正系数为 0.25。

5.2.2 陕西省退耕还林生态效益评估

5.2.2.1 陕西省森林资源状况

陕西省实施林业工程 20 多年，生态环境发生了巨大变化，据 2018 年林业统计年鉴，陕西省森林覆盖率 43.06%，林地总面积 1236.79 万公顷。森林面积 886.84 公顷；森林蓄积 47866.70 万立方米，人工造林 310.53 万公顷，蓄积 4413.22 万立方米，生态建设取得了显著成效。

5.2.2.2　退耕还林工程发挥效益的森林面积

1999 年开始试点，以治理水土流失、改善生态环境为目标，实施了退耕还林工程。退耕还林第一期工程从 2000 年开始到 2007 年结束，陕西省累计完成封山造林面积 40800 公顷，人工造林面积 1937529 公顷，退耕地造林面积 831979 公顷。退耕还林第二期工程从 2015 年开始到 2018 年，陕西省累计完成封山造林面积 906030 公顷，人工造林面积 537256 公顷，退耕地造林面积 203601 公顷。两期工程总共完成封山造林面积 987630 公顷，人工造林面积 4412314 公顷，退耕地造林面积 1867559 公顷（见表 5-8）。退耕还林工程都是在退耕地上或荒山荒地上造林，在实施管护后，每年都在发挥着生态效益。为了便于进行比较研究，本书仅对退耕还林工程的数据进行分析，虽然有所欠缺，但对退耕还林工程综合效益评价来讲，还是切实可行的。

表 5-8　陕西省退耕还林工程建设造林面积　　单位：公顷

陕西省			
年份	年末实有封山造林面积	人工造林面积	退耕地造林
2000		123168	54847
2001		101216	49728
2002		498353	235299
2003		562405	279641
2004		421506	197236
2005		62454	546
2006		78377	14682
2007	40800	90050	0
一期合计	40800	1937529	831979
2008	77570	74131	
2009	90780	39328	
2010	0	60737	
2011	116198	59356	

续表

陕西省			
年份	年末实有封山造林面积	人工造林面积	退耕地造林
2012	109011	47764	
2013	123721	45385	
2014	104973	3928	
2015	96144	58686	57621
2016	72944	46100	44139
2017	60144	48243	48243
2018	54545	53598	53598
二期合计	906030	537256	203601
总合计	987630	4412314	1867559

资料来源：《中国林业统计年鉴》。

5.2.2.3 森林生态系统服务功能评估结果

陕西省退耕还林发挥生态效益的森林面积为 1867559 公顷，退耕还林工程森林生态系统服务功能物质量的计算涉及的各项生态因子由课题组实地监测所得。同时，退耕还林工程森林生态系统服务功能价值量的计算参照第三章。其中保土、固肥、氮固持、磷固持、钾固持、调节水量、净化水质、固碳、释氧、提供负离子、吸收气体污染物、滞尘、防风固沙、物种资源保育、森林生态系统服务修正系数的详细计算结果如表 5-9 所示。

表 5-9　2007 年和 2018 年陕西省退耕还林工程生态效益的物质量和价值量

功能类别	指标层	物质量		价值量	
		2007 年	2018 年	2007 年	2018 年
保育土壤效益指标（C1）（吨·年/万元）	保土（D1）	2465985756	4939693555	1100831. 45	2391983. 81
	固肥（D2）	80514434. 93	161527979. 2	1727326355. 44	3460077506. 31
林木养分固持（C2）（吨·年/万元）	氮固持（D3）	13567. 71386	71633. 02678	3256. 25	17191. 93
	磷固持（D4）	872. 2101765	4604. 980293	209. 33	1105. 20
	钾固持（D5）	7752. 979347	40933. 15816	1705. 66	9005. 29

续表

功能类别	指标层	物质量		价值量	
		2007 年	2018 年	2007 年	2018 年
涵养水源功能指标（C3）（立方米·年/万元）	调节水量（D6）	151412953.1	283280154.7	90873.51	396663.04
	净化水质（D7）	151412953.1	283280154.7	31645.31	206794.51
固碳释氧效益指标（C4）（吨·年/万元）	固碳（D8）	3684740.372	7854968.173	442168.84	942596.18
	释氧（D9）	576627.8389	3044403.638	57662.78	304440.36
净化大气环境（C5）	提供负离子（D10）（个·年/万元）	0.89×10^{25}	1.668×10^{25}	52.85×10^{25}	98.86×10^{25}
	吸收气体污染物（D11）（千克·年/万元）	1.79707464	6.7232124	0.71	3.18
	滞尘（D12）（千克·年/万元）	474.22803	1774.18105	74803221.08	167912205.42
森林防护指标（C6）	防风固沙（D13）（公顷/万元）	2465985756	4939693555	252.15	480.92
生物多样性指标（C7）	物种资源保育（D14）（公顷/万元）	2762170280	6200295880	276217.03	620029.59
森林生态系统服务修正系数（C8）	森林生态系统服务修正系数（D15）	0.3	0.25	0.3	0.25

资料来源：《中国林业统计年鉴》。

研究所得的陕西省退耕还林工程生态效益评估物质量为：

2007 年：保土 2465985756 吨·年/万元、固肥 80514434.93 吨·年/万元、氮固持 13567.71386 吨·年/万元、磷固持 872.2101765 吨·年/万元、钾固持 7752.979347 吨·年/万元、调节水量 151412953.1 立方米·年/万元、净化水质 151412953.1 立方米·年/万元、固碳 3684740.372 吨·年/万元、释氧 576627.8389 吨·年/万元、提供负离子 0.89×10^{25} 个·年/万元、吸收气体污染物 1.79707464 千克·年/万元、滞尘 474.22803 千克·年/万元、防风固沙

2465985756 公顷/万元、物种资源保育 2762170280 公顷/万元、森林生态系统服务修正系数为 0. 3。

2018 年：保土 4939693555 吨·年/万元、固肥 161527979. 2 吨·年/万元、氮固持 71633. 02678 吨·年/万元、磷固持 4604. 980293 吨·年/万元、钾固持 40933. 15816 吨·年/万元、调节水量 283280154. 7 立方米·年/万元、净化水质 283280154. 7 立方米·年/万元、固碳 7854968. 173 吨·年/万元、释氧 3044403. 638 吨·年/万元、提供负离子 1. 668×10^{25} 个·年/万元、吸收气体污染物 6. 7232124 千克·年/万元、滞尘 1774. 18105 千克·年/万元、防风固沙 4939693555 公顷/万元、物种资源保育 6200295880 公顷/万元、森林生态系统服务修正系数为 0. 25。

经研究所得的陕西省退耕还林工程生态效益价值量为：

2007 年：保土 1100831. 45 吨·年/万元、固肥 1727326355. 44 吨·年/万元、氮固持 3256. 25 吨·年/万元、磷固持 209. 33 吨·年/万元、钾固持 1705. 66 吨·年/万元、调节水量 90873. 51 立方米·年/万元、净化水质 31645. 31 立方米·年/万元、固碳 442168. 84 吨·年/万元、释氧 57662. 78 吨·年/万元、提供负离子 52. 85× 10^{25} 个·年/万元、吸收气体污染物 0. 71 千克·年/万元、滞尘 74803221. 08 千克·年/万元、防风固沙 252. 15 公顷/万元、物种资源保育 276217. 03 公顷/万元、森林生态系统服务修正系数为 0. 3。

2018 年：保土 2391983. 81 吨·年/万元、固肥 3460077506. 31 吨·年/万元、氮固持 17191. 93 吨·年/万元、磷固持 1105. 20 吨·年/万元、钾固持 9005. 29 吨·年/万元、调节水量 396663. 04 立方米·年/万元、净化水质 206794. 51 立方米·年/万元、固碳 942596. 18 吨·年/万元、释氧 304440. 36 吨·年/万元、提供负离子 98. 86×10^{25} 个·年/万元、吸收气体污染物 3. 18 千克·年/万元、滞尘 167912205. 42 千克·年/万元、防风固沙 480. 92 公顷/万元、物种资源保育 620029. 59 公顷/万元、森林生态系统服务修正系数为 0. 25。

5. 2. 3 甘肃省退耕还林生态效益评估

5. 2. 3. 1 甘肃省森林资源状况

甘肃省实施林业工程 20 多年，生态环境发生了巨大变化，据 2018 年林业统计年鉴，甘肃省森林覆盖率 11. 33%，林地总面积 1046. 35 万公顷。森林面积 509. 73 公顷；森林蓄积 25188. 89 万立方米，人工林 126. 56 万公顷，蓄积

4313.99 万立方米，生态建设取得了显著成效。

5.2.3.2 退耕还林工程发挥效益的森林面积

1999 年开始试点，以治理水土流失、改善生态环境为目标，实施了退耕还林工程。退耕还林第一期工程从 2000 年开始到 2007 年结束，甘肃省累计完成封山造林面积 59995 公顷，人工造林面积 1518942 公顷，退耕地造林面积 619289 公顷。退耕还林第二期工程从 2015 年开始到 2018 年，甘肃省累计完成封山造林面积 1322593 公顷，人工造林面积 523373 公顷，退耕地造林面积 304556 公顷。两期工程总共完成封山造林面积 1442583 公顷，人工造林面积 3561257 公顷，退耕地造林面积 1543134 公顷（见表 5-10）。退耕还林工程都是在退耕地上或荒山荒地上造林，在实施管护后，每年都在发挥着生态效益。为了便于进行比较研究，本书仅对退耕还林工程的数据进行分析，虽然有所欠缺，但对退耕还林工程综合效益评价来讲，还是切实可行的。

表 5-10 甘肃省退耕还林工程建设造林面积 单位：公顷

甘肃省			
年份	年末实有封山造林面积	人工造林面积	退耕地造林
2000		53049	49119
2001		28732	28399
2002		245690	111832
2003		526106	261397
2004		316138	33301
2005		207640	121929
2006		66250	12863
2007	59995	75337	449
一期合计	59995	1518942	619289
2008	86667	60069	
2009	104720	42797	
2010	0	44027	
2011	122745	22164	
2012	132588	20937	
2013	126947	19634	
2014	143848	6835	

续表

甘肃省			
年份	年末实有封山造林面积	人工造林面积	退耕地造林
2015	135416	43470	43336
2016	166614	10219	7999
2017	159142	146509	146509
2018	143906	106712	106712
二期合计	1322593	523373	304556
总合计	1442583	3561257	1543134

资料来源：《中国林业统计年鉴》。

5.2.3.3 森林生态系统服务功能评估结果

甘肃省退耕还林发挥生态效益的森林面积为 1543134 公顷，退耕还林工程森林生态系统服务功能物质量的计算涉及的各项生态因子由课题组实地监测所得。同时，退耕还林工程森林生态系统服务功能价值量的计算参照第三章。其中保土、固肥、氮固持、磷固持、钾固持、调节水量、净化水质、固碳、释氧、提供负离子、吸收气体污染物、滞尘、防风固沙、物种资源保育、森林生态系统服务修正系数的详细计算结果如表 5-11 所示。

表 5-11　2007 年和 2018 年甘肃省退耕还林工程生态效益物质量和价值量

功能类别	指标层	物质量		价值量	
		2007 年	2018 年	2007 年	2018 年
保育土壤效益指标（C1）（吨·年/万元）	保土（D1）	1835572596	4081589430	819411. 08	1976457. 80
	固肥（D2）	59931445. 26	133467974. 4	1285746649. 05	2859006458. 50
林木养分固持（C2）（吨·年/万元）	氮固持（D3）	10099. 21638	59189. 21927	2423. 81	14205. 41
	磷固持（D4）	649. 2353389	3805. 021239	155. 82	913. 21
	钾固持（D5）	5770. 98079	33822. 41101	1269. 62	7440. 93
涵养水源功能指标（C3）（立方米·年/万元）	调节水量（D6）	112705220. 1	234069841	67642. 29	327756. 29
	净化水质（D7）	112705220. 1	234069841	23555. 39	170870. 98

续表

功能类别	指标层	物质量		价值量	
		2007 年	2018 年	2007 年	2018 年
固碳释氧效益指标（C4）（吨·年/万元）	固碳（D8）	2742760.551	6490434.014	329131.27	778852.08
	释氧（D9）	429216.6963	2515541.819	42921.67	251554.18
净化大气环境（C5）	提供负离子（D10）（个·年/万元）	0.66×10^{25}	1.37×10^{25}	39.33×10^{25}	81.69×10^{25}
	吸收气体污染物（D11）（千克·年/万元）	1.33766424	5.5552824	0.53	2.63
	滞尘（D12）（千克·年/万元）	352.99473	1465.9773	55680265.94	138743157.88
森林防护指标（C6）	防风固沙（D13）（公顷/万元）	1835572596	4081589430	187.69	397.37
生物多样性指标（C7）	物种资源保育（D14）（公顷/万元）	2056039480	5123204880	205603.95	512320.49
森林生态系统服务修正系数（C8）	森林生态系统服务修正系数（D15）	0.3	0.25	0.3	0.25

资料来源：《中国林业统计年鉴》。

研究所得的甘肃省退耕还林工程生态效益评估物质量为：

2007 年：保土 1835572596 吨·年/万元、固肥 59931445.26 吨·年/万元、氮固持 10099.21638 吨·年/万元、磷固持 649.2353389 吨·年/万元、钾固持 5770.98079 吨·年/万元、调节水量 112705220.1 立方米·年/万元、净化水质 112705220.1 立方米·年/万元、固碳 2742760.551 吨·年/万元、释氧 429216.6963 吨·年/万元、提供负离子 0.66×10^{25} 个·年/万元、吸收气体污染物 1.33766424 千克·年/万元、滞尘 352.99473 千克·年/万元、防风固沙 1835572596 公顷/万元、物种资源保育 2056039480 公顷/万元、森林生态系统服务修正系数为 0.3。

2018 年：保土 4081589430 吨·年/万元、固肥 133467974.4 吨·年/万元、氮固持 59189.21927 吨·年/万元、磷固持 3805.021239 吨·年/万元、钾固持

33822.41101 吨·年/万元、调节水量 234069841 立方米·年/万元、净化水质 234069841 立方米·年/万元、固碳 6490434.014 吨·年/万元、释氧 2515541.819 吨·年/万元、提供负离子 1.37×10^{25} 个·年/万元、吸收气体污染物 5.5552824 千克·年/万元、滞尘 1465.9773 千克·年/万元、防风固沙 4081589430 公顷/万元、物种资源保育 5123204880 公顷/万元、森林生态系统服务修正系数为 0.25。

研究所得的甘肃省退耕还林工程生态效益价值量为：

2007 年：保土 819411.08 吨·年/万元、固肥 1285746649.05 吨·年/万元、氮固持 2423.81 吨·年/万元、磷固持 155.82 吨·年/万元、钾固持 1269.62 吨·年/万元、调节水量 67642.29 立方米·年/万元、净化水质 23555.39 立方米·年/万元、固碳 329131.27 吨·年/万元、释氧 42921.67 吨·年/万元、提供负离子 39.33×10^{25} 个·年/万元、吸收气体污染物 0.53 千克·年/万元、滞尘 55680265.94 千克·年/万元、防风固沙 187.69 公顷/万元、物种资源保育 205603.95 公顷/万元、森林生态系统服务修正系数为 0.3。

2018 年：保土 1976457.80 吨·年/万元、固肥 2859006458.50 吨·年/万元、氮固持 14205.41 吨·年/万元、磷固持 913.21 吨·年/万元、钾固持 7440.93 吨·年/万元、调节水量 327756.29 立方米·年/万元、净化水质 170870.98 立方米·年/万元、固碳 778852.08 吨·年/万元、释氧 251554.18 吨·年/万元、提供负离子 81.69×10^{25} 个·年/万元、吸收气体污染物 2.63 千克·年/万元、滞尘 138743157.88 千克·年/万元、防风固沙 397.37 公顷/万元、物种资源保育 512320.49 公顷/万元、森林生态系统服务修正系数为 0.25。

5.2.4 青海省退耕还林生态效益评估

5.2.4.1 青海省森林资源状况

青海省实施林业工程 20 多年，生态环境发生了巨大变化，据 2018 年林业统计年鉴，青海省森林覆盖率 5.82%，林地总面积 819.16 万公顷。森林面积 419.75 公顷；森林蓄积 4864.15 万立方米，人工林 19.10 万公顷，蓄积 575.21 万立方米，生态建设取得了显著成效。

5.2.4.2 退耕还林工程发挥效益的森林面积

1999 年开始试点，以治理水土流失、改善生态环境为目标，实施了退耕还林工程。退耕还林第一期工程从 2000 年开始到 2007 年结束，青海省累计完成封山造林面积 43368 公顷，人工造林面积 293912 公顷，退耕地造林面积 148147 公顷。退耕还林第二期工程从 2015 年开始到 2018 年，青海省累计完成封山造林面积 953468 公顷，人工造林面积 166382 公顷，退耕地造林面积 28533 公顷。两期工程总共完成封山造林面积 1040204 公顷，人工造林面积 754206 公顷，退耕地造林面积 324827 公顷（见表 5-12）。退耕还林工程都是在退耕地上或荒山荒地上造林，在实施管护后，每年都在发挥着生态效益。为了便于进行比较研究，本书仅对退耕还林工程的数据进行分析，虽然有所欠缺，但对退耕还林工程综合效益评价来讲，还是切实可行的。

表 5-12　青海省退耕还林工程建设造林面积　　单位：公顷

青海省			
年份	年末实有封山造林面积	人工造林面积	退耕地造林
2000		4826	4826
2001		16718	10054
2002		80401	47202
2003		88160	60572
2004		43707	13636
2005		38177	8747
2006			
2007	43368	21923	3110
一期合计	43368	293912	148147
2008	43369	15509	
2009	63366	28102	
2010	0	20855	
2011	90700	22516	
2012	105002	16200	
2013	108667	16000	
2014	122667	18667	
2015	119833	0	0
2016	109666	0	0
2017	109666	19912	19912

续表

青海省			
年份	年末实有封山造林面积	人工造林面积	退耕地造林
2018	80532	8621	8621
二期合计	953468	166382	28533
总合计	1040204	754206	324827

资料来源：《中国林业统计年鉴》。

5.2.4.3 森林生态系统服务功能评估结果

青海省 2018 年退耕还林工程发挥生态效益的森林面积为 324827 公顷，退耕还林工程森林生态系统服务功能物质量的计算涉及的各项生态因子由课题组实地监测所得。同时，退耕还林工程森林生态系统服务功能价值量的计算参照第三章。其中保土、固肥、氮固持、磷固持、钾固持、调节水量、净化水质、固碳、释氧、提供负离子、吸收气体污染物、滞尘、防风固沙、物种资源保育、森林生态系统服务修正系数的详细计算结果如表 5-13 所示。

表 5-13　2007 年和 2018 年青海省退耕还林工程生态效益物质量和价值量

功能类别	指标层	物质量		价值量	
		2007 年	2018 年	2007 年	2018 年
保育土壤效益指标（C1）（吨·年/万元）	保土（D1）	439107708	859167415	196020.43	416040.90
	固肥（D2）	14336866.67	28094774.47	307577736.43	601815844.18
林木养分固持（C2）（吨·年/万元）	氮固持（D3）	2415.945721	12459.22683	579.83	2990.21
	磷固持（D4）	155.3107963	800.9502959	37.27	192.23
	钾固持（D5）	1380.540412	7119.558186	303.72	1566.30
涵养水源功能指标（C3）（立方米·年/万元）	调节水量（D6）	26961467.49	49271290.92	16181.46	68992.13
	净化水质（D7）	26961467.49	49271290.92	5634.95	35968.04
固碳释氧效益指标（C4）（吨·年/万元）	固碳（D8）	656126.2146	1366224.974	78735.15	163947.00
	释氧（D9）	102677.6931	529517.1401	10267.77	52951.71

续表

功能类别	指标层	物质量		价值量	
		2007 年	2018 年	2007 年	2018 年
净化大气环境（C5）	提供负离子（D10）（个·年/万元）	0.16×10^{25}	0.29×10^{25}	9.41×10^{25}	17.19×10^{25}
	吸收气体污染物（D11）（千克·年/万元）	0.31999752	1.1693772	0.13	0.55
	滞尘（D12）（千克·年/万元）	84.44379	308.58565	13319894.85	29205191.35
森林防护指标（C6）	防风固沙（D13）（公顷/万元）	439107708	859167415	44.90	83.65
生物多样性指标（C7）	物种资源保育（D14）（公顷/万元）	491848040	1078425640	49184.80	107842.56
森林生态系统服务修正系数（C8）	森林生态系统服务修正系数（D15）	0.3	0.25	0.3	0.25

资料来源：《中国林业统计年鉴》。

研究所得的青海省退耕还林工程生态效益评估物质量为：

2007 年：保土 439107708 吨·年/万元、固肥 14336866.67 吨·年/万元、氮固持 2415.945721 吨·年/万元、磷固持 155.3107963 吨·年/万元、钾固持 1380.540412 吨·年/万元、调节水量 26961467.49 立方米·年/万元、净化水质 26961467.49 立方米·年/万元、固碳 656126.2146 吨·年/万元、释氧 102677.6931 吨·年/万元、提供负离子 0.16×10^{25} 个·年/万元、吸收气体污染物 0.31999752 千克·年/万元、滞尘 84.44379 千克·年/万元、防风固沙 439107708 公顷/万元、物种资源保育 491848040 公顷/万元、森林生态系统服务修正系数为 0.3。

2018 年：保土 859167415 吨·年/万元、固肥 28094774.47 吨·年/万元、氮固持 12459.22683 吨·年/万元、磷固持 800.9502959 吨·年/万元、钾固持 7119.558186 吨·年/万元、调节水量 49271290.92 立方米·年/万元、净化水质 9271290.92 立方米·年/万元、固碳 1366224.974 吨·年/万元、释氧

529517.1401 吨·年/万元、提供负离子 0.29×10^{25} 个·年/万元、吸收气体污染物 1.1693772 千克·年/万元、滞尘 308.58565 千克·年/万元、防风固沙 859167415 公顷/万元、物种资源保育 1078425640 公顷/万元、森林生态系统服务修正系数为 0.25。

研究所得的青海省退耕还林工程生态效益价值量为：

2007 年：保土 196020.43 吨·年/万元、固肥 307577736.43 吨·年/万元、氮固持 579.83 吨·年/万元、磷固持 37.27 吨·年/万元、钾固持 303.72 吨·年/万元、调节水量 16181.46 立方米·年/万元、净化水质 5634.95 立方米·年/万元、固碳 78735.15 吨·年/万元、释氧 10267.77 吨·年/万元、提供负离子 9.41×10^{25} 个·年/万元、吸收气体污染物 0.13 千克·年/万元、滞尘 13319894.85 千克·年/万元、防风固沙 44.90 公顷/万元、物种资源保育 49184.80 公顷/万元、森林生态系统服务修正系数为 0.3。

2018 年：保土 416040.90 吨·年/万元、固肥 601815844.18 吨·年/万元、氮固持 2990.21 吨·年/万元、磷固持 192.23 吨·年/万元、钾固持 1566.30 吨·年/万元、调节水量 68992.13 立方米·年/万元、净化水质 35968.04 立方米·年/万元、固碳 163947.00 吨·年/万元、释氧 52951.71 吨·年/万元、提供负离子 17.19×10^{25} 个·年/万元、吸收气体污染物 0.55 千克·年/万元、滞尘 29205191.35 千克·年/万元、防风固沙 83.65 公顷/万元、物种资源保育 107842.56 公顷/万元、森林生态系统服务修正系数为 0.25。

5.2.5 宁夏回族自治区退耕还林生态效益评估

5.2.5.1 宁夏回族自治区森林资源状况

宁夏回族自治区实施林业工程 20 多年，生态环境发生了巨大变化，据 2018 年林业统计年鉴，宁夏回族自治区森林覆盖率 12.63%，林地总面积 179.52 万公顷。森林面积 65.60 万公顷；森林蓄积 835.18 万立方米，人工林 43.55 万公顷，蓄积 450.76 万立方米，生态建设取得了显著成效。

5.2.5.2 退耕还林工程发挥效益的森林面积

1999 年开始试点，以治理水土流失、改善生态环境为目标，实施了退耕还林工程。退耕还林第一期工程从 2000 年开始到 2007 年结束，宁夏回族自治区累计完成封山造林面积 8667 公顷，人工造林面积 725469 公顷，退耕地造林面积 306954 公顷。退耕还林第二期工程从 2015 年开始到 2018 年，宁夏回族自治区累计完成封山造林面积 86128 公顷，人工造林面积 111456 公顷，退耕地造林面积 24876 公顷。两期工程总共完成封山造林面积 103462 公顷，人工造林面积 1562394 公顷，退耕地造林面积 638784 公顷（见表 5-14）。退耕还林工程都是在退耕地上或荒山荒地上造林，在实施管护后，每年都在发挥着生态效益。为了便于进行比较研究，本书仅对退耕还林工程的数据进行分析，虽然有所欠缺，但对退耕还林工程综合效益评价来讲，还是切实可行的。

表 5-14　宁夏回族自治区退耕还林工程建设造林面积　　单位：公顷

宁夏回族自治区			
年份	年末实有封山造林面积	造林面积	退耕地造林
2000		28593	11260
2001		16987	14259
2002		120000	53333
2003		270759	138887
2004		144895	65155
2005		82380	14680
2006		37165	9380
2007	8667	24690	
一期合计	8667	725469	306954
2008	12334	35844	
2009	13334	33042	
2010	0	20238	
2011	13332	5999	
2012	11133	8333	
2013	11465	8000	
2014	5532	0	
2015	6134	0	0
2016	4465	0	13334
2017	4399	0	9542
2018	4000	0	2000
二期合计	86128	111456	24876
总合计	103462	1562394	638784

资料来源：《中国林业统计年鉴》。

5.2.5.3 森林生态系统服务功能评估结果

宁夏回族自治区退耕还林发挥生态效益的森林面积为638784公顷，退耕还林工程森林生态系统服务功能物质量的计算涉及的各项生态因子由课题组实地监测所得。同时，退耕还林工程森林生态系统服务功能价值量的计算参照第三章。其中保土、固肥、氮固持、磷固持、钾固持、调节水量、净化水质、固碳、释氧、提供负离子、吸收气体污染物、滞尘、防风固沙、物种资源保育、森林生态系统服务修正系数的详细计算结果如表5-15所示。

表5-15 2007年和2018年宁夏回族自治区退耕还林工程生态效益物质量和价值量

功能类别	指标层	物质量		价值量	
		2007年	2018年	2007年	2018年
保育土壤效益指标（C1）（吨·年/万元）	保土（D1）	909811656	1689583680	406145.61	818159.42
	固肥（D2）	29705350.57	55249386.34	637287400.41	1183492542.83
林木养分固持（C2）（吨·年/万元）	氮固持（D3）	5005.732163	24501.5185	1201.38	5880.36
	磷固持（D4）	321.7970676	1575.097618	77.23	378.02
	钾固持（D5）	2860.418379	14000.86771	629.29	3080.19
涵养水源功能指标（C3）（立方米·年/万元）	调节水量（D6）	55862962.41	96893768.99	33527.27	135675.50
	净化水质（D7）	55862962.41	96893768.99	11675.36	70732.45
固碳释氧效益指标（C4）（吨·年/万元）	固碳（D8）	1359464.357	2686730.641	163135.72	322407.68
	释氧（D9）	212743.6169	1041314.536	21274.36	104131.45
净化大气环境（C5）	提供负离子（D10）（个·年/万元）	0.33×10^{25}	0.57×10^{25}	19.5×10^{25}	33.81×10^{25}
	吸收气体污染物（D11）（千克·年/万元）	0.66302064	2.2996224	0.26	1.09
	滞尘（D12）（千克·年/万元）	174.96378	606.8448	27598230.15	57433061.14
森林防护指标（C6）	防风固沙（D13）（公顷/万元）	909811656	1689583680	93.03	164.49

续表

功能类别	指标层	物质量		价值量	
		2007 年	2018 年	2007 年	2018 年
生物多样性指标（C7）	物种资源保育（D14）（公顷/万元）	1019087280	2120762880	101908.73	212076.29
森林生态系统服务修正系数（C8）	森林生态系统服务修正系数（D15）	0.3	0.25	0.3	0.25

资料来源：《中国林业统计年鉴》。

研究所得的宁夏回族自治区退耕还林工程生态效益评估物质量为：

2007 年：保土 909811656 吨·年/万元、固肥 29705350.57 吨·年/万元、氮固持 5005.732163 吨·年/万元、磷固持 321.7970676 吨·年/万元、钾固持 2860.418379 吨·年/万元、调节水量 55862962.41 立方米·年/万元、净化水质 55862962.41 立方米·年/万元、固碳 1359464.357 吨·年/万元、释氧 212743.6169 吨·年/万元、提供负离子 0.33×10^{25} 个·年/万元、吸收气体污染物 0.66302064 千克·年/万元、滞尘 174.96378 千克·年/万元、防风固沙 909811656 公顷/万元、物种资源保育 1019087280 公顷/万元、森林生态系统服务修正系数为 0.3。

2018 年：保土 1689583680 吨·年/万元、固肥 55249386.34 吨·年/万元、氮固持 24501.5185 吨·年/万元、磷固持 1575.097618 吨·年/万元、钾固持 14000.86771 吨·年/万元、调节水量 96893768.99 立方米·年/万元、净化水质 96893768.99 立方米·年/万元、固碳 2686730.641 吨·年/万元、释氧 1041314.536 吨·年/万元、提供负离子 0.57×10^{25} 个·年/万元、吸收气体污染物 2.2996224 千克·年/万元、滞尘 606.8448 千克·年/万元、防风固沙 1689583680 公顷/万元、物种资源保育 2120762880 公顷/万元、森林生态系统服务修正系数为 0.25。

研究所得的宁夏回族自治区退耕还林工程生态效益评估价值量为：

2007 年：保土 406145.61 吨·年/万元、固肥 637287400.41 吨·年/万元、氮固持 1201.38 吨·年/万元、磷固持 77.23 吨·年/万元、钾固持 629.29 吨·年/万元、调节水量 33527.27 立方米·年/万元、净化水质 11675.36 立方米·年/万元、固碳 163135.72 吨·年/万元、释氧 21274.36 吨·年/万元、提供负离子 19.5×10^25 个·年/万元、吸收气体污染物 0.26 千克·年/万元、滞尘 27598230.15 千克·年/万元、防风固沙 93.03 公顷/万元、物种资源保育 101908.73 公顷/万元、森林生态系统服务修正系数为 0.3。

2018 年：保土 818159.42 吨·年/万元、固肥 1183492542.83 吨·年/万元、氮固持 5880.36 吨·年/万元、磷固持 378.02 吨·年/万元、钾固持 3080.19 吨·年/万元、调节水量 135675.50 立方米·年/万元、净化水质 70732.45 立方米·年/万元、固碳 322407.68 吨·年/万元、释氧 104131.45 吨·年/万元、提供负离子 33.81×10^25 个·年/万元、吸收气体污染物 1.09 千克·年/万元、滞尘 57433061.14 千克·年/万元、防风固沙 164.49 公顷/万元、物种资源保育 212076.29 公顷/万元、森林生态系统服务修正系数为 0.25。

5.3 退耕还林工程生态效益评价

采用分布式计算方法，把数据代入前文中所列出的评估公式，得到了以下黄河上游退耕还林工程森林生态系统服务功能物质量评估结果。2007 年退耕还林工程发挥生态效益的面积为 27973690000 公顷，2018 年退耕还林工程发挥生态效益的面积为 62798520000 公顷，面积增加了 34824830000 公顷。

5.3.1 退耕还林工程生态效益总物质量

研究所得的黄河上游退耕还林一期工程生态服务功能评估结果如表 5-16 所示。

表 5-16 2007 年和 2018 年退耕还林工程生态效益总物质量

功能类别	指标层	2007 年物质量	2018 年物质量
保育土壤效益指标（C1）	保土（D1）（吨·年/万元）	8291401716	16610208540
	固肥（D2）（吨·年/万元）	270714266	543153819.3
林木养分固持（C2）	氮固持（D3）（吨·年/万元）	45618.82228	240873.1432
	磷固持（D4）（吨·年/万元）	2932.638575	15484.70207
	钾固持（D5）（吨·年/万元）	26067.89845	137641.7961

续表

功能类别	指标层	2007 年物质量	2018 年物质量
涵养水源功能指标（C3）	调节水量（D6）（立方米·年/万元）	509096865. 6	952557560. 9
	净化水质（D7）（亿立方米·年/万元）	509096865. 6	952557560. 9
固碳释氧效益指标（C4）	固碳（D8）（吨·年/万元）	12389229. 16	26413108. 02
	释氧（D9）（吨·年/万元）	1938799. 947	10237108. 59
净化大气环境（C5）	提供负离子（D10）（个·年/万元）	3.0×10^{25}	5.61×10^{25}
	吸收气体污染物（D11）（千克·年/万元）	6. 04231704	22. 6074672
	滞尘（D12）（千克·年/万元）	1594. 50033	5965. 8594
森林防护指标（C6）	防风固沙（D13）（公顷/万元）	8291401716	16610208540
生物多样性指标（C7）	物种资源保育（D14）（公顷/万元）	9287265080	20849108640
森林生态系统服务修正系数（C8）	森林生态系统服务修正系数（D15）	0. 3	0. 25

资料来源：《中国林业统计年鉴》。

2007 年，黄河上游退耕还林工程森林生态系统服务功能物质量为：保土 8291401716 吨·年/万元、固肥 270714266 吨·年/万元、氮固持 45618. 82228 吨·年/万元、磷固持 2932. 638575 吨·年/万元、钾固持 26067. 89845 吨·年/万元、调节水量 509096865. 6 立方米·年/万元、净化水质 509096865. 6 亿立方米·年/万元、固碳 12389229. 16 吨·年/万元、释氧 1938799. 947 吨·年/万元、提供负离子 3.0×10^{25} 个·年/万元、吸收气体污染物 6. 04231704 千克·年/万元、滞尘 1594. 50033 千克·年/万元、防风固沙 8291401716 公顷/万元、物种资源保育 9287265080 公顷/万元、森林生态系统服务修正系数为 0. 3。

2018 年，黄河上游退耕还林工程森林生态系统服务功能物质量：保土 16610208540 吨·年/万元、固肥 543153819. 3 吨·年/万元、氮固持 240873. 1432 吨·年/万元、磷固持 15484. 70207 吨·年/万元、钾固持 137641. 7961 吨·年/万元、调节水量 952557560. 9 立方米·年/万元、净化水质 952557560. 9 亿立方米·

年/万元、固碳 26413108.02 吨·年/万元、释氧 10237108.59 吨·年/万元、提供负离子 5.61×10^{25} 个·年/万元、吸收气体污染物 22.6074672 千克·年/万元、滞尘 5965.8594 千克·年/万元、防风固沙 16610208540 公顷/万元、物种资源保育 20849108640 公顷/万元、森林生态系统服务修正系数为 0.25。

5.3.2 退耕还林工程生态效益总价值量

研究所得的按照各项生态功能来看，黄河上游退耕还林工程森林生态系统服务功能价值量评估结果如表 5-17 所示。

表 5-17 2007 年和 2018 年退耕还林工程生态效益总价值量

功能类别	指标层	2007 年价值量	2018 年价值量
保育土壤效益指标（C1）	保土（D1）（万吨·年/万元）	3701333.547	8043282.339
	固肥（D2）（万吨·年/万元）	5807801879	11634853115
林木养分固持（C2）	氮固持（D3）（万吨·年/万元）	10948.51735	57809.55438
	磷固持（D4）（万吨·年/万元）	703.8332581	3716.328496
	钾固持（D5）（万吨·年/万元）	5734.937658	30281.19515
涵养水源功能指标（C3）	调节水量（D6）（亿立方米·年/万元）	305544.6659	1333818.725
	净化水质（D7）（亿立方米·年/万元）	106401.2449	695367.0194
固碳释氧效益指标（C4）	固碳（D8）（万吨·年/万元）	1486707.5	3169572.962
	释氧（D9）（万吨·年/万元）	193879.9947	1023710.859
净化大气环境（C5）	提供负离子（D10）（个·年/万元）	177.69×10^{25}	332.42×10^{25}
	吸收气体污染物（D11）（万千克·年/万元）	2.383358388	10.70086781
	滞尘（D12）（亿千克·年/万元）	251511410.4	564621411.7
森林防护指标（C6）	防风固沙（D13）（公顷/万元）	847.8204932	1617.125791
生物多样性指标（C7）	物种资源保育（D14）（公顷/万元）	928726.508	2084910.864
森林生态系统服务修正系数（C8）	森林生态系统服务修正系数（D15）	0.3	0.25

资料来源：《中国林业统计年鉴》。

2007 年，黄河上游退耕还林工程森林生态系统服务功能价值量：保土 3701333.547 万吨·年/万元、固肥 5807801879 万吨·年/万元、氮固持 10948.51735 万吨·年/万元、磷固持 703.8332581 万吨·年/万元、钾固持 5734.937658 万吨·年/万元、调节水量 305544.6659 亿立方米·年/万元、净化水质 106401.2449 亿立方米·年/万元、固碳 1486707.5 万吨·年/万元、释氧 193879.9947 万吨·年/万元、提供负离子 177.69×10^{25} 个·年/万元、吸收气体污染物 2.383358388 万千克·年/万元、滞尘 251511410.4 亿千克·年/万元、防风固沙 847.8204932 公顷/万元、物种资源保育 928726.508 公顷/万元、森林生态系统服务修正系数为 0.3。

2018 年，黄河上游退耕还林工程森林生态系统服务功能价值量：保土 8043282.339 万吨·年/万元、固肥 11634853115 万吨·年/万元、氮固持 57809.55438 万吨·年/万元、磷固持 3716.328496 万吨·年/万元、钾固持 30281.19515 万吨·年/万元、调节水量 1333818.725 亿立方米·年/万元、净化水质 695367.0194 亿立方米·年/万元、固碳 3169572.962 万吨·年/万元、释氧 1023710.859 万吨·年/万元、提供负离子 332.42×10^{25} 个·年/万元、吸收气体污染物 10.70086781 万千克·年/万元、滞尘 564621411.7 亿千克·年/万元、防风固沙 1617.125791 公顷/万元、物种资源保育 2084910.864 公顷/万元、森林生态系统服务修正系数为 0.25。

根据各省的总物质量按照价值量的计算标准，算出各省份的单个生态效益和总的生态效益即总价值量，计算结果如表 5-18 所示。

表 5-18　2007 年和 2018 年退耕还林工程各省份生态效益总价值量　单位：万元

省份	2007 年	2018 年
内蒙古自治区	1932120582	3706778329
陕西省	1804134400	3632880006
甘肃省	1342919218	3001790388
青海省	321254621.7	631871610.8
宁夏回族自治区	665625298.8	1242598291
合计	6066054120.5	12215918624.8

资料来源：《中国林业统计年鉴》。

从表 5-18 可以看出，2007 年、2018 年退耕还林工程区生态效益（本项指标没有将退耕还林工程所提供的负离子价值量列入）最低的是青海省，分别为 321254621.7 万元、631871610.8 万元，最多的是内蒙古自治区，分别为 1932120582 万元、3706778329 万元。就整体而言，黄河上游退耕还林工程区在 2007 年生态效益为 6066054120.5 万元，2018 年增长为 12215918624.8 万元，增加了 6149864504.3 万元。

第 6 章

退耕还林工程经济效益和社会效益评价

6.1 退耕还林工程的经济效益和社会效益

实施退耕还林工程不仅产生了生态效益，而且社会效益和经济效益也发生了较大的变化。为了客观地反映退耕还林工程的建设成就，本书将经济效益指标分为三类：涉林第一产业产值（育种育苗造林、木材、经济林）、涉林第二产业产值（木材加工与制造、非木质林产品加工制造）和涉林第三产业产值（旅游休闲、生态服务、林下经济）；将社会效益分为两部分：可量化的社会效益（适龄儿童入学率、低保医保覆盖率）、潜在的社会效益（提高农民环保意识、合理转移农村劳动力、产业结构变化和加快新农村建设），这样更有针对性，也更能从各个方面反映退耕还林工程的建设成就。

6.1.1 评价方法

为了客观地反映退黄河上游耕还林工程的建设成就，本书采用价值计量法对退耕还林工程综合效益进行评价，以便对退耕还林工程所产生的经济效益和社会效益有价值量的把握。在进行经济效益和社会效益评价时，在对黄河上游五个省份总体分析的同时，分别对一期工程结束时点 2007 年和二期工程最近时点 2018 年进行评价，并且前后采用同一套评价指标体系，这样便于对退耕还林工程纵、横向分别比较，进而使评价更加全面科学。

6.1.2 评价指标

为了前后研究的统一，本书采用了同一套评价指标体系，如表 6-1 所示。

表 6-1　黄河上游退耕还林工程综合效益评价指标体系

总体层	系统层	标准层	指标层
黄河上游退耕还林工程综合效益评价指标体（A）	生态效益指标（B1）	保育土壤效益指标（C1）	保土（D1）
			固肥（D2）
		林木养分固持（C2）	氮固持（D3）
			磷固持（D4）
			钾固持（D5）
		涵养水源功能指标（C3）	调节水量（D6）
			净化水质（D7）
		固碳释氧效益指标（C4）	固碳（D8）
			释氧（D9）
		净化大气环境（C5）	提供负离子（D10）
			吸收气体污染物（D11）
			滞尘（D12）
		森林防护指标（C6）	防风固沙（D13）
		生物多样性指标（C7）	物种资源保育（D14）
		森林生态系统服务修正系数（C8）	森林生态系统服务修正系数（D15）
	经济效益指标（B2）	涉林第一产业产值（C9）	育种育苗造林（D16）
			木材（D17）
			经济林（D18）
		涉林第二产业产值（C10）	木材加工与制造（D19）
			非木质林产品加工制造（D20）
		涉林第三产业产值（C11）	旅游休闲（D21）
			生态服务（D22）
			林下经济（D23）
	社会效益指标（B3）	可量化的社会效益（C12）	适龄儿童入学率（D24）
			低保医保覆盖率（D25）
		潜在的社会效益（C13）	提高农民环保意识（D26）
			合理转移农村劳动力（D27）
			产业结构变化（D28）
			加快新农村建设（D29）

6.2 经济效益和社会效益评价

6.2.1 经济效益评价

实施退耕还林工程不仅产生了直接的经济效益，还产生了间接的经济效益。主要体现在涉林第一产业产值、涉林第二产业产值、涉林第三产业产值均大幅度地增加；不仅产生了林木价值、牧草价值、果产品价值等直接经济效益，而且改变了当地的产业结构，由此带来了对县域经济的影响，对粮食产量和安全的影响、对农民收入的影响的间接经济效益。

退耕还林作为一项公共投资能促进经济稳定和发展。凯恩斯学派认为，增加公共投资具有提高对产出的总需求、提高生产力及扩充生产能力的效果。退耕还林这项规模宏大的公共投资计划，不仅可以解决国民经济发展过程中的环境问题，而且可以通过增加政府支出，刺激有效需求，并产生乘数效应，带动相关产业发展，从而拉动区域国民经济增长。退耕还林通过政府投入，改善农业生产条件，使种植业和林业生产效率大大提高，通过发展特色经济，形成退耕还林地区支柱产业，从而提高退耕还林区经济效益，促进当地经济发展，最突出的方面就是国内生产总值、农业产值、林业产值、牧业产值等方面的变化。

实施退耕还林工程，大面积耕地还林还草，由于土地利用结构发生了改变，种植业、林草业、畜牧业产值也相应发生了改变。虽然在短期内由于耕地面积的减少直接影响了粮食生产，但并没有影响到农村经济发展的总体水平。

黄河上游实施退耕还林工程后，2000~2018年经济效益向又好又快发展，充分体现在涉林产业的发展方面；农业生产总值在总体上仍然呈现逐年上升趋势。

6.2.2 社会效益评价

退耕还林（草）计划的实施，对区域土地利用格局、生态系统和农村产业结构产生了巨大影响。接下来，对可量化的社会效益（适龄儿童入学率、低保医保覆盖率）、潜在的社会效益（提高农民环保意识、合理转移农村劳动力、农村产业结构变化和加快新农村建设）这些指标进行分析。

6.2.2.1 可量化的社会效益

适龄儿童入学率是反映退耕还林工程实施后农村的受教育程度的一项指标；低保医保覆盖率是反映退耕还林工程实施后农民的最低生活保障和农民看病的医保制度的一项指标。

退耕还林工程实施后，为解决贫困农民生活问题，特别对分布在沟深以及偏远闭塞、分散的贫困农户进行了移民搬迁。各扶贫开发点人口居住集中，交通便利，信息畅通，有力地改善了贫困户农民的生产生活条件。

目前，教育实施“两免一补”政策，适龄儿童均可无负担入学。同时，推行了农村新型合作医疗制度，其参保合格率达100%，虽然各大医院报销比例不同，但是农户看病基本上实现了农村“看病难，看病贵”的问题。此外，还实施了孕产妇免费住院分娩政策。

6.2.2.2 潜在的社会效益

（1）提高农民环保意识。退耕还林工程的实施过程，也是一个保护环境的宣传过程，通过广泛宣传，使广大农民对工程建设重要性的认识进一步提高，生态意识普遍增强。通过调查，发现黄河上游退耕还林区在退耕还林工程的实施过程中，从宣传、培训、组织、实施到管护、收益等各方面的工作，使广大农民受到了一次规模空前的生态治理教育，加之有大多数农民从退耕还林工程政策补偿机制等各个方面得到实惠，最终使广大人民对生态环境治理的认识得以相应提高。当前，生态意识和生态文化已深入人心，农民对保护环境的认知程度得到空前的提升，退耕还林已成为农民最为关心的热点问题。目前，农民对于退耕还林的认知率达98%，90%以上的农民支持退耕还林工程，96%以上的农民认为生态环境破坏非常严重，必须加以治理。此外，退耕农民在农业经营思想和耕作方式上也发生较大变化。从过去的广种薄收向精耕细作转变，更多的劳动力流向劳动效率更高的产业和地区，在增加经济收入的同时，也给这些人员提供了更多的接受新事物和新观念的机会，开阔了视野，这对于该地区农民综合素质的提高具有极其重要的意义。

（2）合理转移农村劳动力。退耕后由于耕地大面积减少，大部分农民将从世代耕耘的土地中解放出来，一方面，劳动力的较少投入使农民有了更多的可支配时间，进而使他们的精神文化生活得以改善，提高了生活水平和生活质量；

另一方面，为农民调整、改变自己的生产结构提供了必要的劳动力条件。

通过农户调查，发现退耕还林前后农户劳动力投向发生了很大变化，退耕后劳动力转移到种植业以外的其他行业，特别是外出打工、经商人数增加幅度较大，其次是养畜业人数。在退耕还林工程政策的强劲外力推动下，第三产业的发展为农民提供了就业、经商的机会，因退耕后农民将主要精力放在打工、经商和以牛羊为主的养畜业等行业，农村产结构得到了有效的调整。在调查的农户当中，大部分农民从以往的生活模式中解放出来，从事了其他行业，甚至有相当一部分农民已经选择其他行业作为自己的主要职业。这些显示出退耕还林工程的实施带动了农村劳动力结构的变化，劳动力结构在退耕还林的影响下形成了合理流转。

（3）优化农村产业结构。随着市场需求结构的变化，农村产业结构的优化和升级在农民收入增长与地区经济发展中的作用越来越大。因此，在农产品总量平衡并有结构性过剩的条件下，要增加农民收入，促进地区经济的发展，必须进一步提升和优化农村产业结构和产品结构。传统农业的特征较为突出，产业结构、产品结构单一，生产程度偏低。农村经济多年来以农业为主，而农业以种植业为主，种植业以粮食为主。农业结构、产业结构的调整成为制约农业经济发展的障碍。退耕还林工程的实施，以一个强大的政策性的外力，强制、有力地促进了农村产业结构的逐步调整，农户收入结构由退耕还林前以粮食种植业为主向养殖业、林果业、农产品加工业、外出务工等多业并举转变，改变了当地多年来农业结构调整难的困境。耕地是农民基本口粮田和经济收入的来源。退耕后耕地的减少对农村产业结构产生了影响。具体来说，主要表现在以下五个方面：

一是土地利用结构调整。据林业统计年鉴资料分析，退耕还林一期工程结束时，退耕还林工程区农、林、牧三业用地比例更为合理，特别是25度以上陡坡耕地全部退耕还林，使林业用地面积比退耕前增加了，进而使土地利用结构更加合理化。

二是饲养业结构调整。随着退耕还林工程的深入，坡耕地面积逐年减少，加之机械耕作水平提高，大牲畜耕地利用率降低，饲养成本大幅度提高，农村饲养业结构发生了很大变化。一些退耕户，已改变以往放牧牛羊和牲畜的传统习惯，开始饲养经济价值较高的畜类。

三是种植业结构调整。主要表现在种植品种的调整上，多数农民退耕后，集中人力、物力大搞旱变水、坡改梯等农田基本建设，开始实施粮食改栽时令蔬菜、低产田改高产田项目，并取得了较好的经济效益。

四是农村经营结构调整。表现在改变过去单一经营模式为多种经营模式，农林牧副全面发展，在集中搞好农业生产的同时，统筹兼顾林业、牧业和其他副业，并利用农闲季节，组织剩余劳力外出打工，增加经济来源，提高农民的经济收入。

五是农村能源结构的调整。退耕还林工程的实施，促进了当地产业结构调整，带动了相关行业的发展，加快了农村基础设施和能源建设，促使农民逐步由烧柴为主的单一性能源结构向综合利用沼气、液化气、煤和柴等能源转变。据调查，退耕前的 1998 年，农民基本依靠烧柴取暖做饭，利用烧煤、液化气取暖做饭的人多集中在交通便利的个别村庄，烧柴户大多居住在一些偏远农村，对原生植被的破坏严重，管理管护难度大。随着退耕还林工程的实施，加之生态移民和农村能源建设，使用煤、沼气、液化气的农户相应增加，农村的能源得到了一定的合理配置，有效地保护了森林资源。

（4）加快新农村建设。实施退耕还林工程后，为了巩固退耕还林成果，退耕还林工程区将生态移民作为工程建设的一项重要配套政策措施。退耕后，为解决贫困农民生活问题，特别对分布在沟深以及偏远闭塞、分散的贫困农户进行了移民搬迁。各扶贫开发点人口集中、交通便利、信息畅通，有力地改善了贫闲户农民的生产生活条件。目前，当地政府组织实施新修公路，实现了县乡道路的柏油化、农村道路主干线的四级水泥硬化、砂石化的目标；架设农电线路，安置风力发电机，满足农电入户。此外，2003 年取消了农林特产税，2004 年以县财政补贴的方式免征了农业税，实现了“零”负担；落实了农村低保对象，教育“两免一补”政策；推行了农村新型合作医疗制度；实现了农村看病住院保障问题和孕产妇免费住院分娩政策。

通过研究分析实施退耕还林工程后的经济效益和社会效益，笔者发现退耕还林工程的实施有效地促进了当地社会经济的发展。

黄河上游实施退耕还林工程后，从 2000 年到 2018 年，累计投资 11313544 万元，经济效益向又好又快发展，充分体现在涉林产业的发展方面。农业生产总值在总体上仍然呈现逐年上升趋势，涉林第一产业产值 130206585 万元、涉林第二产业产值 27654672 万元、涉林第三产业产值 19887638 万元，产业结构更加趋向合理。

黄河上游退耕还林（草）计划的实施，对区域土地利用格局、生态系统和农村产业结构产生了巨大影响。可量化的社会效益（适龄儿童入学率、低保医保覆盖率)、潜在的社会效益（提高农民环保意识、合理转移农村劳动力、农村产业结构变化和加快新农村建设）所包含的社会效益指标运行良好，退耕还林工程取得了良好的建设成效。

6.3 农民对退耕还林工程建设与管理的满意度分析

大量学者的研究成果为我们进一步研究生态保护与农村经济发展这一主题奠定了基础。在众多的研究中，我们不难发现，生态保护与农村经济发展的共享机制、农民参与管理机制以及生态补偿机制等是目前研究的热点，如何实现生态保护与农村经济协调发展的长效机制是研究中的难点。中国退耕还林工程建设已经走过了 18 年的发展历程，生态环境已有较大改善，生态建设也取得了一定成效，但是还存在较多尖锐、亟待解决的问题。随着退耕还林工程的建设，生态保护效应发生了哪些变化？当地农民生计如何变化？农民在生态环境保护中作用如何？农民愿意参与生态保护和管理吗？这些问题的考究直接关系到生态保护与农村经济的可持续发展，也关系到中国退耕还林工程的有效实施、相关政策的制度与完善以及生态文明建设的可持续发展。鉴于此，在已有研究的基础上，本书基于农户生计资本可持续发展框架的视角，以退耕还林工程区农户为研究对象，重点推进以下三个方面的研究：一是选取不同区域不同时间段的样本，分析退耕还林工程实施前后农户生计的变化情况；二是在农户生计变化的基础上，考究农户对退耕还林工程的满意度及其影响因素；三是根据研究结论提出有针对性的政策建议，为国家下一步制定林业工程的相关政策以及工程的有效实施提供参考。

6.3.1　研究区域、研究设计、分析方法及数据处理

6.3.1.1　研究区域

本书选取黄河上中游退耕还林工程典型示范区内蒙古自治区卓资县退耕还林工程区为研究对象。自 1999 年国家正式启动退耕还林生态工程后，卓资县从 2000 年开始实施第一轮退耕还林工程，至 2006 年陆续有农户参与退耕还林工程；第二轮退耕还林工程实施期为 2007~2014 年，主要任务是巩固维持退耕还

林成果；从2015年开始，第三轮退耕还林工程启动，农户对于该工程也较为熟悉，生态保护与农村经济发展息息相关。

6.3.1.2 研究设计

本书的研究目的是检验退耕还林工程对当地农民收入的影响，进而考究生态保护与农村经济协调发展的机制。随着生态保护工程建设成效的显现，保护效应越来越明显，比如生态的恢复对农民种植业、养殖业以及其他收入方面的影响以及生态环境的改善对农民身心健康的影响。这些因素对生态保护工程都产生着直接或间接的影响，也有待于生态保护政策的进一步优化。

本书采取参与式农户评估方法（Participatory Rural Appraisal，PRA），从2015年到2017年，在广泛查阅历史文献的基础上，对研究区域农户进行一对一的调查访问。调查地点选择在农户家中进行，调查范围涵盖了整个卓资县退耕还林工程区。调查分为两个部分：一是退耕还林实施前后农户生计变化情况；二是农户对生态保护工程参与管理情况和对生态工程的满意度分析。本书主要依据退耕还林实施前1980~1999年和退耕还林实施后2000~2017年的统计和调查数据进行相关研究。因农户在相近的年份生计变化不大，为了研究的方便，本书把数据分为2个时间段8个时间点（每5年变量加权后划为1个时间点），第1个时间段为1980~1999年，第2个时间段为2000~2017年。调研主要采用问卷式农户调查（一对一访谈）的形式，调查范围包括卓资县退耕还林工程涉及的7个乡镇、113个村委会、750个村民小组，累计涉及农户2500户，调查对象为研究区域各个阶段大于18周岁的居民。需要说明的是因为第1阶段跨越时间长，在当时能够工作的农户现在普遍超过了50岁，因而采访了50~70岁这个年龄段的农民；第2个阶段离现在比较近，基本上选择了30~60岁的农户，每个村委会随机抽查5~10个村，每个村随机抽查5~10户村民。针对1980~1999年这个阶段共发放了1000份问卷，针对2000~2015年这个时间段共发放了1500份问卷，收回的问卷全部有效（见表6-2）。

表6-2 调查对象的基本特征

基本情况	十八台镇	卓资山镇	大榆树乡	巴音锡勒镇	梨花镇	旗下营镇	红召乡	总计
	24个行政村	21个行政村	16个行政村	13个行政村	14个行政村	16个行政村	9个行政村	
样本总量	530	464	352	286	310	360	198	2500

续表

基本情况		十八台镇	卓资山镇	大榆树乡	巴音锡勒镇	梨花镇	旗下营镇	红召乡	总计
		24 个行政村	21 个行政村	16 个行政村	13 个行政村	14 个行政村	16 个行政村	9 个行政村	
不同性别样本量	男	262	214	163	132	143	166	92	46
	女	268	250	189	154	167	194	106	54
不同年龄样本量	20~30 岁	63	46	42	34	37	43	24	12
	31~40 岁	111	98	74	61	65	76	42	21
	41~50 岁	148	130	99	80	87	101	55	28
	≥51 岁	208	190	137	111	121	140	77	39
不同教育程度样本量	小学及以下	270	237	180	146	158	183	101	51
	初中	148	130	99	80	87	101	55	28
	高中（中专）	74	65	49	40	43	50	28	14
	大专及以上	38	32	24	20	22	26	14	9
户均规模（人/户）		4.1	4.0	4.2	4.2	4.1	4.1	4.2	4.12
户均耕地面积(亩/户)		4.3	4.1	4.1	4.6	4.4	4.2	6.8	4.64

调查问卷的设计分为两大部分，第一部分为农户家庭基本情况，第二部分为农户参与退耕还林工程管理与建设的相关情况。1980~1999 年的问卷中涉及了农业税收，但没有涉及退耕还林情况；2000~2017 年的农户问卷中农户家庭基本情况设计基本相同，仅在退耕还林生态补偿方面略做调整，这是为了形成具有针对性和连续性的数据，以方便分析。

问卷涉及的农户家庭基本特征主要内容如下：

(1) 受访农户的基本信息，包括姓名、性别、年龄、民族、婚否、文化程度、健康程度、政治面貌、在当地的职务等。

(2) 家庭基本情况，包括土地资本（耕地、林地）、劳动力资本（家庭人口数、劳动力数量、劳动力健康程度、劳动力教育程度）、物质资本（宅基地面积、房屋结构、牲畜数量、农机设备及生活设备价值等）、金融资本（家庭年收入、人均纯收入、储蓄、负债等）、社会资本（社会职务、社会资源、社会活动等）。

问卷涉及的农户对参与生态保护建设与管理的认知情况主要包括：①直接影响（退耕还林前后生态环境变化情况、资源利用、土地权属、生态补偿、收入变化、环境影响等）；②间接影响（劳动力转移、基础设施、交通情况、个人归属感等）；③传统习俗（少数民族传统、文化习俗影响等）；④农户对退耕还林生态工程建设与管理的5级满意度。采用百分制的赋值方法进行评分计算：5级（非常满意）为80~100分，4级（比较满意）为60~80分，3级（一般）为40~60分，2级（比较不满意）为20~40分，1级（非常不满意）为0~20分。

6.3.1.3 分析方法

（1）生态保护建设工程与农民生计可持续发展分析框架。近年来，我国农户生计问题体现在农村的人口问题、土地问题、环境问题、产业问题、婚姻问题、养老问题和大病问题等方面，而其中生态环境问题较为突出。国内外学者已经从土地产权、生态补偿、参与成本以及供给与需求等方面来研究生态保护中的农户参与意愿。为了全面了解农户对退耕还林工程的生态保护意愿，多角度辨析农户持续参与退耕还林工程的影响因素，本书从可持续生计的视角进行研究。

农户生计可持续性是指农户应对自然环境变化中生存与发展的能力，并在没有破坏自然环境的条件下与自然环境和谐发展（Chambers and Conway，1992）。可持续生计是从农户生计资本的视角研究制定合理的生态补偿政策，目前应用比较普遍的是英国国际发展部（UK Department for International Development，DIFD）提出的可持续生计框架。该框架将自然资本、金融资本、物资资本、人力资本和社会资本均划为生计资本。该框架的可贵之处在于它揭示了农户生计资本的多少决定了农户生计行为的选择，而农户生计行为的选择及生计结果又是由制度、政策和资本这三者以复杂的方式相互作用形成的，并且指出利用权力、财产和策略可以谋求生计出路，根除贫困。

可持续生计分析框架是建立在将农户看作弱势背景中生存或谋生的对象，农户通过使用一定的资本实施他们的生计策略，选择他们的生计行为，实现他们的生计结果，满足他们的生计目标（Singh and Hiremath，2010；Mahdi et al.，2009）。可见，农户实施生计策略、实现生计目标最重要的基础就是农户的生计资本，其基本上涵盖了农户的全部资产，包括有形资产和无形资产。从该角度研究农户的可持续性生计，可以多维度地解析影响农户参与意愿的因素，克服单一因素的不足。此外，有学者指出农户生计可持续性受资本、制度和政策等因素影响，生计资本决定了生计策略，生计策略又决定了生计结果，生计结果又反作用于生计资本（汤青等，2013）。本书针对退耕还林生态保护区农户生计的特点，在众多学者（李小云等，2007；赵雪雁，2011）研究的基础上，依据英国国际发展部提出的可持续生计框架理论，对研究指标进行调整设计，建立了一套退耕还林生态保护区农户生计资本量化标准（见表 6-3）。

表 6-3　农户生计资本的指标体系及赋值情况

目标层	标准层	指标层	权重	量化标准、计算方法（$F_k=P_k/S_k$）	
				标准值（S_k）	实际值（P_k）
生计资本（A）	自然资本（B_1）	人均耕地面积（B_{11}）	0.85	S_k 取均值	为便于分析，将计算结果分为 6 个档次：N1≥5(1)；3<N1≤4(0.8)；2<N1≤3(0.6)；1<N1≤2(0.4)；0<N1≤1(0.2)；N1=0(0)
		人均林地面积（B_{12}）	0.15	S_k 取均值	为便于分析，将计算结果分 6 个档次：N2≥10(1)；8<N2≤10(0.8)；6<N2≤8(0.6)；4<N2≤6(0.4)；0<N2≤2(0.2)；N2=0(0)
	人力资本（B_2）	家庭总人口数量（B_{21}）	0.26	S_k≥3	成人劳动力占家庭总人口比例（H11）：H11>0.8(1)；0.6<H11≤0.8(0.8)；0.4<H11≤0.6(0.6)；0.2<H11≤0.4(0.4)；0<H11≤0.2(0)
		家庭成人劳动力（B_{22}）	0.28	S_k≥2	成人劳动力数量(H12)：H12≥5(1)；H12=4(0.8)；H12=3(0.6)；H12=2(0.4)；H12=1(0.2)；0(0) 全劳动力=1.0；半劳动力=0.5；非劳动力=0
		劳动力受教育程度（B_{23}）	0.30	S_k≥初中	大专及其以上=1；高中=0.8；初中=0.6；小学=0.4；文盲=0
		劳动力健康程度（B_{24}）	0.16	S_k 取健康	非常健康（1）；比较健康（0.8）；一般（0.5）；差（0.2）；非常差（0）
	物质资本（B_3）	房屋（B_{31}）	0.48	S_k 取均值	根据房屋价格折算成现值（P1）：P1≥20 万元(1)；15 万<P1≤20 万元（0.8）；10 万<P1≤15 万元（0.6）；5 万<P1≤10 万元（0.4）；1 万<P1≤5 万元
		牲畜（B_{32}）	0.28	S_k 取均值	根据马、牛、羊、猪等家畜数量折算成现值(P2)：P2 ≥ 10000(1)；5000 < P2 ≤ 10000(0.8)；3000 < P2 ≤ 5000(0.6)；1000 < P2 ≤ 3000(0.4)；500<P2≤1000
		生产生活设备（B_{33}）	0.24	S_k 取均值	把农户拥有的生产生活设备折旧后变为现值(P3)：P3>5 万元(1)；3 万元<P3≤5 万元(0.8)；1 万元<P3≤3 万元(0.6)；5000 元<P3≤1 万元(0.4)；1000 元<P3≤5000 元(0.2)

续表

目标层	标准层	指标层	权重	量化标准、计算方法（$F_k=P_k/S_k$）	
				标准值（S_k）	实际值（P_k）
生计资本（A）	金融资本（B_4）	家庭纯收入（B_{41}）	0.33	S_k 取均值	F1≥0.8(1)；0.6<F1≤0.8(0.8)；0.4<F1≤0.6(0.6)；0.2<F1≤0.4(0.4)；0<F1≤0.2(0.2)；F1≤0(0)
		储蓄（B_{42}）	0.12	S_k 取均值	有=1.0；无=0
		负债（B_{43}）	0.12	S_k 取均值	有=1.0，无=0
		农业税（1981~2005年）（B_{44}）	0.20	S_k 取各地均值	F1≥50(1)；40<F1≤50(0.8)；30<F1≤20(0.6)；10<F1≤20(0.4)；0<F1≤10(0.2)；F1≤0(0)
		生态补偿（B_{45}）	0.23	S_k 取均值	全部为1，部分为0.5，没有为0
	社会资本（B_5）	社会职务（B_{51}）	0.56		现在有（1）；过去有（0.5）；没有（0）
		社会资源（B_{52}）	0.23		S2>20%(1)；15%<S2≤20%(0.8)；10%<S2≤15%(0.6)；5%<S2≤10%(0.4)；1%<S2≤5%(0.2)
		社会活动（B_{53}）	0.21		参加=1.0；不参加=0

注：F_k 为指标评价值，所反映的是实际值（P_k）与标准值（S_k）的接近程度；P_k 为实际值；S_k 为标准值。

（2）农户对退耕还林工程建设满意度分析方法。本书依据英国国际发展部提出的可持续生计框架理论，针对退耕还林生态保护工程区农户生计的具体特征，设计出退耕还林工程区农户的生计指标体系，进而参考国内外学者开展的生计资本量化研究成果，分析农户对退耕还林工程区生态建设与管理的满意程度、再参与意愿及其影响因素。本书选取了全国有典型意义的研究区域，主要分析生计资本对农户满意度的影响，在此基础上，分析农户生计策略的选择。

为检验理论命题，在对农户退耕还林工程满意度进行分析时，用到的是无序多分类反应变量分析的判别分析，假设随机变量服从逻辑概率分布，因而采用多项 Logit 模型。本书采用 Logit 回归模型数据分析方法：

$$\mathrm{Logit}(P)=\ln\left(\frac{p}{1-p}\right)=\beta_0+\beta_1X_1+\cdots+\beta_nX_n \tag{6-1}$$

在模型中，P 为事件的发生概率，β_0 是常数项，参数 β_i 为回归系数。在模型的拟合结果中，通常 Walds 值用于 β 值的检验，而拟合优度 Nagelkerke R^2 用于反映 Logit 模型中自变量解释因变量的变异占因变量总变异的比例。

假设随机变量服从正态分布，因而尝试了 Probit 回归模型数据的分析方法：

$$Probit(i) = \alpha_0 + \alpha_1\beta_i + \beta_0 X_i + \varepsilon_{it} \quad (6-2)$$

首先，在模型中，P 为事件的发生概率，α_0 和 β_0 是常数项，参数 β_i 为回归系数。在构建农户对退耕还林工程的建设与管理满意度指标时，设计了以下问题："总体来看，您对退耕还林工程建设是否满意？对生态补偿是否满意？"，并采用百分制的赋值方法进行评分计算：5（非常满意）为 80~100 分，4（比较满意）为 60~80 分，3（一般）为 40~60 分，2（比较不满意）为 20~40 分，1（非常不满意）为 0~20 分。由于农户满意度是有序离散变量，因而计量方程式为有序 Probit 模型。被解释变量是一个 0-1 变量，事件发生的概率依赖于解释变量，即 $P(Y=1)=F(X)$，也就是说，这个概率是一个关于 X 的函数，其中 $F(X)$ 服从标准的正态分布。

其次，$\beta_1 X_i$ 代表农户家庭拥有自然资本、人力资本、物质资本、金融资本和社会资本等各类量化标准的生计资本，是模型中农户对退耕还林工程的满意度与再参与的核心解释变量。

最后，考虑到农户满意度还受到生计资本状况以外因素的影响，在计量模型中控制了可能影响农户满意度的其他因素 ε_{it}，包括农户的基本情况，如性别、年龄、受教育程度、政治面貌、健康程度、社会职务、社会资源和社会活动等。此外，考虑到农户就业类型、生态补偿政策和所在区域的社会经济环境对农户满意度也可能有影响，构建了相应的农户特征、家庭特征、社会特征等变量。

6.3.1.4　数据描述性统计

（1）退耕还林生态工程区农户收入来源。由于退耕还林生态工程的实施，农户的生计资本、生计策略、生计行为、生计目标以及生计结果都会发生相应的改变（Bulte and Rondeau，2007）。生计资本的变化也会在一定程度上直接导致生计策略、生计方式的改变（Karki，2013），因而本书根据退耕还林前和退耕还林后 2 个时间段的调研数据进行分析，退耕还林前（1980~1999 年）为第 1 个时间段，退耕还林后（2000~2017 年）为第 2 个时间段。退耕还林农户生计资本描述性统计结果如表 6-4 所示。

表 6-4 退耕还林农户生计资本统计

时间段		人均税收/生态补偿（元）	人均收入（元）	纯务农（元）	务农为主（元）	非农为主（元）	非农（元）	观测值（人数）
退耕还林前	1980~1984 年	13.9/0	87	59	89	180	185	1000
	1985~1989 年	64.3/0	173	61	96	421	423	1000
	1990~1994 年	86.6/0	287	65	320	1985	2003	1000
	1995~1999 年	170.1/0	762	63	323	3042	2095	1000
退耕还林后	2000~2004 年	240/110	984	98	325	8403	5406	1500
	2005~2009 年	—/110	1800	238	3125	9480	6603	1500
	2010~2014 年	—/—	3798	328	10046	21018	20035	1500
	2015~2017 年	—/90	4102	618	10221	24508	22047	1500
农户所占比例/%		—/—	人均收入（元）	纯务农（%）	务农为主（%）	非农为主（%）	非农（%）	观测值（人数）
退耕还林前		—/—	283	21.32	45.33	32.12	1.23	1000
退耕还林后		—/—	3438	5.41	28.34	13.43	52.82	1500

注：纯务农指靠纯种地的农户；务农为主指种地、养殖等的农户；非农为主指除种地外，主要收入来源于打工、做生意的农户；非农指不种地的农户。

为了更深入地研究各个阶段农户的生计资本方面的变化，本书依据学者们已有的数据处理方式（徐建英等，2017；王昌海，2017；Mahdi et al.，2009；Vedeld et al.，2012），对退耕还林前与退耕还林后不同阶段的农户生计资本进行比较分析。

如表 6-4 中统计结果所示，第 2 个时间段远高于第 1 个时间段，一个可能的解释为：第 1 个时间段为改革开放初期，较多农户选择务农为主的家庭生产经营方式，但总体而言人均收入不高。随着生态环境恶化情况越来越严重以及农业税负担过重（从 1980 年的 13.9 元/亩增长到 2005 年的 240 元/亩），导致农民外出打工的越来越多，纯务农、务农为主的收入增幅不大，而非农为主和非农收入增幅明显。这还说明了，自然资本呈下降趋势，人力资本呈上升态势。进入第 2 个时间段，随着退耕还林工程的实施，生态环境逐步改善（Yu Y. et al.，2015；Meli P et al.，2014），农业税减免，加上生态补偿，自然资本呈上升态势，务农为主农户的收入增幅明显。但随着农户生计策略的变化，纯务农和务农为主的农户在大幅度地减少（从 66.65%减少到 33.75%），而以非农为主和非农的农户越来越多（从 33. 35%增加到 66. 25%），给家庭带来了另一种获得较高收入的途径。

（2）退耕还林工程区农户满意度及主要变量统计结果。如表 6-5 所示，总样本 1500 份中，有 1275 个农户对退耕还林生态建设“非常满意”，所占比例较大（85%）；有 1212 个农户对退耕还林后在经济收入方面“满意和非常满意”，两者所占比例达 81%；有 1380 个农户对生态补偿选择了“非常不满意”，所占比例最大（92%）。合理的调研解释是：①生态建设方面，大多农户认为生态建设成效显著，极少数农户是因为政府在农村周围引进了高污染和高能耗的企业和一些开矿企业污染严重，当地农户不满意。②经济收入方面，由于农户不断转变生计策略，因而大多数农户还是满意的。③生态补偿方面偏差较大，生态补偿时出现了三种情况：一是农户不知道生态补偿退耕款的发放标准是多少，有的土地所有者不在村里，村委会找别人挖树坑而补偿给了别人；二是有的农户自己挖了树坑，村委会只给了农户一部分补偿；三是退耕还林工程生态补偿中断，农户只领了一两年。整体说来，退耕还林工程区农户对退耕还林工程建设是满意的，但是在生态补偿方面存在不满意，这也进一步说明退耕还林工程在建设过程中生态保护与经济发展的矛盾依然严重，管理工作有待进一步提高。

表 6-5　农户对退耕还林生态工程建设与管理满意度调查结果

满意度	非常不满意			不满意			一般			满意			非常满意			观测值（人数）
建设项目	生态建设	经济收入	生态补偿	生态建设	经济收入	生态补偿	生态建设	经济收入	生态补偿	生态建设	经济收入	生态补偿	生态建设	经济收入	生态补偿	1500
总样本/%	11	3	92	2	4	3	1	12	2	2	56	2	85	25	1	
N = 1/3(N1+N2+N3)	106			9			15			60			111			

对于新一轮的退耕还林项目，绝大多数调查对象（68. 35%）表示愿意继续参加（见表 6-6），大部分调查对象（67. 32%）认为种地收入低，退耕后有生态补偿；约 18. 24%的调查对象认为退耕后可外出打工、又有生活收入；还有 14. 44%的农户支持退耕还林工程建设是为了给子孙后代留下好的生态环境。约 31. 65%的调查对象不愿意参与下一轮退耕项目，其原因主要包括以下三方面：

一是家庭需要依靠种地来维持生计（23.35%）；二是生态补偿太低（10.24%）；三是认为生态补偿管理和发放时存在问题，主要是种树补偿（66.31%）。由此可见，影响退耕还林工程参与意愿的因素主要体现在农户对土地收入的依赖性和生态补偿两个方面。

表 6-6 新一轮退耕还林再参与意愿及其原因

意愿	比例（%）	原因	比例（%）
愿意	68.35	种地收入低，退耕后有生态补偿	67.32
		年轻人可外出打工，老人有生活收入	18.24
		支持家乡生态建设，为子孙后代留下绿水青山	14.44
不愿意	31.65	种地有食物来源	23.35
		生态补偿太低	10.24
		生态补偿方式存在问题，主要是种树补偿	66.31

本书根据农户的满意度和再参与意愿，将其分为愿意和不愿意两类，并利用单因素方差分析（One-Way ANOVA）比较两类农户生计资本的差异。研究结果表明，愿意和不愿意两类农户在拥有的生计资本上存在显著差异（$F=33.227$，$P<0.01$）。从两类生计资本的比较来看（见图 6-1），在自然资本与金融资本的数量上，不愿意再参与退耕的农户显著高于愿意再参与的农户（$P<0.001$）；而在物质资本、社会资本和人力资本方面则是愿意再参与的农户显著高于不愿意再参与的农户（$P<0.05$）。

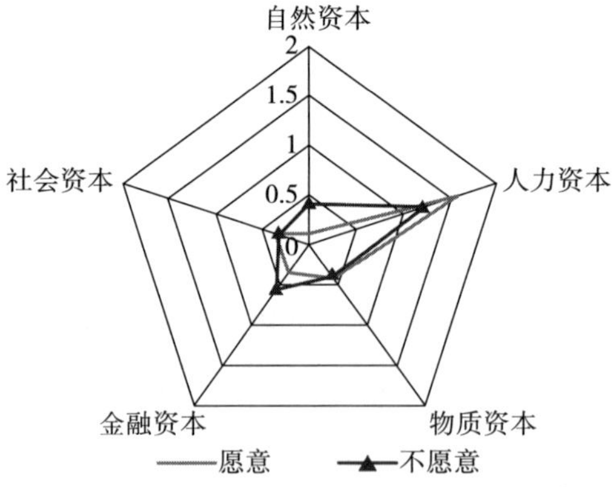

图 6-1 愿意与不愿意再参与 2 类农户生计成本比较

6.3.2　讨论与解释

6.3.2.1　生计资本对农户再参与退耕还林工程意愿影响分析

（1）五类生计资本对农户再参与意愿的影响。为了深入了解生计资本对于农户参与意愿的影响，本书以自然资本、人力资本、物质资本、金融资本、社会资本 5 种生计资本作为解释变量，以农户再参与意愿作为解释变量进行 Logit 回归分析。结果显示，拟合优度 Nagelkerke R^2 为 0.95，准确预测率达到 91.5%。自然资本、金融资本和社会资本对农户的再参与意愿具有显著性（$P<0.05$），但是影响方式不同，其中自然资本对农户再参与意愿具有负显著性，而金融资本、社会资本则对农户再参与意愿有着正显著性。在影响强度上，金融资本正面贡献值最大（$\beta=15.342$），自然资本负面贡献值最大（$\beta=-13.253$）。另外，社会资本作为无形资产，对农户的再参与意愿影响显著，贡献明显（$\beta=11.343$，$P<0.05$），表明社会资本越高则农户的参与意愿越强。人力资本和物质资本均有正面影响，但是作用不显著（见表 6-7）。

表 6-7　5 类生计资本对农户再参与意愿的影响

生计资本	回归系数（β）	标准差	Wals 值	显著性（P）
自然资本（B1）	-13.253	3.264	25.301	0.000
人力资本（B2）	1.145	1.011	1.465	0.212
物资资本（B3）	1.567	2.345	0.658	0.423
金融资本（B4）	15.342	4.465	15.12	0.000
社会资本（B5）	11.343	4.358	5.33	0.016

（2）指标层指标对农户再参与意愿分析。为了进一步剖析农户生计资本与再参与意愿之间的关系，本书以 17 个三级指标作为解释变量，以农户的再参与意愿作为被解释变量，进行 Logit 回归分析。结果显示，极大似然估计值为 100.234，拟合优度 Nagelkerke R^2 为 0.632，准确预测率达到 82.3%，从整个模型来看，具有很好的参考价值。

回归结果表明（见表 6-8），自然资本中人均耕种面积、人均林地面积、农业税（2006 年以前）对农户再参与意愿有显著的负向影响。人力资本中的劳动力受教育程度、物质资本中的房屋、金融资本中的家庭纯收入和生态补偿、社会资本中的社会职务则对农户的再退耕意愿具有显著的正面影响，按影响程度大小依次是家庭纯收入、社会职务、生态补偿、劳动力受教育程度、房屋。

表 6-8　生计资本中三级指标对农户再参与意愿的影响

指标层指标	回归系数（β）	标准差	Wals 值	显著性
人均耕地面积（B11）	-24.131	5.243	16.298	0.000
人均林地面积（B12）	-3.221	1.256	3.257	0.384
家庭总人口数量（B21）	2.556	1.235	3.112	0.302
家庭成人劳动力（B22）	3.012	1.312	3.256	0.301
劳动力受教育程度（B23）	7.812	2.132	11.465	0.000
劳动力健康程度（B24）	2.654	1.342	3.556	0.356
房屋（B31）	7.301	2.312	4.354	0.032
牲畜（B32）	3.235	2.031	2.516	0.323
生产生活设备（B33）	3.201	2.131	2.543	0.344
家庭纯收入（B41）	30.203	7.687	20.345	0.000
储蓄（B42）	1.058	0.873	0.158	0.089
负债（B43）	1.023	0.087	0.159	0.098
农业税（1981~2005 年）（B44）	-7.087	2.354	10.345	0.000
生态补偿（B45）	8.076	2.398	11.657	0.000
社会职务（B51）	13.546	6.445	4.567	0.032
社会资源（B52）	5.512	2.045	3.908	0.076
社会活动（B53）	3.478	1.987	2.809	0.386

（3）收入结构对农户再参与意愿影响分析。农户的纯收入主要由农业收入、务农为主收入、非农业（务工）收入以及生态补偿收入四部分组成。为进一步分析农户收入结构对其再参与意愿的影响，本书以农户现金收入中的生态补偿收入占总收入比重、农业收入占总收入比重、务农为主收入占总收入比重、非农业收入占总收入比重作为解释变量，以农户的再参与意愿作为被解释变量进行 Logit 回归分析。结果显示，回归模型的拟合优度 Nagelkerke R^2 为 0.695，准确预测率达到 90.2%。

回归结果表明（见表 6-9），农户的收入结构与农户再参与意愿显著相关。其中，农业收入、务农为主收入所占比重对农户的再参与意愿是负相关，而生态补偿、非农收入所占比重对农户的再参与意愿是正相关。农业收入占总收入比重的贡献值（β=-13.454）与生态补偿收入占总收入比重的贡献值大致相当（β=13.445），而其作用方向相反。因而，农业收入和务农为主的收入比重越高，农户越不愿意参与退耕还林工程；相反地，生态补偿和非农收入越高农户越愿意参与退耕还林工程。

表 6-9　收入结构对农户再参与意愿影响

指标	回归系数（β）	标准差	Wals 值	显著性
生态补偿占总收入比重	13.445	3.134	19.213	0
农业收入占总收入比重	-13.454	2.543	32.568	0
务农为主收入占总收入比重	-7.845	2.451	20.435	0
非农收入占总收入比重	12.555	2.546	24.886	0

6.3.2.2　农户对退耕还林工程生态建设与管理满意度

（1）退耕还林工程区农户生计资本变化。

根据表 6-10 中的生计资本量化标准，我们量化了第 1 个时间段（1980~1999 年）和第 2 个时间段（2000~2017 年）的农户生计资本标准值。由图 6-2 可以看出，在过去 2 个时间段里，退耕还林生态工程区农户金融资本、物质资本呈上升趋势，自然资本、人力资本以及社会资本呈下降趋势。自然资本从 0.53 减少到 0.36，社会资本从 0.38 减少到 0.30，两者在 1%的水平上发生了显著变化（$P<0.01$）；物质资本从 0.23 增加到 0.50，金融资本从 0.35 增加到 0.60，两者在 1%的水平上发生了显著变化（$P<0.01$）；而人力资本从 0.50 减少到 0.47，但没有显著变化（$P>0.01$）。

为了进一步进行农户生计资本变化的分析，我们将每个时间段的二级指标和 3 级指标的标准值进行加权并对 2 个独立样本进行 T 检验（见表 6-10），进行 Probit 模型分析。

在自然资本的变化过程中，2 个时间段的三级指标人均耕地面积与人均林地面积均大幅度减少，这可解释为：在第 1 个时间段，由于生态不断恶化、土壤贫瘠，土地生产力下降，农村人口转移到城市，农户放弃了一些土地的耕种；在第 2 个时间段，由于实施退耕还林工程，农户退耕还林，林地不归农户所有。还有一个原因是近年来受农村城镇化的影响，基础设施建设占用了较多的耕地。

在人力资本的变化过程中，2 个时间段的三级指标劳动力数量和劳动力健

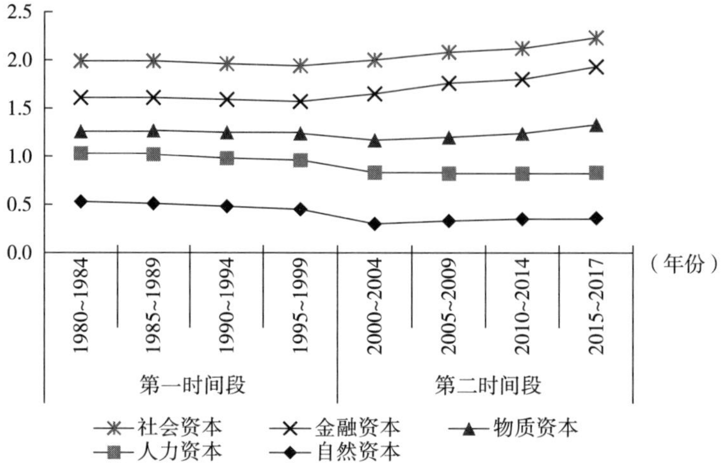

图 6-2 愿意与不愿意再参与 2 类农户生计资本比较

康程度指标均有微弱提升但不明显，而劳动力受教育程度却在下降。这可以解释为：由于计划生育的实施，人口在减少，而当年未成年人现在成长为劳动力；由于总体社会经济的发展，医疗条件医疗水平有所提高，劳动力的健康程度得到进一步提升；由于退耕还林工程区基础设施条件差，农村撤并了绝大部分的中小学校，加上家庭经济条件的限制，劳动力受教育程度不升反降。

在物质资本的变化过程中，2 个时间段的住房条件变化非常明显（由 0.39 上升到 0.74），牲畜价值的降低也非常明显（由 0.56 到 0.30）。这可以解释为：由于退耕还林工程的实施，禁止上山放牧，加上劳动力外出务工，极大限制了牧业的发展，因此牲畜数量大大减少。家庭生产生活设备有了较为明显的提升（由 0.20 上升到 0.52）。这可以解释为：由于家庭纯收入不断增加，生产生活设备随之变化。

在金融资本的变化过程中，从整体上来看，金融资本发生了显著变化（$P<0.001$）。“家庭纯收入”这一指标变化显著（$P<0.10$）。这可解释为：由于我国从 2006 年取消了农业税，并且种地还给补贴，再加上生态补偿，农户收入在一定程度上得到大幅度提高。

在社会资本的变化过程中，“社会职务”和“社会资源”指标没有显著变化；“社会活动”指标变化显著，整体上量化值从 0.82 减少为 0.49（$t=-62.59$，$P<0.01$）。这可以解释为：改革开放后，弱化了基层政权，农村基层组织在农村的社会活动力越来越小，农户除了婚丧嫁娶等习俗外没有其他活动。

另外，由于大多农村劳动力外出务工，参加农村的社会活动以及村民邻居沟通交流的时间就少了，也很难组织起活动。

表 6-10　退耕还林工程区农户生计资本标准量化结果

生计资本指标	平均量化值		t 检验	总样本		t 检验
	第 1 时间段（1980~1999 年）	第 2 时间段（2000~2017 年）		第 1 时间段（1980~1999 年）	第 2 时间段（2000~2017 年）	
自然资本（A1）	0.55	0.32	-16.15***	0.52	0.30	-16.79***
人均耕地面积（B11）	0.65	0.36	-52.05***	0.63	0.38	-53.24***
人均林地面积（B12）	0.38	0.23	-60.46***	0.40	0.25	-66.21***
人力资本（A2）	0.49	0.52	1.23**	0.50	0.52	1.70
家庭总人口数量（B21）	0.40	0.45	1.01	0.42	0.43	0.35
家庭成人劳动力（B22）	0.40	0.46	0.10	0.44	0.45	0.34
劳动力受教育程度（B23）	0.66	0.67	0.68	0.49	0.50	0.40
劳动力健康程度（B24）	0.67	0.70	1.08	0.67	0.69	0.78
物质资本（A3）	0.27	0.40	8.23***	0.27	0.50	7.98***
房屋（B31）	0.39	0.74	61.58***	0.38	0.68	52.34***
牲畜（B32）	0.56	0.30	-38.94	0.60	0.34	-38.32***
生产生活设备（B33）	0.20	0.52	-35.38	0.25	0.47	38.21***
金融资本（A4）	0.46	0.64	4.88	0.55	0.62	4.01***
家庭纯收入（B41）	0.30	0.35	1.08	0.33	0.35	2.01*
储蓄（B42）	0.61	0.75	28.33***	0.68	0.78	21.33***
负债（B43）	0.65	0.71	25.34***	0.68	0.75	24.12***
农业税（1981~2005 年）（B44）						
生态补偿（B45）						
社会资本（A5）	0.38	0.30	-9.12***	0.37	0.30	-8.28***
社会职务（B51）	0.08	0.09	0.05	0.08	0.09	0.01
社会资源（B52）	0.35	0.43	3.12*	0.35	0.38	2.67*
社会活动（B53）	0.85	0.48	-58.32***	0.82	0.49	-60.78***

注：***、**、* 分别代表在 1%、5%、10%的水平上显著；限于篇幅，本书只汇报了回归系数显著的变量，回归系数不显著的变量没有列在表中。

（2）农户对退耕还林生态建设与管理满意度影响因素。

为了深入分析农户对退耕还林生态工程建设与管理的满意度，本书抽取了第2个时间段即退耕还林工程实施阶段，并在农户5种生计资本的基础上，增设了一些与退耕还林工程建设管理密切相关的关键指标来进行研究（见表6-11）。本书利用Probit模型分析工程区农户生计资本对退耕还林工程建设与管理满意度影响的回归结果。其中，模型1只包括5种生计资本的变量，模型2在模型1的基础上加入了农户的个人特征控制变量，模型3在模型1和模型2的基础上加入了家庭特征变量，模型4在模型3的基础上又加入了社会特征变量，即所有解释变量的回归。

从回归结果可以看出，模型1到模型4的回归Pro>chi2=0.000，表明模型整体显著性P值远低于5%，在统计上具有显著性。Pseudo R^2 呈现出递增趋势，表明4个模型整体的解释力在逐步提高。模型1到模型4各自变量的显著性和回归系数基本保持一致，体现出了较高的模型稳健性。模型5（普通最小二乘回归）与模型4变量一致，表明普通最小二乘法估计结果与有序Probit模型的估计结果非常接近。模型检验结果显示，不存在多重共线问题，且在进一步调整控制变量后，生计资本特征的显著性基本不变，证明本书估计结果具有较强的稳健性。

表6-11 退耕还林工程区农户生计资本对其满意度影响的有序Probit模型回归结果

解释变量	有序Probit模型				普通最小二乘回归
	模型1	模型2	模型3	模型4	模型5
自然资本（A1）	-13.456*** （3.0567）	-12.3775*** （3.0823）	-12.2314*** （3.0945）	-11.8578*** （3.1209）	4.1287*** （1.7885）
人力资本（A2）	10.245*** （3.0267）	10.0128*** （2.9856）	9.9857*** （2.8759）	9.8934*** （2.7485）	4.0879*** （1.2346）
物质资本（A3）	2.0934*** （0.6643）	2.2804*** （0.6701）	2.3011*** （0.6788）	2.3221*** （0.6801）	0.6721*** （0.4435）
金融资本（A4）	0.8432*** （0.1221）	0.7677*** （0.1309）	0.7022*** （0.1388）	0.6988*** （0.1401）	0.2783*** （0.0631）
社会资本（A5）	1.5463*** （0.1243）	1.4589*** （0.1368）	1.4465*** （0.1402）	1.2098*** （0.1509）	0.4828*** （0.3208）

续表

解释变量	有序 Probit 模型				普通最小二乘回归
	模型 1	模型 2	模型 3	模型 4	模型 5
农户身份		0. 2534*** (0. 04532)	0. 2501*** (0. 04530)	0. 2489*** (0. 04500)	0. 1677*** (0. 0345)
教育程度		0. 2325*** (0. 0345)	0. 2301*** (0. 0347)	0. 2987*** (0. 0350)	0. 1544*** (0. 0301)
收入来源			0. 1523*** (0. 0443)	0. 1558*** (0. 4321)	0. 0853*** (0. 0301)
生态补偿			0. 1023*** (0. 0582)	0. 1055*** (0. 0592)	0. 5221*** (0. 0388)
自然环境				0. 2013*** (0. 7843)	0. 2355*** (0. 0402)
基础建设				0. 2454*** (0. 9832)	0. 2504*** (0. 0502)
观测值	1500	1500	1500	1500	1500
Probit（P）>chi2	0. 000	0. 000	0. 000	0. 000	Prob>F = 0. 0000
LR chi2	LR chi2(18)= 1544. 55	LR chi2(18)= 1544. 55	LR chi2(18)= 1544. 55	LR chi2(18)= 1544. 55	R^2 = 0. 6556
Pseudo R^2	0. 2845	0. 2988	0. 3156	0. 3542	AdjR^2 = 0. 6504

注：***、**、*分别代表在 1%、5%、10%的水平上显著，括号内是稳健标准误；限于篇幅，本书只汇报了回归系数显著的变量，回归系数不显著的变量没有列在表中。

1）核心解释变量（生计资本特征）。

从模型回归结果可以发现，在退耕还林生态建设中，自然资本的变化能够在负向水平上显著地影响农户的满意度（P<0. 001）。这不难解释，因为退耕还林工程的实施，农户失去了赖以生存的土地，随之变化的是生计策略的转移和生态补偿，生态补偿工作做得好坏会对退耕还林工作影响极大。人力总资本的变化能够在 1%的水平上正向显著影响农户满意度（P<0. 001）。这可解释为：退耕还林工程建设对农户影响最为直接的是改变了其家庭的收入来源或者说是劳动力就业方式（Karki，2013）。退耕还林实施前，农户主要以种地为主。退耕还林实施后，由于一些政策的限制，促使农户选择其他较高的收入方式来维

持生计。劳动力数量越多的家庭越可能选择以外出务工为其家庭的主要收入来源途径，本书的回归结果显示农户的身份特征对农户满意度的影响是正向显著的。劳动力受教育程度越高越能显著提升对生态工程建设的满意度，这与已有文献的研究是一致的（Blore et al.，2013）。这是因为，受教育程度越高，越能让农户认知到生态工程建设的重要性，其也越可能认可并参与退耕还林工程的建设与管理工作。物质资本是维持农户生计的关键因素。本书的研究结果显示，房屋价值以及生产生活设备价值均在1%的显著性水平上正向影响农户满意度，这表明房屋以及生产生活设备的价值多少直接反映了一个农户家庭生产生活经营的好坏，生活经营好的家庭更能积极接受保护政策的改变。金融资本并没有显著影响农户满意度，从本书回归结果看，农户家庭每年纯收入的比例随着社会经济的发展并没有在显著性水平上改变，这说明退耕还林工程区农户的收入和消费都在一定水平上同步提升。此外，回归结果显示，家庭储蓄的增加在显著性水平上正向影响着农户对自然保护区建设的满意度。

2）主要控制变量。

户主特征对退耕还林工程区生态建设满意度的影响是负向显著的。这可解释为：退耕还林工程区农户会更多地考虑家庭未来的生计情况，退耕还林工程建设带来的直接负面影响就是失去了生存的土地。个人受教育程度显著正向影响着农户的满意度水平。这表明，农户对生态保护整体认知过程中，受教育水平越高的农户越能接受生态保护的建设与管理。

家庭收入来源在1%显著性水平上影响着农户满意度。以非农就业为收入来源的家庭满意度最高，其次是以外出务工等非农收入为主的家庭满意度较高，这可以解释为：生态保护区农户种地和养殖受到限制，选择非农为主的就业所带来的较高收入维持了较稳定的生计。在农户认知里，生计的稳定性抵消了生态工程建设带来的负面影响（Soltani et al.，2012）。生态补偿在1%显著性水平上正向影响着农户满意度水平。有经济补偿的农户，特别是能及时收到生态补偿款的农户对生态工程建设与管理的满意度是较高的。但是由于生态补偿中出现了偏差，失地农户没有得到合理的补偿，从而使满意度低，如果能及时给予退耕还林生态保护区农户补偿，在很大程度上会缓解保护与发展的矛盾。

乡村自然环境在1%显著性水平上影响着农户满意度，自然环境建设得好，则农户满意度高。基础建设也是影响农户满意度的重要指标，基础设施建设得越好，农户的满意度越高。其他控制变量对农户满意度并不存在稳定且显著的影响。

6.3.3　结论与措施建议

我国退耕还林工程的建设与管理水平直接关乎生态保护的效果。保护与发展一直以来是一个不容回避的问题，如何协调由于生态保护而给退耕还林工程区农户生计带来的一系列负面影响，是我国学者热点探讨的问题。

本书选取了内蒙古自治区典型的退耕还林工程区卓资县为研究对象，在 2 个截面时点上（第 1 时间段和第 2 时间段），对退耕还林生态保护区农户的生计状况以及农户对生态保护区建设与管理的主观满意度进行了较为系统的分析，通过农户生计资本量化揭示了不同收入水平群体生计资本状况在时间序列上的变化以及在不同情形模式（个人特征、家庭特征以及社会特征）下，自然资本、物质资本、人力资本、金融资本以及社会资本对农户满意度的影响程度。结论如下：

第一，总体上看，5 种生计资本变化不同步。自然资本标准化分数变化最大，且显著减少，但从自然资本减少的本质来看，一方面来源于退耕还林生态工程建设，另一方面是城镇化背景下社会经济发展的结果。

第二，不同时间段各类生计资本时间序列变化具有差异性，且具有同步性。自然资本、物质资本、金融资本以及社会资本在 1% 显著性水平上变化。然而，人力资本在退耕还林实施前增长快，在退耕还林后却没有显著性变化。这表明在我国农村大多数青壮年进城务工，出现劳动力数量不足已经是不可回避的事实。

第三，核心解释变量中，目前能显著影响农户满意度的资本是人力资本和物质资本，其他 3 类资本不能显著影响农户满意度。人力资本是一个家庭中最基础的资本，人力资本的提升，特别是家庭成年劳动力数量以及受教育程度的提升，能有助于其对周边环境保护收益的判断。物质资本是维持生活的基础，房屋和生产生活的设备价值越高，生活的幸福感和存在感越强烈，能显著影响对自然保护区建设的满意度。储蓄作为收入存量能显著影响农户满意度。

第四，在控变量中，受教育程度能显著正向影响农户对退耕还林生态保护区建设与管理的满意度。退耕还林工程区农户既是自然资源的利用者又是保护管理的直接执行者，其行为意识方式是影响保护效果的关键因素（Bergquist，2007）。如果农户的基本生计没有得到保障，农户在生态保护中更多关心的是自己的生存问题（王昌海等，2011）。本书研究的政策含义既是为了了解生态保护中农户的生计状况，同时也为了提高退耕还林生态工程的建设与管理水平。

因此，我国政府对退耕还林生态工程的建设与管理的重视是值得肯定的，本书认为政策内涵应从以下三个方面考虑。

第一，退耕还林工程政策执行的反思。首先是生态保护问题。我国退耕还林生态保护工程的政策执行模式是“命令-控制”型，强调集中治理，治理效果明显，随着退耕还林工程的实施，生态不断恶化的趋势得到初步遏制。然后是经济发展问题。在退耕还林政策执行中，需要很好地处理国家和地方的关系、基层政府与农户之间的关系以及长远目标与近期目标之间的关系，特别要处理好生态保护与经济社会发展之间的关系，更加关注农户的利益和农户参与保护的积极性，最终妥善处理好生态保护、生态治理与经济发展的关系。

第二，退耕还林工程保护政策的反思。首先，国家与地方政府的反思。在生态工程建设和管理中，国家要把生态建设放在国家战略地位，协调生态、经济与社会可持续发展的关系，而有效地进行生态补偿，无疑对于推动退耕还林工程建设具有重要的意义。基层政府在生态工程建设与管理中到底扮演着什么角色？本书认为，基层政府要准确把握国家生态建设目标，将生态工程建设与国家经济社会长远发展结合起来，将生态补偿与农户可持续生计结合起来，应该在维护国家相关保护政策的同时，积极为农户生计水平的提升创造条件。其次，生态经济社会管理方面的反思。退耕还林工程实施的监测结果表明，生态环境得到了明显改善，但是生态建设需要一个长期的可持续治理过程，而生态补偿是解决燃眉之急，但生态补偿不是长久之计，最终还是必须解决农户的生计问题和劳动力转移问题。

第三，退耕还林工程建设与管理机制的反思。我国退耕还林生态工程区的建设与管理离不开农户的参与，它是一项利于当代、功在千秋、造福子孙后代的公益型事业。在全球生态恶化的背景下，进一步增强各级政府和公众的生态保护意识，建立生态保护有效管理评估体系，对于生态保护和经济发展都能起到有力的推动作用。因此，国家在宣传组织人人参与生态保护的同时，更要考虑农户的利益，如何构建一套利益协调机制，是国家未来需要重点考虑的事情。

第 7 章

退耕还林工程的综合效益层次分析研究

本书参照退耕还林工程检查验收标准和评定方法，采用层次分析法对退耕还林工程的实施情况和建设成效进行综合效益评价，在退耕还林工程综合效益评价中，在一些数据的选取上，主要来自本课题组在退耕还林工程区所设立的样本地的监测数据，在生态效益价值换算中（包括第五章），参照中国林业科学研究院在 2008 年制定的《森林生态服务功能评估规范》，虽然目前由于物价上涨，这些数据没有可比性，但是从纵向、横向来比，仍有可取之处，不影响评价结果。

7.1 层次分析法（AHP）的数学模型

层次分析法（Analytic Hierarchy Proeess，AHP）是基于系统论中的系统层次性原理建立起来的，是将复杂的问题分解成若干有序的、条理化的层次，在比原问题简单的层次上逐步分析比较，把人的主观判断用数量的形式表达和处理，是一种定性和定量相结合的多指标分析评价方法。用层次分析法作系统分析，首先要把问题层次化。根据问题的性质和要达到的总目标，将问题分解为不同的组成因素，并按照因素间的相互关联影响以及隶属关系将因素按照不同层次聚集组合，形成一个多层次分析的模型，并最终把系统分析归结为最低层（供决策的方案、措施等）相对于最高层（总目标）的相对重要性权值的确定或相对优劣次序的排序问题。

在排序计算中，每一层的因素相对于上一层次某一因素的单排序问题又可简化为一系列成对因素的判断比较。为了将比较判定定量化，层次分析法引入 1~9 比率标度方法，并写成矩阵形式，即构成所谓的判断矩阵，形成判断矩阵后，即可通过计算判断矩阵的最大特征根及其对应的特征向量，计算出某一层元素相对于上一层次某一元素的相对重要性权值。在计算出某一层次相对于上一层次各个因素的单排列权值后，用上一层次因素本身的权值加权综合，即可计算出某层因素相对于上层整个层次的相对重要性权值，即层次总排序权值。这样，依次从上而下即可计算出最底层因素相对于最高层的相对重要性权值或相对优劣次序的排序值。决策者根据对系统的这种数量分析进行决策、政策评价、选择方案、制订和修改计划、分配资源、决定需求、预测结局、找到解决冲突的方法等。

这种将思维过程数学化的方法，不仅简化了系统分析和计算，还有助于决策者保持其思维过程的一致性，在一般的决策问题中，决策者不可能给出精确的比较判断，这种判断的不一致性可以由判断矩阵的特征根的变化反映出来。因而，我们引入了判断矩阵最大特征根以外的其余特征根的负平均值作为一致性指标，用以检查和保持决策者判断思维过程的一致性。

层次分析法的基本步骤：①建立层次结构模型；②构造判断矩阵；③层次单排序及其一致性检验；④层次总排序；⑤层次总排序的一致性检验。接下来，对上述步骤分别做简单说明。

7.1.1 建立层次结构模型

在深入分析所面临的问题之后，将问题中所包含的因素划分为不同层次，如目标层、准则层、指标层、方案层、措施层等，用框图形式说明层次的递接结构与因素的从属关系。当某个层次包含的因素较多时（如果超过9个），可将该层次进一步划分为若干子层次。

7.1.2 构造判断矩阵

判断矩阵元素的值反映了人们对某个因素相对重要性（或优劣、偏好、强度等）的认识，一般采用1~9及其倒数的标度方法。当相互比较因素的重要性能够具有实际意义的比值说明时，判断矩阵相应元素的值则可以取这个值。

任何系统分析都以一定的信息为基础，层次分析法的信息基础主要是人们对于每一层次中各因素相对重要性给出的判断。这些判断通过引入合适的标度用数值表示出来，写成判断矩阵。判断矩阵表示针对上一层次某因素，本层与之有关因素之间相对重要性的比较。假定 A 层因素中 a_k 与下一层次中 B_1，B_2，B_3，…，B_n 有联系，我们构造的判断矩阵一般取如下形式：

a_k	B_1	B_2	…	B_n
B_1	b_{11}	b_{12}	…	b_{1n}
B_2	b_{21}	b_{22}	…	b_{2n}
⋮	⋮	⋮		⋮
B_n	b_{n1}	b_{n2}	…	b_{nn}

在层次分析法中，为了使决策判断定量化，形成上述数值判断矩阵，A. L. Saaty（1995）① 引用了如表 7-1 所示的 1~9 标度方法。

表 7-1　判断矩阵标度及其含义

标度	含义
1	表示两个因素相比，具有同样重要性
3	表示两个因素相比，一个因素比另一个因素稍微重要
5	表示两个因素相比，一个因素比另一个因素明显重要
7	表示两个因素相比，一个因素比另一个因素强烈重要
9	表示两个因素相比，一个因素比另一个因素极端重要
2，4，6，8	上述两相邻判断的中值
倒数	因素 i 与 j 比较的判断 b_{ij}，则因素 i 与 j 比较的判断 $b_{ji}=1/b_{ij}$

7.1.3　层次单排序及其一致性检验

判断矩阵 A 的特征根问题 $AW=\lambda_{max}W$ 的解 W，经规一化后记为同一层次相应因素对于上一层次某因素相对重要性的排序权值，这一过程称为层次单排序。为进行层次单排序（或判断矩阵）的一致性检验，需要计算一致性指标 $CI=(\lambda_{max}-n)/n-1$。平均随机一致性指标 RI 的值如表 7-2 所示。

表 7-2　随机一致性指标

1	2	3	4	5	6	7	8	9
0	0	0. 58	0. 9	1. 12	1. 24	1. 32	1. 41	1. 45

① Adger Yu N.，Brown K.，C. Eervigni R.，et al. Towards estimating total economic valve of forests in Mexico［J］. Working Paper-Centre for Social and Economic Research on the Global Erwironment，1994，24（5）：286-296.

当随机一致性比率 CR=CI/RI<0.10 时，认为层次单排序的结果有满意的一致性，否则需要调整判断矩阵的元素取值。

7.1.4 层次总排序

计算同一层次所有因素对于最高层（总目标）相对重要性的排序权值，称为层次总排序。这一过程是从最高层次到最低层次逐层进行的。若上一层析 A 包含 m 个因素 A_1，A_2，…，A_m，其层次总排序分别为 a_1，a_2，…，a_m，下一层次 B 包含 n 个因素 B_1，B_2，…，B_n，则它们对于因素 A_j 的层次单排序权值分别为 b_{1j}，b_{2j}，…，b_{nj}，（当 B_k 与 A_j 无联系时，$b_{kj}=0$）此时 B 层次总排序权值由下表给出。

表 7-3 判断矩阵层次总排序

层次 A / 层次 B	A_1	A_2	…	A_m	B 层次总排序权值
	a_1	a_2	…	a_m	
B_1	b_{11}	b_{12}	…	b_{1m}	$\sum_{j=1}^{m} a_j b_{1j}$
B_2	b_{21}	b_{22}	…	b_{2m}	$\sum_{j=1}^{m} a_j b_{2j}$
⋮	⋮	⋮		⋮	⋮
B_n	b_{n1}	b_{n2}	…	b_{nm}	$\sum_{j=1}^{m} a_j b_{nj}$

7.1.5 层次总排序及其一致性检验

这一步骤也是从高到低逐层进行的。如果 B 层次某些因素对于 A_j 单排序的一致性指标为 CI_j，相应的平均随机一致性指标为 CR_i，则 B 层次总排序随机一致性比率为：

$$RI=\frac{\sum_{j=1}^{m} a_j CI_j}{\sum_{j=1}^{m} a_j CR_j}$$

类似地，当 RI<0.10 时，认为层次总排序结果具有满意的一致性，否则需

要重新调整判断矩阵的元素取值。

层次分析法一般分四个基本步骤：

第一，构造层次分析结构模型。在深入分析所要研究的问题之后，将问题所包含的因素划分为不同的层次，AHP 的结构大致分为五层：目标层、准则层、指标层、方案层和措施层。

第二，构造判断矩阵。层次分析模型建立之后，在各层元素中进行两两比较，构造出比较判断矩阵。判断矩阵元素的值反映了人们对某个因素相对重要性（或优劣、偏好、强度等）的认识，一般采用 1~9 及其倒数的标度方法。判断矩阵就是针对上一层次因素，本层次与之有关因素之间相对重要性的比较。假如 A 层元素中 a_k 与下一层次中 B_1，B_2，B_3，…，B_n 有联系，本书构造的判断矩阵形成如表 7-4 所示。

表 7-4　判断各层元素相对重要性

a_k	B_1	B_2	…	B_n
B_1	b_{11}	b_{12}	…	B_{1n}
B_2	b_{21}	b_{22}	…	B_{2n}
…	…	…	…	…
B_n	b_{n1}	b_{n2}	…	b_{nn}

在层次分析法中，为了使决策判断定量化，形成上述数值判断矩阵，A. L. Saaty（1995）引用了如表 7-5 所示的 1~9 标度方法。

表 7-5　判断矩阵标度及其含义

标度	含义
1	表示两个因素相比，具有同样重要性性
3	表示两个因素相比，一个因素比另一个因素稍微重要
5	表示两个因素相比，一个因素比另一个因素明显重要
7	表示两个因素相比，一个因素比另一个因素强烈重要
9	表示两个因素相比，一个因素比另一个因素极端重要
2，4，6，8	上述两相邻判断的中值
倒数	因素 i 与 j 比较的判断 b_{ij}，则因素 i 与 j 比较的判断 $b_{ij}=1/b_{ij}$

第三，层次单排序与判断矩阵的一致性检验。

层次单排序就是求单目标判断矩阵的权数，根据判断矩阵计算对于上一层某元素而言本层次与之有联系的元素重要性次序的权值。判断矩阵 A 的特征根问题 $AW=\lambda_{max}W$ 的解 W，对向量 W 进行归一化处理，这一过程称为层次单排序。

一致性检验是指对判断矩阵是否具有一致性进行检验，需要计算一致性指标 CI，$CI=(\lambda_{max}-n)/n-1$。专家在判断指标重要性时，各判断之间协调一致，不致出现相互矛盾的结果。但是由于各种因素的影响，可能导致结构出现某种偏差，破坏一致性。为了保证应用层次分析法分析得到的结论合理，还需要对构造的判断矩阵进行一致性检验。平均随机一致性指标 RI 的值如表 7-6 所示。

表 7-6　随机一致性指标

维数 Dimension	1	2	3	4	5	6	7	8
RI	0	0	0. 58	0. 9	1. 12	1. 24	1. 32	1. 41
维数 Dimension	9	10	11	12	13	14	15	
RI	1. 45	1. 49	1. 51	1. 54	1. 56	1. 57	1. 59	

当随机一致性比率 $CR=CI/RI<0.10$ 时，认为层次单排序的结果有满意的一致性，否则需要调整判断矩阵的元素取值。

第四，层次总排序与做出决策。

层次总排序是针对最高层目标而言的，就是依次沿递阶层次结构由上而下逐层计算得到的最底层因素相对于最高层（总目标）的相对重要性或相对优劣的排序值。若上一层次 A 包含 m 个因素 A_1，A_2，…，A_m，其层次总排序分别为 a_1，a_2，…，a_m，下一层次 B 包含 n 个因素 B_1，B_2，…，B_n，它们对于因素 A_j 层次单排序权值分别为 b_{1j}，b_{2j}，…，b_{nj}，（当 B_k 与 A_j 无联系时，$b_{kj}=0$）此时 B 的层次总排序权值如表 7-7 所示。

表 7-7　层次总排序

层次 A / 层次 B	A_1	A_2	…	A_m	B 层次总排序
	a_1	a_2	…	A_m	权值
B_1	b_{11}	b_{12}	…	B_{1m}	$\sum_{j=1}^{m} a_j b_{1j}$

续表

层次 B \ 层次 A	A_1	A_2	…	A_m	B 层次总排序
	a_1	a_2	…	A_m	权值
B_2	b_{21}	b_{22}	…	B_{2m}	$\sum_{j=1}^{m} a_j b_{2j}$
…	…	…	…	…	…
B_n	b_{n1}	b_{n2}	…	b_{nm}	$\sum_{j=1}^{m} a_j b_{nj}$

层次总排序和层次单排序一样，也要对其结果进行一致性检验。如果 B 层次某些因素对于 A_j 单排序的一致性指标为 CI_j，相应的平均随机一致性指标为 CR_i，则 B 层次总排序随机一致性比率为：

$$RI=\frac{\sum_{j=1}^{m} a_j C_{Ij}}{\sum_{j=1}^{m} a_j CR_j} R=\sum_{i=1}^{20} D_i K_i$$

当 RI<0. 10 时，认为层次总排序结果具有满意的一致性，否则需要重新调整判断矩阵的元素取值。最终根据分析计算结果，考虑相应的决策。

7. 2

退耕还林工程综合效益评价指标体系的构建

退耕还林工程是一个多层次、多功能、多目标的复杂的复合生态系统工程，其综合评价内容包括对系统的生态分析、经济分析和社会分析，以及今后发展的趋势。虽然在森林效益分类、指标体系设置、评价方法研究等方面做了许多富有成效的工作，但是由于森林效益评价极其复杂，退耕还林工程建设发展历史短、发挥效益时间又缓慢，评价研究工作又不太完善，在监测工作上也存在一些缺陷，而且不同区域的指标选择和权重又有区别，因而本书针对黄河上游退耕还林工程区的区域特点，建立适合该地区的退耕还林工程综合效益评价指标体系，定性、定量地评价退耕还林工程建设成效，促进退耕还林工程向高效、稳定、健康的方向发展具有十分重要的意义。

7.2.1 退耕还林工程综合效益评价指标概述

退耕还林工程的目的是保护和恢复被破坏了的生态系统，实现生态系统的可持续经营。森林的生态效益、经济效益和社会效益的统一是森林可持续经营的核心（杨旭东，2004）。自1992年联合国环境与发展大会后，世界各国对森林综合效益评价指标体系进行了研究。国外对森林经营的评价指标主要有：蒙特利尔行动纲要、赫尔辛基行动、亚马逊行动、国际热带木材组织等。国内对森林综合效益的研究也进行了一定的探索，但对评价指标体系的研究尚不系统。建立科学合理的评价指标体系关系到评价结果的正确与否，本书从实际出发，通过建立一整套可量化的退耕还林工程综合效益评价指标体系对退耕还林工程区综合效益进行评价。

7.2.2 退耕还林工程综合效益指标体系的构建

退耕还林工程是党中央、国务院做出的一项改善我国生态环境的伟大战略部署，是实现我国经济、社会与生态环境可持续发展的根本大计。为了全面客观地评价退耕还林工程的建设成效，其评价指标设定的原则、评价方法和思路必须具有系统性和相关性。

为了便于研究，本书按照第三章所确立的指标体系，针对退耕还林工程区的特点，按照具有可比性和可操作性的原则，确立了退耕还林工程综合效益评价指标体系，体系包括总体层1个，系统层指标3个，标准层指标13个，要素层指标29个（见第6章表6-1）。

7.2.3 退耕还林工程综合效益评价

7.2.3.1 退耕还林工程综合效益评价指标计算及分析

运用层次分析法（AHP）对黄河上游退耕还林工程综合效益进行分析，最终得出的生态效益、经济效益、社会效益指标权重如表7-8至表7-20所示。

（1）生态效益指标。

表7-8 退耕还林工程生态效益矩阵

生态效益指标	（C3）	（C1）	（C2）	（C5）	（C6）	（C7）	（C8）	（C4）	Wi
（C3）	1	1	0.6703	2.2255	2.2255	1.4918	2.2255	1.8221	0.167

续表

生态效益指标	(C3)	(C1)	(C2)	(C5)	(C6)	(C7)	(C8)	(C4)	Wi
(C1)	1	1	0.5488	0.6703	2.2255	1	1.8221	1.2214	0.1237
(C2)	1.4918	1.8221	1	3.3201	3.3201	1	2.2255	4.953	0.237
(C5)	0.4493	1.4918	0.3012	1	0.3012	0.4493	2.2255	3.3201	0.094
(C6)	0.4493	0.4493	0.3012	3.3201	1	1	1.4918	1.4918	0.1039
(C7)	0.6703	1	1	2.2255	1	1	2.2255	1.4918	0.1402
(C8)	0.4493	0.5488	0.4493	0.4493	0.6703	0.4493	1	1.2214	0.0696
(C4)	0.5488	0.8187	0.2019	0.3012	0.6703	0.6703	0.8187	1	0.0646

注：$\lambda_{max}=8.6307$；CR=0.0639<0.10。

(2) 经济效益指标。

表 7-9　退耕还林工程经济效益矩阵

经济效益指标 (B2)	涉林第三产业产值 (C11)	涉林第二产业产值 (C10)	涉林第一产业产值 (C9)	Wi
涉林第三产业产值 (C11)	1	1.4918	0.3538	0.5987
涉林第二产业产值 (C10)	0.6823	1	0.4286	0.4557
涉林第一产业产值 (C9)	0.6703	0.7856	1	0.4013

注：$\lambda_{max}=2.0000$；CR=0.0000<0.10。

(3) 社会效益指标。

表 7-10　退耕还林工程社会效益矩阵

社会效益指标 (B3)	潜在的社会效益 (C13)	可量化的社会效益 (C12)	Wi
潜在的社会效益 (C13)	1	1.4918	0.5987
可量化的社会效益 (C12)	0.6703	1	0.4013

注：$\lambda_{max}=2.0000$；CR=0.0000<0.10。

（4）保育土壤效益指标。

表 7-11　退耕还林工程生态效益中保育土壤效益矩阵

保育土壤效益指标 C1	保土（D1）	固肥（D2）	Wi
保土（D1）	1	2.2255	0.69
固肥（D2）	0.4493	1	0.31

注：$\lambda_{max}=2.0000$；CR=0.0000<0.10。

（5）涵养水源功能指标。

表 7-12　退耕还林工程生态效益中涵养水源效益矩阵

涵养水源功能指标（C3）	调节水量（D6）	净化水质（D7）	Wi
调节水量（D6）	1	1.8221	0.6457
净化水质（D7）	0.5488	1	0.3543

注：$\lambda_{max}=2.0000$；CR=0.0000<0.10。

（6）固碳释氧效益指标。

表 7-13　退耕还林工程生态效益中固碳释氧效益矩阵

固碳释氧效益指标（C4）	CO_2 固定量（D5）	O_2 释放量（D6）	Wi
CO_2 固定量（D5）	1	0.5488	0.3543
O_2 释放量（D6）	1.8221	1	0.6457

注：$\lambda_{max}=2.0000$；CR=0.0000<0.10。

（7）净化大气环境效益指标。

表 7-14　退耕还林工程生态效益中净化大气效益矩阵

净化大气环境（C5）	吸收气体污染物（D11）	提供负离子（D10）	滞尘（D12）	Wi
吸收气体污染物（D11）	1	0.5488	0.6703	0.2134
提供负离子（D10）	1.8221	1	0.4768	0.2881
滞尘（D12）	1.4918	1.2321	1	0.2741

注：$\lambda_{max}=4.1062$；CR=0.0398<0.10。

（8）涉林第一产业产值。

表 7-15　退耕还林工程涉林第一产业产值矩阵

涉林第一产业产值（C9）	育种育苗造林（D16）	木材（D17）	经济林（D18）	Wi
育种育苗造林（D16）	1	1.4918	0.6703	0.3256
木材（D17）	0.6703	1	0.6703	0.2494
经济林（D18）	1.4918	1.4918	1	0.4251

注：$\lambda_{max}=3.0178$；CR=0.0171<0.10。

（9）涉林第二产业产值。

表 7-16　退耕还林工程涉林第二产业产值矩阵

涉林第二产业产值（C10）	木材加工与制造（D19）	非木质林产品加工制造（D20）	Wi
木材加工与制造（D19）	1	0.6703	0.2494
非木质林产品加工制造（D20）	1.4918	1	0.4251

注：$\lambda_{max}=3.0178$；CR=0.0171<0.10。

（10）涉林第三产业产值。

表 7-17　退耕还林工程涉林第三产业产值矩阵

涉林第三产业产值（C11）	旅游休闲（D21）	生态服务（D22）	林下经济（D23）	Wi
旅游休闲（D21）	1	0.6703	0.6703	0.2494
生态服务（D22）	1.4918	1	1.4918	0.4251
林下经济（D23）	1.4918	0.6703	1	0.3256

注：$\lambda_{max}=3.0178$；CR=0.0171<0.10。

（11）可量化的社会效益。

表 7-18　退耕还林工程可量化社会效益矩阵

可量化的社会效益（C12）	适龄儿童入学率（D24）	低保医保覆盖率（D25）	Wi
适龄儿童入学率（D24）	1	0.6703	0.4013
低保医保覆盖率（D25）	1.4918	1	0.5987

注：$\lambda_{max}=2.0000$；CR=0.0000<0.10。

（12）潜在的社会效益。

表 7-19　退耕还林工程潜在的社会效益矩阵

潜在的社会效益（C13）	提高农民环保意识（D26）	合理转移农村劳动力（D27）	产业结构变化（D28）	加快新农村建设（D29）	Wi
提高农民环保意识（D26）	1	0. 6703	0. 6521	0. 4576	0. 4013
合理转移农村劳动力（D27）	0. 4321	1	0. 4543	0. 6754	0. 3429
产业结构变化（D28）	1. 3534	0. 2587	1	0. 3212	0. 4345
加快新农村建设（D29）	1. 4918	1	0. 8744	1	0. 5987

注：$\lambda_{max}=2.0000$；$CR=0.0000<0.10$。

（13）黄河上游退耕还林工程综合效益。

表 7-20　退耕还林工程综合效益矩阵

中国退耕还林工程综合效益	生态效益指标	社会效益指标	经济效益指标	Wi
生态效益指标	1	3. 3201	2. 2255	0. 5675
社会效益指标	0. 3012	1	0. 5488	0. 1599
经济效益指标	0. 4493	1. 8221	1	0. 2726

注：$\lambda_{max}=3.0044$；$CR=0.0043<0.10$。

可见，总排序的结果具有满意的一致性。

7.2.3.2　层次分析法的计算结果

各评价指标的权重如表 7-21 所示。

表 7-21　退耕还林工程综合效益评价指标权重

<table>
<tr><th rowspan="2">总体层</th><th colspan="2">系统层</th><th colspan="2">标准层</th><th colspan="2">指标层</th></tr>
<tr><th>指标</th><th>权重</th><th>指标</th><th>权重</th><th>指标</th><th>权重</th></tr>
<tr><td rowspan="5"></td><td rowspan="5">生态效益指标（B1）</td><td rowspan="5">0. 5675</td><td rowspan="2">保育土壤效益指标（C1）</td><td rowspan="2">0. 2370</td><td>保土（D1）</td><td>0. 6900</td></tr>
<tr><td>固肥（D2）</td><td>0. 3100</td></tr>
<tr><td rowspan="3">林木养分固持（C2）</td><td rowspan="3">0. 0646</td><td>氮固持（D3）</td><td>0. 3529</td></tr>
<tr><td>磷固持（D4）</td><td>0. 3102</td></tr>
<tr><td>钾固持（D5）</td><td>0. 3369</td></tr>
</table>

续表

总体层	系统层		标准层		指标层	
	指标	权重	指标	权重	指标	权重
黄河上游退耕还林工程综合效益评价指标体系（A）	生态效益指标（B1）	0.5675	涵养水源功能指标（C3）	0.1237	调节水量（D6）	0.6457
					净化水质（D7）	0.3543
			固碳释氧效益指标（C4）	0.1670	固碳（D8）	0.3543
					释氧（D9）	0.6457
			净化大气环境（C5）	0.0940	提供负离子（D10）	0.3658
					吸收气体污染物（D11）	0.3732
					滞尘（D12）	0.2610
			森林防护指标（C6）	0.1039	防风固沙（D13）	1.0000
			生物多样性指标（C7）	0.1402	物种资源保育（D14）	1.0000
			森林生态系统服务修正系数（C8）	0.0696	森林生态系统服务修正系数（D15）	1.0000
	经济效益指标（B2）	0.2726	涉林第一产业产值（C9）	0.4856	育种育苗造林（D16）	0.5684
					木材（D17）	0.1221
					经济林（D18）	0.3095
			涉林第二产业产值（C10）	0.1721	木材加工与制造（D19）	0.5123
					非木质林产品加工制造（D20）	0.4887
			涉林第三产业产值（C11）	0.3423	旅游休闲（D21）	0.3887
					生态服务（D22）	0.2564
					林下经济（D23）	0.3549
	社会效益指标（B3）	0.1599	可量化的社会效益（C12）	0.4337	适龄儿童入学率（D24）	0.4668
					低保医保覆盖率（D25）	0.5332
			潜在的社会效益（C13）	0.5663	提高农民环保意识（D26）	0.2341
					合理转移农村劳动力（D27）	0.2544
					产业结构变化（D28）	0.3222
					加快新农村建设（D29）	0.1895

权重的确立充分体现了黄河上游退耕还林工程的实施目标，因而本书的黄河上游退耕还林工程综合效益评价指标体系中各项指标的权重差异较大。从二级指标来看，退耕还林工程建设成效中最突出的是生态效益，在生态效益、经济效益、社会效益三大评价指标中，生态效益指标（B1）的权重最高，为0.5675。其次是经济效益指标（B2）权重为0.2726，社会效益的评价指标（B3）权重为0.1599，从权重的设置，就充分体现了退耕还林工程的建设目标。

在生态效益评价指标中，保育土壤指标、涵养水源功能指标都是能较好地反映退耕还林工程建设成效的重要指标，其权重也较高，其中保育土壤效益指标（C1）为0.2370，涵养水源功能指标（C3）为0.1237。在两者发挥效益的同时，促进了生态环境质量的改善与提高，因此固碳释氧效益指标（C4）、林木养分固持（C2）的权重较涵养水源功能指标、保育土壤效益指标权重次之，分别为0.1670、0.0646。退耕还林工程在增加涵养水源功能和保育土壤效益的同时，也净化了大气环境，为保护生物多样性提供了生存环境，净化大气环境（C5）和生物多样性指标（C7）的权重分别为0.0940、0.1402，在发挥上述作用的同时，也很好地发挥了森林防护作用，森林防护指标（C6）的权重为0.1039。

对于四级指标，各指标权重高低同样由上一级指标中占有的地位与作用来决定。涵养水源功能指标中，调节水量（D6）能直接体现退耕还林工程的巨大成效，因而权重也高，为0.6457。净化水质（D7）能直接反映退耕还林工程对降雨的转换与利用，其权重为0.3543。保育土壤效益指标中，保土（D1）充分反映了退耕还林工程的建设目标，因而权重高于固肥（D2），保土（D1）的权重为0.6900，固肥（D2）为0.3100。在固碳释氧效益指标中，固碳（D8）是改善环境的重要指标，因而其权重为0.3543，释氧（D9）权重为0.6457。林木养分固持（C2）设置了三个指标，氮固持（D3）的权重是0.3529，磷固持（D4）的权重是0.3102，钾固持（D5）的权重是0.3369。净化大气环境C5设置了三个指标，根据所发挥的作用，给出各自的权重，提供负离子（D10）为0.3658，吸收气体污染物（D11）为0.3732，滞尘（D12）为0.2610。森林防护指标（C6）和生物多样性指标（C7）都只设置了一个指标，分别为防风固沙（D13）和物种资源保育（D14），并且这两个指标的权重都为1.0000。

经济效益指标及社会效益指标的权重，也是按照各要素层指标在上一级指标体系中的作用与地位来确定与取舍。

经济效益指标包括涉林第一产业产值（C9）、涉林第二产业产值（C10）和涉林第三产业产值（C11）三大类，退耕还林工程建设的经济效益主要体现在涉林第一产业产值方面，其中育种育苗造林（D16）的权重为 0.5684，木材（D17）的权重为 0.1221，经济林（D18）的权重为 0.3095。涉林第二产业产值方面，木材加工与制造（D19）的权重为 0.5123，非木质林产品加工制造（D20）的权重为 0.4887。涉林第三产业产值方面，旅游休闲（D21）的权重为 0.3887，生态服务（D22）的权重为 0.2564，林下经济（D23）的权重为 0.3549。

社会效益指标中可量化的社会效益较为重要，可量化的社会效益（C12）的权重为 0.4337，潜在的社会效益（C12）的权重为 0.5663。在可量化的社会效益指标中，适龄儿童入学率（D24）权重为 0.4668，低保医保覆盖率（D25）权重为 0.5332。潜在的社会效益指标中，提高农民环保意识（D26）的权重为 0.2341，合理转移农村劳动力（D27）的权重为 0.2544，产业结构变化（D28）的权重为 0.3222，加快新农村建设（D29）的权重为 0.1895。这些指标既较好地反映了退耕还林工程的建设目标，又反映了农村产业结构的变化和农民经济收入及消费的变化。

7.2.3.3　综合效益指数的计算方法

对于综合指标的计算，采取线性加权平均法进行评价指标的综合合成，其函数表达式为：

$$Y = \sum_{i=1}^{m}\left[\sum_{j=1}^{n}\left(\sum_{k=1}^{l}(F_k \times P_k) \times R_j\right) \times W_i\right]$$

其中，Y 为中国退耕还林工程综合效益评价指标体系；m 为系统层指标个数，n 为某系统层中的标准层的指标个数，l 为某标准层中的指标层的指标个数，F_k 为指标层中的指标的评价值，P_k 为某一指标层中的指标的权重，R_j 为某一标准层中的指标的权重，W_i 为某一系统层中的指标的权重。

7.2.3.4　指标层中各指标评价值的计算

本书根据各指标（包括各评价层的指标）对研究系统目标的影响与作用方向，将研究指标分为正指标和逆指标，并在计算中分别采用不同的方法（沈洪霞等，2005）。正指标的计算方法为：$F_k=(P_k-S_k)/S_k$；逆指标的计算方法为 $F_k=(S_k-P_k)/P_k$。其中 F 代表指标评价水平值，P 表示实际值，S 表示参照值。F_k 反映指标值与参照值的接近程度，当 $F_k \geq 1.00$ 时，表明评价值已经达到理想值，取 1.00。

指标层各指标的实际值（P）和参照值（S）的计算方法，按照国家林业局《森林生态系统服务功能评估规范》中实物量评估公式计算，如表 7-22 所示，实际值以2018年退耕还林工程的各项调查指标为准，参照值以退耕还林工程实施前的2007年各项调查指标为准。

表7-22 各指标调查因子汇总

指标层	调查因子	实际计算方法
保土（D1）	林分面积，土壤侵蚀模数，森林生态系统服务修正系数	$G_{固土}=A\times(X_2-X_1)\times F$
固肥（D2）	土壤有机质及N、P、K的含量	$G_N=A\times N\times(X_2-X_1)\times F$； $G_P=A\times P\times(X_2-X_1)\times F$； $G_K=A\times K\times(X_2-X_1)\times F$； $G_{有机质}=A\times M\times(X_2-X_1)\times F$
氮固持（D3）	林分面积，实测林木氮元素含量，林分净生产力，森林生态系统服务修正系数	$G_{氮}=A\times N_{营养}\times B_{年}\times F$
磷固持（D4）	林分面积，实测林木磷元素含量，林分净生产力，森林生态系统服务修正系数	$G_{磷}=A\times P_{营养}\times B_{年}\times F$
钾固持（D5）	林分面积，实测林木钾元素含量，林分净生产力，森林生态系统服务修正系数	$G_{钾}=A\times K_{营养}\times B_{年}\times F$
调节水量（D6）	林分面积，林外为降水量，林分蒸散量，林分地表快速径流量，森林生态系统服务修正系数	$G_{调}=10A\times(P_{水}-E-C)\times F$
净化水质（D7）	林分面积，林外为降水量，林分蒸散量，林分地表快速径流量，森林生态系统服务修正系数	$G_{净}=10A\times(P_{水}-E-C)\times F$
固碳（D8）	CO_2中碳的含量，林分土壤固碳量，实测林分净生产力，林分面积，森林生态系统服务修正系数	$G_{碳}=G_{植被固碳}+G_{土壤固碳}$； $G_{植被固碳}=1.63R_{碳}\times A\times B_{年}\times F$； $G_{土壤固碳}=A\times S_{土壤}\times F$
释氧（D9）	林分净生产力，林分面积，森林生态系统服务修正系数	$G_{氧气}=1.19A\times B_{年}\times F$
提供负离子（D10）	林分负离子浓度，林分面积，林分高度，森林生态系统服务修正系数，负离子寿命	$G_{负离子}=5.256\times10^{15}Q_{负离子}\times A\times H\times F/L$

续表

指标层	调查因子	实际计算方法
吸收气体污染物（D11）	林分吸收二氧化硫量，林分吸收氟化物量，林分吸收氧化物量，林分面积，森林生态系统服务修正系数	$G_{二氧化硫}=Q_{二氧化硫}\times A\times F/1000$；$G_{氟化物}=Q_{氟化物}\times A\times F/1000$；$G_{氮氧化物}=Q_{氮氧化物}\times A\times F/1000$
滞尘（D12）	林分单位面积年滞纳 TSP 量，林分单位面积年滞纳 PM10 量，林分单位面积年滞纳 PM2.5 量，林分面积，森林生态系统服务修正系数	$G_{TSP}=Q_{TSP}\times A\times F/1000$；$G_{PM10}=Q_{PM10}\times A\times F/1000$；$G_{PM2.5}=Q_{PM2.5}\times A\times F/1000$
防风固沙（D13）	防风固沙林面积，无林地风蚀模数，有林地风蚀模数，森林生态系统服务修正系数；农田防护林森林防护的实物量可折算为农作物产量，防风固沙林防护的实物量可折算为牧草产量，海岸防护林防护的实物量可折算为其他实物量	$G_{防风固沙}=A_{防风固沙}\times(Y_2-Y_1)\times F$；$U_{农田防护}=Ka\times Va\times Ma\times A_{农}$
物种资源保育（D14）	评估林分（或区域）内物种 m 的珍稀濒危指数，评估林分（或区域）内物种 n 的特有种指数，评估林分（或区域）内物种 r 的古树年龄指数，计算珍稀濒危物种数量，计算特有物种数量，计算古树物种数量，单位面积物种资源保育价值，林分面积	$U_{生}=(1+\sum_{m=1}^{x}Em\times 0.1+\sum_{n=1}^{y}Bn\times 0.1+\sum_{r=1}^{z}Or\times 0.1)\times S_{生}\times A$
森林生态系统服务修正系数（D15）	评估林分的生物量，实测林分的生物量，蓄积量与生物量的转换因子，评估林分的蓄积量	$FES-CC=\frac{Be}{Bo}=\frac{BEF\times V}{Bo}$
育种育苗造林（D16）	实际值	实际值
木材（D17）	实际值	实际值
经济林（D18）	实际值	实际值
木材加工与制造（D19）	实际值	实际值
非木质林产品加工制造（D20）	实际值	实际值
旅游休闲（D21）	实际值	实际值
生态服务（D22）	实际值	实际值

续表

指标层	调查因子	实际计算方法
林下经济（D23）	实际值	实际值
适龄儿童入学率（D24）	入学人数，未入学人数	入学人数/未入学人数
低保医保覆盖率（D25）	参加低保医保人数，未参加低保医保人数	参加低保医保人数/未参加低保医保人数
提高农民环保意识(D26)	对退耕还林工程的认知率、支持率	支持人数/总人数
合理转移农村劳动力(D27)	非务农为主人数，全部农户	非务农为主人数/全部农户
产业结构变化（D28）	土地利用结构调整、饲养业结构调整、种植业结构调整、农村经营结构调整、农村能源结构调整	农户收入来源的组成
加快新农村建设（D29）	城镇化、交通、信息、水、电	城镇化、交通、信息、水、电利用情况

7.2.4 结果与分析

7.2.4.1 评价指标实际值与评价值的确定

在确定实际值时，主要以实施退耕还林以来 1999~2018 年的《中国林业统计年鉴》和第六次、第七次森林资源清查数据为依据，根据各层指标权重确定方法、指标层各指标的参照值与实际值确定方法，计算出黄河上游退耕还林工程综合效益评价指标体系的 29 个指标（见表 7-23）。

7.2.4.2 退耕还林工程综合效益的评价

（1）确定评价等级。采用综合指数法，根据指标赋权、赋值以及逐层汇总的原则和方法，就可以对黄河上游退耕还林工程的综合效益计算得分，并给予总评价。在核算完各评价指标的综合得分后，需要确定评分等级。本书根据国内外研究成果和退耕还林工程检查验收标准和评定方法，结合相关专家的意见，最终将退耕还林工程建设情况分为 4 个等级，即 60 分以下为不合格，60~79 分为合格，80~89 分为良好，90 分以上为优秀。

表 7-23　退耕还林工程综合效益评价指标体系

总体层	系统层		标准层		指标层		价值量		
	指标	权重	指标	权重	指标	权重	2007 年	2018 年	评价
黄河上游退耕还林工程综合效益评价指标体系（A）	生态效益指标（B1）	0.5675	保育土壤效益指标（C1）	0.2370	保土（D1）	0.6900	3701333.547	8043282.339	1.00
					固肥（D2）	0.3100	5807801879	11634853115	1.00
			林木养分固持（C2）	0.0646	氮固持（D3）	0.3529	10948.51735	57809.55438	1.00
					磷固持（D4）	0.3102	703.8332581	3716.328496	1.00
					钾固持（D5）	0.3369	5734.937658	30281.19515	1.00
			涵养水源功能指标（C3）	0.1237	调节水量（D6）	0.6457	305544.6659	1333818.725	1.00
					净化水质（D7）	0.3543	106401.2449	695367.0194	1.00
			固碳释氧效益指标（C4）	0.1670	固碳（D8）	0.3543	1486707.5	3169572.962	1.00
					释氧（D9）	0.6457	193879.9947	1023710.859	1.00
			净化大气环境（C5）	0.0940	提供负离子（D10）	0.3658	177.69×10^{25}	332.42×10^{25}	1.00
					吸收气体污染物（D11）	0.3732	2.383358388	10.70086781	1.00
					滞尘（D12）	0.2610	251511410.4	564621411.7	1.00
			森林防护指标（C6）	0.1039	防风固沙（D13）	1.0000	847.8204932	1617.125791	1.00
			生物多样性指标（C7）	0.1402	物种资源保育（D14）	1.0000	928726.508	2084910.864	1.00
			森林生态系统服务修正系数（C8）	0.0696	森林生态系统服务修正系数(D15)	1.0000	0.30	0.25	1.00
	经济效益指标（B2）	0.2726	涉林第一产业产值（C9）	0.4856	育种育苗造林（D16）	0.5684	893235	1992049	1.00
					木材（D17）	0.1221	308353	69060	-0.77
					经济林（D18）	0.3095	2074132	12183059	1.00

续表

总体层	系统层		标准层		指标层		价值量		
	指标	权重	指标	权重	指标	权重	2007 年	2018 年	评价
黄河上游退耕还林工程综合效益评价指标体系（A）	经济效益指标（B2）	0. 2726	涉林第二产业产值（C10）	0. 1721	木材加工与制造（D19）	0. 5123	439053	1660875	1. 00
					非木质林产品加工制造（D20）	0. 4887	12713	1760960	1. 00
			涉林第三产业产值（C11）	0. 3423	旅游休闲（D21）	0. 3887	109261	2707070	1. 00
					生态服务（D22）	0. 2564	0	271964	1. 00
					林下经济（D23）	0. 3549	0	1608277	1. 00
	社会效益指标（B3）	0. 1599	可量化的社会效益（C12）	0. 4337	适龄儿童入学率（D24）	0. 4668	1	1	1. 00
					低保医保覆盖率（D25）	0. 5332	1	1	1. 00
			潜在的社会效益（C13）	0. 5663	提高农民环保意识（D26）	0. 2341	1	1	1. 00
					合理转移农村劳动力（D27）	0. 2544	1	1	1. 00
					产业结构变化（D28）	0. 3222	1	1	1. 00
					加快新农村建设（D29）	0. 1895	1	1	1. 00

资料来源：《中国林业统计年鉴》，第六次、第七次森林资源清查数据。

（2）计算综合指标得分。根据表 7-21 中的数据，由计算综合指标的函数可计算出退耕还林工程综合评价指数为 83.08，表明退耕还林工程综合效益是良好。其中，生态效益指数为 56.75，经济效益指数为 19.05，社会效益指数为 7.28。在计算过程中，只有涉林第一产业木材产值出现了负效应，这是由于实施退耕还林后大幅度地减少了采伐量，因而该项指标出现负值。另外，在计算中有的三级指标和四级指标都是一个指标，因而其评价值为 1。

7.3 小结

本书采用专家打分法和层次分析法（AHP）构建了黄河上游退耕还林工程综合效益评价指标体系，该体系由 3 个层次 29 个指标组成，总目标层为黄河上游退耕还林工程综合效益，系统层为经济效益、社会效益、生态效益，指标层由 29 项指标组成。

本书通过对退耕还林工程综合效益评价指标体系进行层次分析法研究，得出了退耕还林工程综合效益中各项评价指标的权重，进行了一致性检验，并计算了综合效益指数，其评价结果为退耕还林工程综合效益为 83.08%，生态效益占 56.75%，经济效益占 19.05%，社会效益占 7.28%。

黄河上游退耕还林工程的实施，为改善生态环境、维护国土生态安全发挥了重要保障作用，为经济社会可持续发展奠定了基础，为建设我国生态屏障做出了重要贡献。但是，由于受到收集数据资料的限制，在运用层次分析法确定权重时受到主观因素的影响，在一定程度上会影响评价指标体系的科学性。因此对我国实施退耕还林工程以来产生的综合效益进行全面的、科学的评价还有待于进一步研究。

第 8 章 黄河上游退耕还林工程生态补偿机制研究

8.1 退耕还林生态补偿机制研究背景

我国是世界上生态环境脆弱的国家之一。由于气候与地理条件的原因，形成了长江和黄河上游地区、喀斯特岩溶地区、黄土丘陵沟壑区、干旱荒漠区和海岸带等一系列典型生态脆弱区，在高强度的人类干扰下，由于缺乏有效的生态保护机制，导致重要生态功能区或生态高敏感区被不合理开发，从而加剧了一系列生态环境问题和生态灾害的发生，如水土流失、草地沙化、石漠化、沙尘暴、泥石流、滑坡等，人与自然的矛盾越来越尖锐。正因如此，我国实施了天然林资源保护工程、退耕还林工程等生态保护工程。我国退耕还林工程自1999年开始在四川、陕西、甘肃等地进行试点，从2000年起全面实施退耕还林工程，工程区涉及全国25个省（自治区、直辖市）和新疆生产建设兵团，包括东北黑土区、西北黄土区、北部风沙区、青藏高原区、西南高山峡谷区和中南部山地丘陵区六大区域，以生态脆弱区为重点的生态保护网络基本形成，有效地遏制了生态继续恶化的局面。近年来，我国经济快速发展，但环境污染和生态破坏问题也日益加剧，严重阻碍了我国经济社会的可持续健康发展。而且，人们对自然资源的过度开发使生态系统满目疮痍，人类赖以生存的自然环境遭到严重威胁，最终导致生物多样性面临严重的危机。

生态系统具有重要生态功能，对保障国家生态安全发挥着重要作用。根据有关研究，目前对我国生态安全具有重要作用的区域有50余个，主要包括水源涵养、防风固沙、洪水调蓄、生物多样性保护、水土保持等重要生态功能区。这些重要生态功能区对我国生态安全发挥了十分重要的作用。但这些重要生态功能区仍缺乏有效的保护机制，生态功能仍面临威胁，由于退耕还林工程区是我国贫困人口主要分布区，许多地区仍处于生态退化—贫困化的恶性循环之中。生态脆弱区面积大，生态退化严重，是我国生态保护所面临的基本国情之一。加上这些区域也多位于偏远地区，社会经济发展落后，生态保护与发展矛盾仍然突出，建立生态补偿机制是促进我国生态保护、协调区域发展的一项重要制度设计。2000 年，国务院正式颁布《全国生态环境保护纲要》，要求国内各地从实际情况出发制定相应的生态环境保护规划，各相关部门应进一步加大对自然环境的保护力度，从而有效遏制自然环境不断恶化的趋势。国务院 2002 年颁布的《退耕还林条例》中提出利用退耕还林工程保护生态环境，并规定国家向森林、草地环境脆弱恶化地区的农民发放粮食、资金、种苗费等补助补偿，标志着中国退耕还林生态补偿政策正式形成。中国第一阶段退耕还林补偿政策于 2007 年到期，并取得了巨大的生态效益，在国际上也产生了较大的影响，但是在总体上生态恢复效果与预期还有一定差距，在实施过程中存在“一刀切”政策、宜耕地“被退”、毁林复耕等现象和问题，说明第一阶段退耕还林政策存在不合理之处。2014 年，新一轮退耕还林工程启动，退耕还林生态补偿政策在退耕规模、退耕模式以及补偿标准等方面做出了新的调整。

从退耕还林工程启动至今，大量研究从“谁来补、补给谁、补多少”这一关键问题出发，并围绕退耕还林补偿制度、补偿资金、补偿法律、补偿标准、补偿年限、补偿意愿等主题开展了大量的研究。退耕还林建设需要建立起长效的生态补偿机制，只有长效的退耕还林生态补偿机制才能长远地解决退耕农户的生计问题，解决农户生计问题才能使退耕还林生态补偿政策具有可持续性。因而退耕还林生态补偿问题在退耕还林工程的政策制定、实施和评价中都具有重要意义，因此也一直受到很多学者的关注。2005 年，党的十六届五中全会明确指出应该按照“谁开发谁保护，谁受益谁补偿”的原则构建生态补偿体制机制。2005 年，国务院正式印发了《国务院关于贯彻落实科学发展观加强自然环境保护的决定》（国发〔2005〕39 号），该文件指出全国各级财政部门应该加大对生态补偿活动的资金支持力度，进一步完善环境保护制度规定，加快建设生态补偿体制机制。而且，党的十八届五中全会提出了“创新、协调、绿色、开放、共享”五大发展理念，习近平总书记在党的十九大报告中又将生态环境保护和生态文明建设提升到了十分重要的战略高度，为我国新时代经济社会持续健康发展指明了方向。与此同时，各级政府部门为了贯彻落实科学发展观和人与自然和谐共处的发展理念，通过各种措施大力推进生态补偿的试点工作，努力实现生态补偿涉及主体之间的利益均衡，从而构建和谐稳定的发展环境。

生态补偿通过一定的环境保护激励可以解决人类目前面临的生态环境问题，为加强环境保护与平衡相关主体利益关系提供了解决方案，有利于促使自然生态系统实现良性运转并促进生态补偿公平。因此，全面回顾和总结国内外专家学者在生态补偿这一领域的研究成果，重点分析生态补偿相关体制机制在实际运行过程中面临的难题，并积极探索生态补偿未来的发展方向，可以为我国专家学者开展生态补偿这一领域的理论与实践研究工作提供有益参考。

随着国内生态文明的不断发展，我国将生态补偿作为生态文明建设的重要内容，多次提出建立反映市场供求和资源稀缺程度、体现生态价值和生态资源的有偿使用制度和生态补偿制度。2017 年 10 月，党的十九大报告更是将“建立市场化、多元化生态补偿机制”列为“加快生态文明体制改革，建设美丽中国”的内容之一。目前，国内大部分地区陆续开展生态补偿工作，但基本都处于探索阶段，体制机制尚不完善。因此，分析总结国内外生态补偿的研究进展和实践案例对各地生态补偿机制的建立具有十分重要的意义。

8.2 国内外退耕还林生态补偿机制研究综述

生态补偿对于生态建设具有重要的作用。生态建设是从根本上解决农村经济发展问题的一条出路，退耕还林工程又是解决生态问题的一项重大举措（国家林业局，2014）。退耕失地造成农民利益受损，研究生态补偿一度成为研究热点。虽然在经过一定的时间和空间后，当地农民认同了生态建设工程；但是，实施退耕还林工程后减少了农民在土地上获取的收益（Krishna，2013），如果生态补偿工作没有做好，还会出现退耕区返耕现象，生态保护与农民的生存权、发展权和环境权之间的矛盾冲突还会日益加剧（黄锡生、何江，2017），区域经济的发展在一定程度上会受到影响，而生态补偿正是解决生态保护与经济社会发展这一矛盾的措施（宋福强等，2017），这也是近年来生态补偿成为研究热点的原因之所在。

8.2.1 国外退耕还林工程生态补偿研究

生态补偿得到了国内外学者的广泛关注，在生态补偿政策的制定与应用等方面进行了大量的研究。

哥斯达黎加的环境服务补偿计划（The Pago por Servicios Ambientales，PSA）是全球著名的生态补偿项目之一，该项目对植树造林、天然林保护、森林管理等森林保护措施进行补偿；厄瓜多尔和墨西哥的生态补偿项目对退化草场的恢复活动以及植树造林活动进行补偿；中国的退耕还林（草）工程补偿则是用实物和现金的方式补偿参与农户的各种造林投入以及粮食生产损失；英国农业生产者协助政府进行环境管理并改善动物生境，政府对参与者所付出的投入以及承受的损失进行补偿。水资源也是生态补偿项目关注的重要领域，哥伦比亚、厄瓜多尔、墨西哥等国都施行相关的补偿计划为水源保护以及水资源管理活动进行支付，中国东江流域的生态补偿也是为水源保护支付的典型案例。此外，在农业、湿地、流域等领域也有大量的生态补偿实践，这些实践探索在一定程度上促进了生态环境保护和社会经济的可持续发展。由于涉及生态安全的要素多、生态补偿的利益相关方复杂、生态补偿载体多样、生态补偿范围确定难度大等实际问题，使得目前绝大多数研究都是个案分析，包括生态补偿范围、生态补偿标准、补偿方式等有关生态补偿机制的关键问题均未形成成熟的思路和方法。本书拟在分析我国生态补偿实践所面临问题的基础上，探讨建立国家生态补偿机制的思路与对策。

保护目标选择的问题，最初是从生态学角度出发，特别是在自然保护区的选址设计问题上，因为不同的自然保护区选址（包括保护区面积和位置等）对于保护物种存活率产生不同影响（Soulé and Simberloff，1986）。Camm 等（1996）结合自然保护存在成本和预算约束的现实，从经济学角度阐述了两种生态保护目标选择模型：在确定保护物种数量的前提下，最小化保护区数量的集合覆盖问题（Set Covering Problem，SCP）和在确定预算的前提下，最大化受保护物种数量的最大集合问题（Maxi Malcoverage Problem，MCP），旨在通过保护目标的选择，提高保护政策的效率。

在生态补偿领域，伴随美国 1985 年农业法案的颁布和各类生态补偿项目的实施，生态补偿政策设计中也开始引入补偿目标选择，即在生态补偿的政策设计中明确补偿目标选择的依据（Criteria），并据此确定哪些目标对象应该纳入补偿项目以及纳入的优先序。早期文献中，Gersmehl 和 Brown（1986）针对土壤生产力，采用单一的农业指标，对保护休耕计划（Conservation Reserve Program，CRP）的补偿目标选择进行了研究。Taff 和 Runge（1986）则考虑了预算约束对于保护目标选择的限制，在固定预算下，基于耐久性和生产力两方面保护效益的评估，进行补偿目标的选择。此后，生态补偿目标的选择由原先单一地考虑生态效益逐渐转变为综合考虑收益和成本等经济评估依据。Babcocketal（1997）针对固定预算下的环境收益最大化问题，进一步将成本和收益综合起来进行分析，构建了在四种不同的政策目标下的生态补偿目标选择标准：①成本目标，即选择成本最低的地块进行补偿；②收益目标，即选择单位环境收益最高的对象；③收益-成本目标，即选择单位成本下环境收益最高的对象；④收益最大化目标，即最大化总的环境收益。研究证明选择不同的生态补偿对象会影响补偿的收益，带来不同的利益分配结果。此外，作者还分析了不同补偿目标选择策略对于不同利益集团，包括消费者、生产者、劳动者和环保者的影响，说明了不同利益集团对于目标选择的偏好不同。Wuetal（2001）则进一步考虑不同补偿对象（如地块）的空间差异性，并将由此带来的影响考虑到补偿目标选择之中。

从上述国际上的理论演进可以看出，生态补偿目标选择，旨在更“精准”地选择最符合政策要求的补偿目标对象，以改进补偿政策的效率和效果。毫无疑问，这是建立和完善生态补偿机制的核心问题之一，对提高生态补偿的生态效率和资金效率都具有非常重要的意义。

8.2.2 国内退耕还林工程生态补偿研究

自1996年《国务院关于环境保护若干问题的决定》中提出要“建立并完善有偿利用自然资源和恢复生态环境的经济补偿机制”以来，我国已经开展了20年的生态补偿政策实践。2001年中央财政建立森林生态效益补助资金。2002年，为了减少水土流失和缓解中国环境脆弱地区的贫困状况，国家出台了《退耕还林条例》，并全面启动了退耕还林计划。此后，国家与各地方开始了各种生态补偿项目的尝试，2007年原国家环保总局出台了第一部关于生态补偿的专门性的部门规章——《关于开展生态补偿试点工作的指导意见》。2009年，财政部印发《国家重点生态功能区转移支付（试点）办法》的通知，中央财政在均衡性转移支付项下设立了国家重点生态功能区转移支付。

截至目前，我国已经实施了包括退耕还林、退耕还湿、重点生态功能区转移支付等的生态补偿政策，投入了大量的财政资源。生态补偿的本质是提供一种供给生态服务的激励（Jenkins et al.，2010）。然而，公共财政资源终究是有限的，生态补偿不可能补偿所有提供生态服务的地区。考虑到已经投入和预计需要继续投入的庞大财政资金需求，提高生态补偿资金使用效率对于优化生态补偿机制、改善生态补偿效果至关重要。国内的生态补偿政策设计研究主要关注补偿概念、补偿标准、支付方式等生态补偿政策的要素（张金凤、何栋材，2011）。目前国内并未见对不同的补偿目标选择依据及其对政策效果的影响开展深入的经济分析，而是将生态学和地理学相融合，直接切入生态补偿目标的空间选择，单一地采用成本-收益目标作为补偿对象选择的依据，在测算出成本-收益比后，确定研究区域内的补偿目标优先排序（贾卓等，2012；戴其文，2013；宋晓谕等，2013；戴其文，2010），或对补偿的生态效益与补偿资金进行空间分布的分析（郭慧敏、王武魁，2015）。

具体而言，生态补偿的研究主要涉及四个方面的内容：一是生态权益的责任划分。生态补偿中涉及破坏方、获益方、损失方三者的主体责任和各自的权益，对于采矿企业对当地植被、土壤等生态环境的破坏和“高污染、高能耗”的造纸、水泥、化工、炼铁等中小企业对当地环境的破坏实行“污染者付费，受益者补偿”没有太多争议，而对于因“开荒毁林、过度放牧”而造成生态破坏的农牧民承担破坏生态的主体责任争议较大。二是补偿对象。生态移民是生态保护建设的直接参与者和利益相关者，生态移民为了国家的生态建设放弃了原本享有的权益，理应得到相应的补偿（韩雅洁，2018）。农户的生计问题因为生态补偿而发生了改变，国内外大多学者主要从生计资本、生计活动、生计策略等多个角度进行研究。三是生态补偿的种类。按照“谁污染谁治理”“谁受益谁出资”的生态补偿原则，主要有政府提供的生态补偿（李敏、姚顺波，2016）、破坏方提供的生态补偿和获益方给予生态保护区的损失以补偿（张林洪等，2017）。生态补偿又是以生态系统服务为基础，对土地补偿、建设成本补偿、移民身心损害补偿，生态功能补偿、生态污染补偿等几方面进行生态补偿（欧阳志云等，2013）。四是生态补偿标准。生态补偿标准核算涉及的问题较多，比较受关注的是生态功能区域（陆地、森林、草原、湿地、海洋等）、土地功能（林地、草地、耕地）、生态恢复难易程度等（孙贤斌等，2012；井美娟，2012；仲娜等，2014），大多采用机会成本法、市场替代法来计算（魏晓燕，2013；李屹峰，2013）。邵传林和何磊（2010）从农户、地方政府和中央政府博弈的角度探讨了退耕还林工程实施中确定的补助标准和补助年限。

8.2.3　退耕还林工程生态补偿研究评述

国内外对生态补偿进行了富有成效的研究，也存在不少差异。在生态补偿的原则方面，国外生态补偿强调“受益者付费”，我国在此基础上更关注环境破坏者需要赔偿。在补偿标准计算方面，国外依据交易自愿原则，通过生态环境服务买卖双方协商来达成补偿标准和支付意愿；我国在生态补偿标准上更加注重科学性和公平性。在补偿模式上，国外主要通过市场机制实现，我国目前更多的是依靠政府主导推动。在补偿方式上，国内外都比较多元化，但国外更偏向货币化补偿，国内运用较多的补偿方式，包括政府转移支付、政策补偿、项目补偿等。在资金来源方面，国外生态补偿是市场机制主导型，通常来自私人部门，国内生态补偿资金则以中央和地方政府资金为主。

8.3 退耕还林生态补偿理论与实践

生态补偿是经济学、环境学与生态学这三个学科交叉后形成的一个概念，指的是对被破坏的生态系统进行异地重建、修复进而弥补生态损失的办法。流域生态补偿则是由流域的受益主体向保护主体进行多种补偿方式的补偿，这里的受益主体指的是流域生态的污染者，保护主体则是因流域生态被破坏而导致自身的发展受到影响的受害者，补偿方式则包括了政策补偿、技术补偿以及资金补偿。

生态补偿理论是人类在经济社会发展与生态环境和谐发展过程中逐步形成的。生态补偿概念兴起于20世纪七八十年代的西方发达国家，其早期内涵是在生物多样性缩减日益明显的背景下，通过增加公众利益来促进生态保护制度的建立从而实现整体社会效益的增加（Wunder，2015）。1992年联合国里约热内卢环境与发展大会召开后，生态补偿问题受到各界的关注度日益提高，加之在实践中不断涌现出生态补偿的案例，因此，在多个学科领域中生态补偿已成为研究的热点（Kelly et al.，2019）。

在实践方面，我国从改革开放伊始就将治理环境污染、防止环境破坏和促进生态修复纳入了国家发展的顶层制度设计中，如1979年颁布了《中华人民共和国环境保护法（试行）》，并提出了“谁污染谁治理”的原则。经过40余年的政策和实践演化，我国生态补偿已从最初的环境保护附属政策，发展为独立的环境施政策略以及分项政策和综合政策组合的完善阶段（李国平等，2018；王娜等，2016）。

在生态补偿理论研究方面，我国学者主要围绕生态补偿的概念内涵、政策法规、国外经验、补偿类型、补偿标准和机制构建等内容展开，并且具有明显的交叉学科特点，涉及经济、管理、法律和环境等多学科领域。早期，学者们主要关注生态补偿的概念内涵和理论基础（俞海等，2008）。从目前研究来看，生态补偿的概念仍未得到统一，基于不同的学科视角和理论基础，学者们的理解和阐释存在一定的差异（吴健等，2018），但其核心都是如何解决生态环境保护和治理过程中的外部性问题，根本目的是实现生态环境与经济社会和谐共处的高质量发展（吴健等，2018）。随着生态补偿理论与实践的深入开展，学者们开始拓展研究范围，部分学者从法律视角探讨了生态补偿的法理基础和法律制度，张钧等（2014）探讨了生态补偿法律化的必要性和推进思路。部分学者则通过对国外生态补偿相关理论和经验的介绍分析，为我国生态补偿研究与实践提供经验借鉴（徐丽媛，2017）。

8.3.1　生态补偿的基本概念和理论基础

8.3.1.1　基本概念

生态补偿是以保护生态环境、促进人与自然和谐发展为目的，根据生态保护成本、生态系统服务价值、发展机会成本，综合运用法律、行政和市场手段，调整生态环境保护和建设相关者之间利益关系的环境经济政策。生态补偿的目的不仅包括控制生态破坏的层面、通过补偿使因生态资源的使用导致的生态功能的降低或丧失得到部分恢复或完全恢复，还蕴含着扶贫、促进社会公平等目的。国外生态补偿的概念用生态服务付费（Payments for Ecological/Environmental Services，PES）来代替。生态服务付费，即由于享用了生态服务，因此进行支付的活动。

8.3.1.2　理论基础

国内外有关生态补偿的研究，大多基于以下理论基础。

（1）公共物品理论。“公共物品”的定义是由新古典经济学家保罗·萨缪尔森提出的，是指无论个人是否有消费意愿，都能使全部社会成员获益的物品；反之，私人物品是指能够分割并供不同人消费，并且对他人不存在外部受益或成本的物品。使用的“非排他性”和“非竞争性”是公共物品的两个重要特点。由于公共物品存在非排他性，会导致“搭便车”问题的产生，进而发生“公地悲剧”。

（2）外部性理论。外部性概念由新古典学派的创始人 Alfred Marshall 提出。公共产品一般会产生外部性，外部性可以分为外部经济性和外部不经济性。外部经济指在市场经济中，一个市场主体的行为致使他人受益，而受益者却无须为此支付费用的现象；外部不经济是指一个市场主体的行为使他人受损，而经济行为个体却不必为此承担成本的现象。

（3）生态系统服务价值理论。生态系统服务的概念最早由 J. Holdren 和 P. Ehrlich 提出，生态系统服务就是由自然生态系统的生境、物种、生物学状态、性质和生态过程所产生的物质和维持的良好生活环境为人类提供的直接福利。联合国千年生态系统评估（MA）与 Costanza 等学者关于生态系统服务价值的研究为生态补偿机制的构建提供了良好的理论基础。生态系统服务价值指生态系统不但能够将直接产品提供给人们，还能提供调节、供给、支持、文化等功能价值，使人们在生态系统中得到收益，且这些间接收益往往大于其提供的直接产品收益。

（4）区域分工理论。区域分工是指各区域为了获得资源配置的高收益而进行专业化生产，并通过国际贸易实现专业化利益的区域经济空间组织方式。区域分工理论既是社会分工理论在经济地理空间上的表现形式，也是区域经济学中分析区域关系问题的基础性理论，其认为合理的区域分工可以提高资源的空间配置效率。

（5）资源环境的价值理论。价值不仅是经济学领域的范畴，生态也是有价值和效益的，在该方面，存在以下 4 种观点。

1）劳动价值论：人类的劳动创造了价值与使用价值，从而增加了整个社会和经济价值。该理论是由马克思提出的。

2）生态补偿理论：社会经济系统与大自然是不可分割的整体，当大自然为社会经济系统做出贡献，附加自身的价值的时候，也要求社会经济系统对大自然做出生态补偿。

3）哲学价值理论：人类与大自然需要和谐共处、共同发展，人类活动要尊重自然规律，而且随着社会的进步和经济的发展，人类发现大自然的价值对于人类越来越重要。

4）效用价值理论：对于有效用的物品，是需要有偿使用的。大自然是有价值且是不能无偿使用的，是需要给予补偿的。对退耕还林还草工程的农户要进行生态补偿。

8.3.2 黄河上游退耕还林工程生态补偿实践

退耕还林工程生态补偿机制，让生态建设和生态保护者能享受到其成果带来的经济利益，并让生态保护成果的受益者支付相应的费用，从而通过制度设计实现生态功能这一特殊“公共产品”生产者与使用、消费者之间的公平性，保障生态功能的投资者得到合理回报，激励“生态服务功能”产品的可持续生产，以促进我国人与自然的和谐发展。

黄河上游退耕还林工程生态补偿机制的实施原则。根据我国生态环境问题的特征和国家生态安全的需要，建立生态补偿的机制应遵循以生态系统服务功能为科学基础、保护生态者受益、受益者补偿、政府主导、全社会参与、权利与责任对等等原则。

（1）以生态系统服务功能为科学基础的原则。生态补偿要以生态系统服务功能为基础，充分体现在水源涵养、土壤保持、生物多样性保护、防风固沙、碳固定、灾害防护、调节气候、环境净化、病虫害控制等方面。

（2）保护生态者受益的原则。通俗地说就是“谁保护谁受益”“谁破坏谁付费”。如果对生态保护者不给予必要的经济补偿，生态破坏者从中获益，就会严重影响保护者的积极性和保护行为，引起生态资源的不合理利用，导致生态服务功能的不断退化，威胁生态安全。

（3）受益者补偿的原则。通俗地说就是“谁受益谁付费”。生态保护的成果是向社会提供生态服务功能，生态服务功能是一类特殊的公共产品，按照市场经济的普遍原则，享受产品和服务的个人和社会应该向该产品和服务的提供者付费。

（4）政府主导、全社会参与的原则。生态保护是一场全社会参与的“歼灭战”。政府有责任代表全民建立和实施生态补偿制度，同时，作为生态系统保护成果的受益人、企业和团体也应积极参与。

（5）权利与责任对等的原则。生态补偿的目的是实现生态系统保护，从而提供持续的生态系统服务功能，生态保护的效果是衡量生态补偿政策实施效果最重要的方面，因此在生态补偿政策设计过程中，必须明确受偿者在得到补偿之后生态保护的责任、范围、面积，将权利与义务统一起来，使生态补偿切实发挥作用，最终达到生态保护的目的。

黄河上游生态补偿地域的实施范围。由于生态保护的目的是保护生态功能，因此确定生态补偿的地域范围时，也必须以生态服务功能为基础评价不同地域生态服务功能重要性，以明确对国家、区域或特定城市生态安全有重要意义的地域和生态系统。并根据其重要性程度与等级，确定生态补偿的优先次序。根据我国生态安全的要求，森林生态系统服务功能主要包括森林在涵养水源、保育土壤、固碳释氧、积累营养物质、净化大气环境、森林防护、生物多样性保护和森林游憩八个方面提供的生态服务功能。

黄河上游生态补偿的载体与补偿对象。根据生态补偿载体的土地所有权属和使用权属特征，确定退耕还林工程生态补偿对象为拥有和使用集体土地的农民、牧民。

黄河上游生态补偿经济标准核算方法。一是依据农民在退耕还林还草过程中的经济损失为依据进行补偿。二是依据退耕还林还草生态效益的经济价值进行补偿。三是依据经济学的相关理论手段确定补贴办法来核算。四是生态补偿经济标准（生态补偿金额）的确定应考虑生态保护所导致的直接经济损失，包括在生态保护中，保护生态者直接受到的经济损失；生态保护地区为了保护生态功能而放弃的发展经济的机会成本；生态保护的投入测算用于生态保护的直接经济投入，生态保护的物质投入、劳动投入、管理费用等。五是综合考虑各地环境、经济、社会等各方面因素，确定生态补偿等级，制定生态补偿标准，确立生态补偿额度（见表 8-1）。

表 8-1　制定补偿等级的参考指标

项目条件	参考指标	备注
生态环境条件	土壤侵蚀模数	
	坡度	
	年降雨量	
	生态地位重要程度	距江河源头、两岸、湖库生态地位重要程度周围等的距离
林草植被状况	林草植被类型	生态林、经济林、草地等
社会经济因素	坡耕地粮产	
	种植业收入占比	

资料来源：《关于进一步做好退耕还林还草试点工作的若干意见》。

黄河上游生态补偿的基本对策。我国的中西部区域是许多河流的发源之地，物种丰富，是我国中部与东部地区的天然生态保护屏障。我国的经济与社会的和谐发展会受到西部地区生态改变的直接作用。所以，中共中央、国务院实施退耕还林还草这一重大决策，是为了改善西部地区的生态环境，这是治理沙患水患的基本着力点，只有切实践行这一决策，才能够从根本上贯彻“西部大开发”的发展战略。

将生态文明建设上升为国家战略，作为生态文明战略的重要组成部分的生态补偿受到了空前重视，相关领域的政策制度不断完善。在退耕还林还草实施过程中，为了将退耕还林工程建设项目落到实处，国家针对退耕还林工程制定了一系列政策措施。退耕还林工程建设的基本政策如表 8-2 所示。

表 8-2　退耕还林工程建设的基本对策

政策种类	具体方式
封山绿化	对已经遭到破坏的地表恢复植被，对没有破坏的地表严加保护，设置封禁区
退耕还林	根据工程区当地的现实情况，使耕地逐步退出，依据土地情况因地制宜，种植乔木、灌木或者草皮，恢复植被，减少水土流失影响，恢复生态环境
个体承包	采取承包到户的方式，将植树造林和保护植被的责任下放到每个农户手中，以责任制的方式，使责任与权力相结合，保护与收益相结合，改善环境且使老百姓得到收益
以粮代赈	国家以无偿的方式提供一定的粮食，来补贴退耕还林还草的农民，使农民得到保障，获得收益，在不损害人民利益的情况下，提高农户积极性，改善生态环境
鼓励政策	粮食和现金补贴、种苗和造林补贴、农业税减免、土地承包经营权

资料来源：《关于进一步做好退耕还林还草试点工作的若干意见》。

黄河上游退耕还林工程生态补偿绩效考核。进行退耕还林工程生态补偿绩效考核，通过生态补偿各项指标分析生态补偿所产生的生态保护绩效，进行退耕还林工程生态保护的投入与产出评价，综合生态补偿政策在生态效益、经济效益与社会效益等多方面的作用结果，建立生态补偿绩效考核机制，有效地促进退耕还林工程的建设与管理。

8.4 退耕还林工程生态补偿对生态因子的影响分析

8.4.1　我国退耕还林工程生态补偿机制

随着经济的快速发展，环境问题日益凸显，这迫使人们从各个方面不断寻求改善环境的方法，党的十八届五中全会提出“绿色发展”理念。生态补偿作为一种缓解环境污染、生态破坏与经济快速发展之间矛盾的新型的资源和环境管理方式，受到广泛重视，成为当前的研究热点，《中共中央关于全面深化改革若干重大问题的决定》及《生态文明体制改革总体方案》中都强调了实行生态补偿制度的重要性。生态补偿的核算方法作为生态补偿研究的核心问题，近年来也取得了很大突破。

一些学者分别就流域生态补偿标准、草原生态补偿标准、森林生态补偿标准、湿地生态补偿标准、自然保护区生态补偿标准、矿产资源生态补偿标准等进行了详细研究。相关研究发现，在生态补偿标准中存在一些问题。一是生态补偿途径较为单一，缺乏充足的资金支持。我国生态补偿模式分为政府补偿和市场补偿两种，而政府补偿在其中占据主导地位，政府主要通过财政转移支付方式对生态补偿对象进行补偿。可是我国目前财政支付能力有限，无法完全满足补偿需求。二是对补偿标准的认识较为片面，价格评估不甚合理。确定生态补偿的核算方法一般有生态服务价值法、外部收益法、支付意愿法和机会成本法等，但是具体实践中往往只考虑机会成本法，而对于受偿者的机会成本构成缺乏全面的考虑，结果就导致受偿者的损失不能完全得到补偿，损害了生态保护的积极性。三是补偿分类不够细致，没有充分考虑空间差异。当前的生态补偿只针对不同的大区域做了初步区分，没有针对区域类型和补偿对象的不同而进行较为细致的分类补偿。而我国幅员辽阔，仅从大区域划分补偿范围不能科学客观地反映补偿标准。

目前，我国在退耕还林工程实施过程中采用的生态补偿标准为：针对长江流域和南方地区，退耕地以每一公顷为单位向每个农户补贴粮食 2500 千克，而在黄河流域与北方地区，退耕地以每一公顷为单位向每个农户补贴粮食 1600 千克，所有农户退耕地以每公顷为单位每年补贴现金 300 元。退耕还草补贴至少两年，退耕还经济林补贴至少五年，生态林方面补贴至少八年。此外，在种苗和造林补贴方面，国家也给予补助，为包地到户的农民以每公顷 750 元为标准进行补贴。

在国家实施退耕还林还草项目工程之后，截至 2018 年，在整个黄河上游退耕还林工程研究区，累计完成退耕还林 3482483 公顷，完成造林 8623162 公顷，累计实有封山造林面积 5144613 公顷，建设面积相当可观。[①] 国家退耕还林还草项目工程已经进入了维持和巩固的环节，使得国家退耕还林还草项目工程的生态效益价值、社会效益价值、经济效益价值得以长时间可持续地发挥作用。

① 资料来源于 1999~2018 年《中国林业统计年鉴》。

目前，我国生态补偿措施主要有森林生态效益补偿和生态转移支付等，生态补偿的项目主要有天然林资源保护工程、退耕还林（草）工程。天然林资源保护工程1998年启动，涉及全国17个省份的天然林7300公顷，占全国1.07亿公顷天然林的69%。中央财政投入资金7840亿元，地方配套资金178亿元。退耕还林工程于1999年启动，工程范围涉及25个省（自治区、直辖市）和新疆生产建设兵团的2279个县、3200万农户、1.24亿农民。[①]森林生态效益补偿于2001年启动，对国家重点生态公益林，即生态地位极为重要或生态状况极为脆弱，对国土生态安全、生物多样性保护和经济社会可持续发展具有重要作用，以提供森林生态和社会服务产品为主要经营目的的重点防护林和特种用途林，进行经济补偿。

黄河上游退耕还林工程（五个省份）从2000~2018年，国家累计投入资金11313544万元，其中发放粮食补贴6531523万元，发放生活费补贴2293112万元。[②]

其中，国家投放内蒙古自治区粮食补贴累计12591648万元，生活费补贴累计1829835万元；陕西省粮食补贴累计21829849万元，生活费补贴累计3343358万元；甘肃省粮食补贴累计9548861万元，生活费补贴累计1367066万元；青海省粮食补贴累计3184707万元，生活费补贴累计447825万元；宁夏回族自治区粮食补贴累计3674153万元，生活费补贴累计709446万元（见表8-3）。[③]

8.4.2 退耕还林工程生态补偿机制对生态因子的影响分析

实施退耕还林工程，可以有效地改善生态环境，解决土壤侵蚀、流失等问题，可以通过提高土壤的保水能力，减少地质灾害的发生。为了比较生态补偿对生态环境因子的影响程度，有关研究根据植物群落特征及与水环境因子相关性，实现影响分析；还有研究提出利用CORS直接测量城市环境。两种传统分析方法根据退耕还林工程数据信息，结合工程实地现状，完成对生态环境因子的影响分析。但由于分析数据的大小不同、类型不一，两种分析方法得到的分析结果偏离实际，因此本书利用灰色关联度分析法忽略对数据格式和规格的要求，实现更加符合实际的影响分析，为生态环境治理和发展，提供完善的技术支持。

①③ 资料来源于1999~2018年《中国林业统计年鉴》。

② 郭慧，王兵，牛香．中国退耕还林生态效益监测网络构建方法［J］．水土保持学报，2014（6）：131-139.

表 8-3　黄河上游退耕还林工程粮食补贴、生活费生态补偿费用

单位：万元

年份	内蒙古自治区				陕西省				甘肃省				青海省				宁夏回族自治区			
	累计	粮食补贴	累计	生活费	累计	粮食补贴	累计	生活费	累计	粮食补贴	累计	生活费	累计	粮食补贴	累计	生活费	累计	粮食补贴	累计	生活费
2000		19024				199590				31222				10267				8200		
2001		13079				64496				7679				17742				18860		
2002		6647				7772				2879				3396				920		
2003	31915	19008			50107	18625			30166	15113			9653	5143			8868	5028		
2004	880811	112543	54244	22288	6017660	215922	1229846	505257	663524	100260	43360	16507	249394	20616	14833	5257	222491	32388	15480	6612
2005	1085731	173390	75468	25133	1652615	262051	114893	27092	856420	136845	63219	18400	608277	35400	18289	4998	222491	53845	24511	9031
2006	751137	188919	106391	26817	1185665	212394	129163	27820	605270	140809	81928	18691	215140	34255	25593	4818	113378	18749	33964	9344
2007	451597	81236	64529	11601	1347548	221302	111899	28285	743709	138354	100408	18497	224708	41896	30159	5493	305668	66843	43213	9357
2008	1133399	181044	162597	27444	1583597	241196	316536	31096	908824	151326	123247	19355	258933	34225	34976	4817	360867	55466	51446	7716
2009	1294847	175440	190104	27325	1616643	213476	215671	27454	1040804	131978	142598	19347	290305	31372	42222	7246	428726	58962	61696	11685
2010	1417201	125772	218958	28508	1877947	158064	256728	27774	1102481	144593	188841	58935	310480	20175	53497	11275	467032	31869	79607	10004
2011	1806541	75254	258777	35635	2104605	133137	294239	30111	1244096	85796	182721	18911	316244	5764	69930	16433	499750	28606	103516	22564
2012	1861702	48349	331712	65963	2139559	124881	322743	28865	1141175	34198	198619	3916	322690	18024	76553	6623	521391	21641	128525	25025
2013	1876767	19930	367055	39016	2253903	114912	351640	27430	1212392	3004	242125	56357	378883	18875	81773	5220	523491	2100	167488	38963
2014																				
2015		115238		30974		133101		21300		85855		63197		23741		15108				
2016		102235		14986		104967		30019		81889		116930		20881		7363		40191		17500
2017		97957		35033		95562		36182		76532		53378		20098		9000		34706		7210
2018		79636		37429		64511		79538		58181		163525		12918		4200		31188		7929
合计	12591648	1634701	1829835	428152	21829849	2585959	3343358	928223	9548861	1426513	1367066	645946	3184707	374788	447825	107851	3674153	509562	709446	182940

资料来源：《中国林业统计年鉴》。

8.4.2.1　退耕还林工程生态补偿对环境因子的影响分析方法

8.4.2.1.1　退耕还林工程数据包分析模型的建立

数据包分析模型可以通过多输入、多输出，计算退耕还林工程的服务转化率。分析模型假设存在 m 个决策单元，a 种输入类型，b 种输出类型。已知 u_{ij} 为第 j 个模块的第 i 个输入投入量，存在 $u_{ij}>0$；v_{kj} 为第 j 个模块的第 k 种输出量，$v_{ij}>0$；h_i 为对第 i 种输入的一种度量，g_i 为对第 i 种输出的一种度量，其中 i=1，2，…，a，k=1，2，…，b，j=1，2，…，m。则存在方程组：

$$\begin{cases} u_j = (u_{1j}, u_{2j}, \cdots, u_{aj})^T, & j = 1, 2, \cdots, m \\ v_j = (v_{1j}, v_{2j}, \cdots, v_{aj})^T, & j = 1, 2, \cdots, m \\ h = (h_1, h_2, \cdots, h_a)^T \\ g = (g_1, g_2, \cdots, g_b)^T \end{cases} \tag{8-1}$$

对于度量系数 $h \in E^a$ 和 $g \in E^b$，即 h 为 a 维实数向量，g 为 b 维实数向量，则数据包分析模型对退耕还林工程的效率评价指数为：

$$p_j = \frac{\sum_{k=1}^{b} g_k v_{kj}}{\sum_{i=1}^{a} h_i u_{ij}} \tag{8-2}$$

适当选取度量系数 h 和 g，使其满足 $h_j \leqslant 1$。当模块对第 j_0 个效率进行评价时，将 h 和 g 作为变量，以式（8-2）中第 j_0 个效率指数为目标，令约束条件为 $h_j \leqslant 1$，则该模型的决策结果为：

$$P(P_{C^2R})\begin{cases} \max \dfrac{g^T v_{j0}}{h^T v_{j0}} = H_p \\ \text{s.t. } \dfrac{g^T v_{j0}}{h^T u_{j0}} \leqslant 1 \\ h > 0,\ a > 0 \end{cases} \tag{8-3}$$

根据退耕还林的区域面积参数、树种类型等参数，计算单位叶面积滞纳颗粒物量：

$$S_i = \sum_{1}^{m} \frac{P(P_{C^2R}) s_{ij}}{C_i} \tag{8-4}$$

其中：s_{ij} 表示第 i 类树种单位叶面积滞纳 j 种粒径颗粒物质量；C_i 表示叶片面积。结合上述公式，计算退耕还林工程对环境因子的服务转化率：

$$q = S_i \times \frac{X}{B} \tag{8-5}$$

其中，X 表示生态系统服务中，现实的污染颗粒滞纳量；B 表示生态系统功能中，已经饱和的污染颗粒滞纳量。至此，利用数据包分析模型，完成了对退耕还林工程服务转化率的计算。

8.4.2.1.2　生态补偿背景下计算环境当量因子

生态系统服务功能需要利用当量因子法作为分析影响效果的基本方法，表 8-4、表 8-5 是 700 多位专家学者在生态补偿背景下，对生态系统中各项生态服务的研究成果。

表 8-4　生态系统当量因子（一）

生态系统		供给服务			支持服务		
一级分类	二级分类	食物生产	原料生产	水源供给	土壤保持	养分维持	生物多样
农田	水田	1.36	0.09	-2.63	0.01	0.19	0.09
	旱地	0.85	0.4	0.02	1.03	0.12	0.06
森林	针阔混交	0.31	0.71	0.37	2.86	0.22	1.14
	阔叶	0.29	0.66	0.34	2.65	0.2	1.06
	针叶	0.22	0.52	0.27	2.06	0.16	0.82
	灌木	0.19	0.43	0.22	1.72	0.13	0.69
草地	灌草丛	0.38	0.56	0.31	2.4	0.18	0.96
	草甸	0.22	0.33	0.18	1.39	0.11	0.56
	草原	0.1	0.14	0.08	0.62	0.05	0.25
水域	水系	0.8	0.23	8.29	0.93	0.07	1.89
	冰川积雪	0	0	2.16	0	0	0.09
湿地	湿地	0.51	0.5	2.59	2.31	0.18	4.73
荒漠	荒漠	0.01	0.03	0.02	0.13	0.01	0.05
	裸地	0	0	0	0.02	0	0.01

资料来源：根据外业调查数据得出。

表 8-5　生态系统当量因子（二）

生态系统		调节服务			文化	
一级分类	二级分类	调节服务	气候调节	净化环境	水文调节	美学景观
农田	水田	1.11	0.57	0.17	2.72	0.09
	旱地	0.67	0.36	0.1	0.27	0.06

续表

生态系统		调节服务			文化	
一级分类	二级分类	调节服务	气候调节	净化环境	水文调节	美学景观
森林	针阔混交	2.35	7.03	1.99	3.51	1.14
	阔叶	2.17	6.5	1.93	4.74	1.06
	针叶	1.7	5.07	1.49	3.34	0.82
	灌木	1.41	4.23	1.28	3.35	0.69
草地	灌草丛	1.97	5.21	1.72	3.82	0.96
	草甸	1.14	3.02	1	2.21	0.56
	草原	0.51	1.34	0.44	0.98	0.25
水域	水系	0.77	2.29	5.55	102.24	1.89
	冰川积雪	0.18	0.54	0.16	7.13	0.09
湿地	湿地	1.9	3.6	3.6	24.23	4.73
荒漠	荒漠	0.11	0.1	0.31	0.21	0.05
	裸地	0.02	0	0.1	0.03	0.01

资料来源：根据外业调查数据得出。

以表 8-4 和表 8-5 中的专家评价结果为标准计算生态补偿背景下环境的当量因子。按照表 8-4 和表 8-5 中的数据，将生态服务划分为 11 个服务功能，表 8-4 中的食物生产、原料生产、养分维持、生物多样、美学景观以及表 8-5 中的生态系统、气候调节、净化环境，用 NPP 修正因子调节；表 8-4 中的水源供给以及表 5-8 中的水文调节，根据降雨量修正因子调节；表 8-4 中的土壤保持，则用土壤保持量修正因子调节。植被净初级生产力，反映区域植被的数量和密度，可利用该参数衡量地区的生态系统健康状态，因此 NPP 修正因子调节生态环境的公式为：

$$N_{ij} = \frac{A_{ij}}{A_j} \tag{8-6}$$

其中，N_{ij} 表示地区第 j 年的 NPP 调节系数；A_{ij} 表示地区第 j 年的 NPP；A_j 表示第 j 年的全国 NPP 平均值。同时，年降水量作为重要指标，可以根据等降水量线划分城市的干湿区域，分析出退耕还林对环境因子的影响，降雨量调节因子的计算公式为：

$$J_{ij} = \frac{Q_{ij}}{Q_j} \tag{8-7}$$

其中，J_{ij} 表示 i 地区第 j 年的降雨量调节系数；Q_{ij} 表示 i 地区第 j 年的年降雨量；Q_j 表示第 j 年的全国平均降水量。而土壤保持量，是指土壤潜在侵蚀量与实际土壤侵蚀量的差值，由于营养元素是由土壤保持量决定的，该值会影响农作物的生长，因此土壤保持量调节因子的计算公式为：

$$T_{ij} = \frac{F_{ij}}{F_j} \tag{8-8}$$

其中，T_{ij} 表示 i 地区第 j 年的土壤保持量修正系数；F_{ij} 表示 i 地区第 j 年的土壤保持量；F_j 表示第 j 年的全国土壤保持量均值。接下来，通过计算生态补偿背景下的环境当量因子，分析退耕还林工程生态补偿对环境因子的影响。

8.4.2.1.3　灰色关联度分析法评价环境因子

根据得到的环境各项当量因子，利用灰色关联度分析法评价环境因子，实现对环境因子的影响程度分析。灰色关联度法第一步需要确定参考序列和比较序列，假设参考序列为 $X_i=(x_{i1}, x_{i2}, \cdots, x_{in})$，无量纲化处理指标，消除指标间数量级别和量纲差异，对于正指标来说，越大越好，对于负指标来说，越小越好，该指标为：

$$y_{ij} = \frac{\max x_j - x_{ij}}{\max x_j - \min x_{ij}} \tag{8-9}$$

其中，y_{ij} 表示比较序列中的参数。无量纲化处理后的指标，其区间为 [0, 1]，比较序列为 $y_0=(1, 1, \cdots, 1)$。接下来，求取绝对差序列以及两极最大差和最小差值，灰色关联法的计算结果用下列方程组表示：

$$\begin{cases} \Delta_{ij} = |y_{ij} - 1| \\ \Delta_{\max} = \max\limits_{i}\max\limits_{j}\Delta_{ij} \\ \Delta_{\min} = \min\limits_{i}\min\limits_{j}\Delta_{ij} \end{cases} \tag{8-10}$$

其中，Δ_{ij} 表示序列差值；$\Delta_{\max}$、$\Delta_{\min}$ 分别表示两极最大差和两极最小差。根据式（8-10）计算关联系数，则有：

$$\sigma_{ij} = \frac{\Delta_{\min} + \lambda\Delta_{\max}}{\Delta_{ij} + \lambda\Delta_{\max}} \tag{8-11}$$

其中，λ 表示分辨系数，且 $0 \leqslant \lambda \leqslant 1$，该参数可以削弱两极最大差，提高关联系数的显著性。以此为基础，计算参考序列和比较序列的关联度，根据关联度实际值，对环境因子进行优劣排序。其中，关联度的计算公式为：

$$f_i = \sum_{j=1}^{n} \sigma_{ij} \tag{8-12}$$

在灰色关联法下，关联度 f_i 反映环境因子与退耕还林之间的相关性，关联度越大说明第 i 类环境因子与退耕还林之间的影响程度越深。至此，完成了退耕还林工程生态补偿对环境因子的影响分析。

调查与分析。为验证此次提出分析方法的可靠性，对退耕还林地区进行实地调查，分别利用灰色关联度分析法、因子相关性分析法、CORS 直接测量法，分析退耕还林对环境因子的影响。为区分调查结果，将此次提出的方法作为实验组，将两种传统方法分别作为对照组一、对照组二，并通过不同年龄段、不同性别、不同学历的环境专家组，对分析结果进行评估。

8.4.2.2　退耕还林工程区概况

为了有针对性地开展研究工作，依据全国退耕还林工程区的布局、气候生态类型区的特征和工程建设区的典型代表性，选择了黄土高原区、西部风沙区、北部农牧交错区、土石山区四个生态类型区的五个工程县（区）作为效益监测与评价的对象，具体包括内蒙古自治区的卓资县、陕西省的吴起县、甘肃省的安定区、青海省的大通回族土族自治县、宁夏回族自治区的盐池县，本书所有生态因子与监测数据均使用由各省份所代表的样本县中所监测到的数据(见本书第五章)。

8.4.2.2.1　研究区域退耕还林工程概况

黄河上游退耕还林工程根据适地适树、乡土树种为主的原则，种植优质高效生态树种和优质高效经济树种。黄河上游退耕还林工程区开展退耕还林工程前十年的还林面积统计结果如表 8-6 所示。

表 8-6　退耕还林面积统计结果　　单位：公顷

年份	退耕还林面积	荒山造林面积	封山育林面积	累计
第 1 年	1.00	5.50	—	6.50
第 2 年	1.20	3.50	—	4.70
第 3 年	2.80	3.80	—	6.60
第 4 年	2.50	2.45	—	4.95
第 5 年	1.55	1.10	—	2.65
第 6 年	0.55	0.55	0.35	1.45
第 7 年	0.10	0.68	—	0.78

续表

年份	退耕还林面积	荒山造林面积	封山育林面积	累计
第 8 年	0.35	0.15	—	0.50
第 9 年	—	0.10	0.25	0.35
第 10 年	—	0.20	—	0.20
总计	10.05	18.03	0.6	28.68

资料来源：根据外业调查数据得出。

因子相关性分析法、CORS 直接测量法、灰色关联度分析法根据实地调查结果和历年统计结果，对黄河上游退耕还林工程生态补偿，对环境因子的影响程序进行分析，分析退耕还林对该区城内的泥沙含量、水体养分的影响。

8.4.2.2.2 环境专家评估的步骤

设置专家评审组，根据评估指标的算术平均值，判断专家意见集中程度。假设 E_{ij} 表示专家 i 对 j 分析结果的评估值，共有 m 个专家，n 个环境因子分析结果，则评估指标的算术平均值为：

$$M_j = \frac{1}{n}\sum_{i=1}^{n} E_{ij} \tag{8-13}$$

接下来，计算每个评估指标的变异系数，分析专家意见的离散程度。通常情况下，当变异系数大于或等于 0.25 时，说明专家意见离散度较大，即对影响分析的评估结果存在多种意见。变异系数为：

$$R_j = \frac{S_j}{M_j} \tag{8-14}$$

其中，S_j 表示第 j 个评估指标的标准差。专家对环境因子影响程度分析结果进行评估后，通过式（8-13）和式（8-14），确定专家评估结果的集中性和离散型，以此区分三种分析方法的分析效果。

8.4.2.3 退耕还林工程生态补偿对生态恢复的评估结果

8.4.2.3.1 河流泥沙含量分析结果评估

实验准备完毕后，分别利用因子相关性分析法、CORS 直接测量法、灰色关联度分析法对退耕还林工程开展下河流中泥沙含量环境因子的变化程度进行分析，表 8-7 是 5 组专家评审组对三种分析方法的评估结果。

表 8-7　专家评审组评估结果（一）

专家组	实验组	对照组 1	对照组 2
专家组 1	4.95	4.0	2.5
专家组 2	4.9	3.5	2.5
专家组 3	4.95	3.5	2.0
专家组 4	4.95	3.5	2.0
专家组 5	4.9	3.5	2.0

资料来源：根据外业调查数据得出。

表 8-7 中的评分为均值，接下来利用式（8-13）和式（8-14）计算专家评估指标的集中程度和离散程度，结果如表 8-8 所示。

表 8-8　评估结果分析（一）

专家组	实验组	对照组 1	对照组 2
集中程度	9.99	8.23	8.23
离散程度	0.03	0.26	0.26

资料来源：根据外业调查数据得出。

根据表 8-8 可知，专家对实验组有更高的评价，对对照组 1 的评价结果较低，对对照组 2 的评价结果极低。

8.4.2.3.2　水体养分含量分析结果评估

分别利用因子相关性分析法、CORS 直接测量法、灰色关联度分析法对退耕还林工程开展下水体养分含量环境因子的变化程度进行分析，专家对分析方法的评估结果如表 8-9 所示。同样，计算专家评估指标的集中程度和离散程度，计算结果如表 8-10 所示。

表 8-9　专家评审组评估结果（二）

专家组	实验组	对照组 1	对照组 2
专家组 1	4.95	3.0	1.5
专家组 2	4.95	3.0	1.5
专家组 3	5.0	3.5	2.0

续表

专家组	实验组	对照组 1	对照组 2
专家组 4	5.0	3.0	2.0
专家组 5	4.95	3.5	1.5

资料来源：根据外业调查数据得出。

表 8-10　评估结果分析（二）

专家组	实验组	对照组 1	对照组 2
集中程度	9.98	8.05	2.33
离散程度	0.01	0.3	0.65

资料来源：根据外业调查数据得出。

根据表 8-10 可知，专家组对实验组保持了较高的评估，对两个对照组的评估均有较高的离散度。

综合上述两组实验测试可知，专家评估实验组的集中度较高，可见其评分均在 4.9~5.0 内，而对照组的评估结果集中度较低，可见评估分数较为分散，专家评估意见存在较大差异，可见传统分析方法的结果不被大多数专家完全认同。

灰色关联度分析法充分了解退耕还林对环境因子的影响，可以得到符合实际的分析结果，为生态环境的保护和发展，提供更精准的数据。但该方法的计算步骤相对较多，计算时需要主要数据的准确性。

8.5 黄河上游退耕还林生态补偿对策

退耕还林还草工程是生态保护的一项重要举措，该工程已经实施了 20 多年，已经对黄河上游地区的生态、经济和社会产生了一定的积极影响，这与退耕还林工程的生态补偿工作的良好运行有极大的关系。生态建设与生态补偿是一把“双刃剑”，退耕还林工程使生态环境得到了有效修复，但是生态补偿不到位还会出现退耕区返耕现象，因而，研究生态补偿一度成为研究热点，生态补偿机制的研究成为我们十分关注的问题。因而，建立和完善生态环境补偿机制十分重要。

8.5.1　退耕还林工程生态补偿要突出工程建设目标

一是保证耕地建设和粮食产出。要想使得退耕还林还草项目收到成效，既要从根本上保证农民耕地的产量，又要巩固退耕还林成果，要通过大力兴修基本农田，改善农耕地的生产条件，减少水土流失，要采取科技措施和手段来保证基本耕地的产量，提高粮食生产的综合能力。

二是调整农村产业结构。退耕还林是通过农业内部资源的重新配置与有效利用，减少某些过剩农产品的生产，增加短缺农产品的生产，通过合理投资与经营，提高农村产业结构调整的效率。对于退耕还林还草项目中涉及的退耕区，要对农户给予足够的、长期的、可持续的生态补偿，才能避免复耕的出现，退耕后政府应指导农民按照市场需求调整粮食作物种植比例，逐步形成以“集约自给型农业、保护效益型林业、商品致富型牧业”为结构特征的生态型特色农业新格局。

三是适当建设畜牧产业。发展畜牧业是非常可行的办法，尤其是开展退耕还林以后的最初3年，封山禁牧促使牲畜的养殖成本上升，再加上饲养量的减少，牧业产值开始下降，针对退耕还林工程实施后出现的牧业生产问题，在退耕还林工程实行林草带状复合，有利于提高优质牧草的产量，为养畜业发展提供保障。在养殖方式上由放养改为圈养，既避免了对草地产生过度的负担，又合理地利用了草地资源，在不破坏大自然的前提下，也提高了农户的收入水平，促进了社会和经济的发展。同时，从牲畜的品种和养殖技术等方面引导和支援农民。随着退耕还林地牧草产量上升，畜牧业产值对农业总产值的贡献率呈平稳上升趋势。

四是因地制宜发展特色产业。实施退耕还林工程前，农民收入主要以种植业为主。退耕后，由于耕地大面积减少，种植业收入会受到一定影响。应根据市场需求，及时调整种植业比例，大力发展以油料作物、药材作物等为主的高效农业和以棚栽为主的设施农业，以稳定经济。实施退耕还林工程后，还应将特色产业最终转化为市场产品，提高农户收入，促进社会和经济的发展。

五是合理转移剩余劳动力。退耕后由于耕地大面积减少，大部分农民将从世代耕耘的土地中解放出来，一方面，劳动力的较少投入使农民有了更多的可支配时间，使他们的精神文化生活得以改善，提高了生活水平和生活质量；另一方面，为农民调整、改变自己的生产结构提供了必要的劳动力条件。由于在退耕还林工程政策的强劲外力推动下，第三产业的发展为农民提供了就业、经商的机会，所以退耕后农民将主要精力放在打工、经商和以羊为主的养畜业等行业，有效地调整了农村产结构。国家和当地政府应采取措施，有效地引导农民学习农业新技术或者其他科学文化知识，组织有意向的农民外出打工，并在政策和措施上为他们提供补助和便利，拓宽农民的收入途径，提高农户的收入水平。

8.5.2 退耕还林工程要将生态补偿落到实处

实施退耕还林生态补偿机制，要明确生态补偿主体、对象、标准与方式。一是确定补偿主体。退耕还林工程补偿主体是对耕地生态环境造成影响的农户。二是明确补偿对象。补偿对象一方面要包括因实施保护政策而使自身利益受损的农户，另一方面也应包括放弃本地经济发展机遇直接参与到耕地保护中的外出务工农户。三是确定补偿标准。由于耕地存在明显的空间差异，耕地生态补偿要因地制宜。四是确定补偿方式。在补偿方式上除实施直接的货币补偿、政策性补偿以外，还要充分考虑当地耕地生态环境并尊重农民的受偿意愿。

8.5.3 退耕还林工程建设要引入市场补偿机制

一是转变农业生产方式，将耕地生态补偿与有机农业发展有效结合。政府一方面要给予退耕还林农户生态补偿和农产品补偿，另一方面则要积极引导消费者进行绿色消费，做好绿色消费的宣传工作。同时，政府要加大有机农业生产中测土配方施肥、秸秆综合利用等项目的补贴力度，推进普及清洁生产技术，不断改善中国的耕地生态环境。

二是建立征地生态补偿长效机制。征地生态补偿机制的建立合理地分配了生态利益，保障了在征地中农民的生态权。政府要协同好农户、征地开发者之间的利益关系，针对不同地段、不同质量耕地合理设置补偿标准，尽快完善生态补偿机制，以征地生态补偿带动提升人们的环境保护意识，实现土地资源的可持续发展。

三是完善生态补偿的法律法规体系，加强耕地生态补偿监管。耕地生态补偿的实施对中国的耕地生态环境改善起着重要的作用，政府要将耕地生态补偿主体、对象及标准等纳入法律法规体系，使耕地生态补偿能够有法可依。同时，对耕地质量检测、补偿申报、补偿资金使用与管理等严格监管，确保耕地生态补偿能顺利开展实施。

8.5.4　退耕还林工程要发挥生态补偿的长效机制

一是发挥市场作用，注重政府市场并重。在拓宽资金渠道上，应注重通过创新金融手段实现资金来源的多元化。充分发挥金融信贷在生态补偿方面的融资功能，通过国家与各级财政生态专项补偿、建立生态补偿保证金制度、征收生态补偿费与生态补偿税、优惠信贷、资产证券化融资等途径拓宽生态补偿基金的渠道。另外要建立完善的生态补偿法规政策体系，保证各方的权责明确，保障生态补偿市场化运作的风险对应，平衡生态补偿的公益性与社会资本的逐利性，保障补偿机制的可持续性。

二是引导农户参与生态补偿模式的构建。农户是生态补偿中最大的利益相关者，有权利和义务参与到生态补偿及生态资源利用维护等事项的决策中，在构建生态补偿模式、制定相关政策时，应积极宣传相关政策，在使农户对政策内容、政策实施的影响等方面了解的基础上广泛征询其意见，倾听村民对生态补偿、资源利用与保护的一些看法和要求，并据此调整具体的措施或方法。同时，可考虑采用农户参与生态资源管护工作的方法，为当地创造出生态保护工作岗位，帮助村民实现从资源开发者向生态保护者转型。此外，作为补偿客体，村民有对生态补偿工作实施的监督权，建议打通生态补偿资金使用监督渠道，按时公示生态补偿资金的拨付使用情况，以提高村民对于生态补偿工作的理解，以提高政策满意度。

三是开展生态补偿考核与绩效评估。绩效评估是一种发现问题的监督和反馈机制，对补偿政策进行评估不仅可以厘清补偿工作的执行效果，还可以反映政策的执行对社会、经济、生态等方面产生的影响，为政策的优化与调整提供参考，提高生态补偿资金使用的效率，是政策完善的重要保障。通过建立和实施科学的生态补偿考核与绩效评估，对村民等生态补偿利益相关者也可以起到一定的引导作用，促使其行为向有效地促进生态保护区生态、经济和社会协调与可持续的方向发展。

四是综合运用法律、行政、经济、社会、生态等手段。综合生态系统是一种全新的生态系统管理理念、管理策略、管理方式和方法，即综合运用法律、行政、经济、社会、生态等手段，建立区域广泛合作和参与的管理机制，制定长期和科学的管理规划，以保护自然资源和生态环境，实现控制生态系统功能退化、减少人类活动对生态系统造成的威胁、提高生态系统生产力，促进社会经济的发展。

五是生态补偿要以农户为本。坚持以人为本，调整退耕还林工程规划，走全面协调可持续发展的路子。广大群众是生态建设的主体，他们满意不满意、答应不答应、高兴不高兴，是搞好退耕还林工程建设、巩固退耕还林工程成果的基础。抓好后续产业的发展，解决好干部群众的长远生计问题是关键。要进一步摸清情况，实事求是地制订退耕还林工程建设规划。随着工程区植被的迅速恢复，退耕还林工程成果绝大多数还处于幼林和未成林阶段，病虫害问题随之加剧，森林防火任务也加重，抚育管护工作更加重要，应在实行分类经营的基础上，把生态公益林纳入森林生态效益补偿范围内。工程建设成效的好坏直接关系到构建和谐社会大局，不能有丝毫大意。特别是在后续政策和管理上，一定要措施得当，才能消除隐患，不导致反弹和新的毁林开垦，退耕还林工程后续发展之路将越走越宽。

第 9 章
实证分析

本书主要针对黄河上游已实施退耕还林工程的内蒙古自治区、陕西省、甘肃省、青海省、宁夏回族自治区五个省份，开展退耕还林工程的生态保护评估与生态补偿机制研究。为了有针对性地开展研究工作，依据全国退耕还林工程区的布局、气候生态类型区的特征和工程建设区的典型代表性，选择了黄土高原区、西部风沙区、北部农牧交错区及土石山区四个生态类型区的 5 个工程县（区）作为效益监测与评价的对象，具体包括内蒙古自治区的卓资县、陕西省的吴起县、甘肃省的安定区、青海省的大通回族土族自治县、宁夏回族自治区的盐池县，本书所有生态因子与监测数据均使用由各省、自治区所代表的样本县中所监测到的数据（见本书第五章）。

9.1 卓资县退耕还林工程生态效益评估

9.1.1 卓资县基本概况

9.1.1.1 自然概况

（1）地理位置。卓资县位于内蒙古自治区乌兰察布西部，东与察右前旗、丰镇市毗邻，西与呼和浩特市赛罕区、武川县接壤，北与察右后旗、察右中旗和四子王旗相连，全县属于阴山山脉南部地区。

（2）地质地貌。卓资县位于黄土高原北部，大青山南坡，属阴山低山丘陵区以及剥蚀堆积山涧沟谷及洼地地形等。地貌以黄土丘陵为主。

（3）气候。卓资县地处北温带，属典型的干旱半干旱大陆性季风气候。

（4）水文。卓资县境内的大黑河是黄河支流之一，发源于该县十八台镇。

该流域内有较大二级支流 11 条，百米以上支毛沟千条左右。地下水资源较丰富，属高水区。

（5）土壤。全县土壤主要有灰褐土、栗钙土和草甸土三大类，以灰褐土和栗钙土为主，土层厚度为 10~60 米。土壤沙性大，水蚀和风蚀都很严重。主要分布在大黑河两岸的干、支沟地区。由于土壤贫瘠，过度放牧和耕作措施粗放，生态环境日趋恶化，大多数山区岩石裸露，坡耕地出现风蚀、沙化，导致严重的水土流失，沟壑切割极为明显。本地区影响造林成活和林木生长的主导因素，是土壤水分和土壤肥力。一般沟底、川滩地含水量多，阳坡土壤含水量少于阴坡。小地貌、低下部位和坡向对立地质量影响较大。

（6）植被。卓资县天然植被主要以半荒漠、荒原植被为主。其种类主要有毛莲蒿、冷蒿和柠条、虎榛子、胡枝子、沙棘等灌木，乔木有山杨、白桦等。天然草原主要草种有克氏针茅、百里香等植物，主要分布在大黑河流域的中西部地区。人工植被主要有油松、华北落叶松、樟子松、杨树、山杏、柠条、沙棘、草木樨等。

9.1.1.2 社会经济状况

卓资县在历史上属塞外牧区，经过长期的演变，由游牧区逐步过渡为现在的旱作农业区。由于严重的水土流失导致农牧业基础脆弱，抵御自然灾害能力差，不仅严重制约着本地区经济发展和人民生活水平的提高，而且直接威胁着呼市周边以及万家寨水库的生态安全。

卓资县境内交通便利，京包铁路横贯全县，110 国道与之并行，为该县主要交通干线，另有旗、县级公路多条，已实现村村通公路、通电。而且电力、通信设施较为完善，有利于城乡物质文化的交流，有利于促进农、林、牧、商各业的发展。

9.1.1.3 退耕还林建设情况

9.1.1.3.1 退耕还林工程规模及造林模式

2000 年，卓资县被列为国家“长江上游黄河上中游退耕还林工程”试点示范县。按照退耕还林（草）示范工程总体规划，以“一线两点”为重点，即以 110 国道沿线 10 个乡镇为一线，以马盖图乡、印堂子乡为两点开展工程建设，截至第一次退耕还林工程结束，全县工程全部通过上级业务部门的验收，全部为合格工程。

卓资县京津风沙源治理工程于 2003 年开始实施，到 2005 年一共收到的上级下达的退耕还林工程总任务为 23933.34 公顷，其中，退耕还林 11966.67 公顷，宜林荒山造林 9300 公顷，封山育林 2666.67 公顷，该工程涉及 14 个乡镇，107 个村委会，750 个村民小组，经核查，工程全部为合格工程。①

卓资县是“长江上游黄河上中游地区天然林资源保护工程”的实施县。为满足退耕还林工程的种苗需求，主管部门创造条件，积极鼓励集体，个体办苗圃。

9.1.1.3.2　退耕还林工程管理体系

为保证工程质量，卓资县政府制定了《卓资县退耕还林试点示范工程管理办法》等规定技术人员实行跟踪验收，凡整地不合格的一律重新返工，待合格后再进行造林。对采种基地、管护难度大的地方加设网围栏，项目区的乡镇严禁散放牲畜，全部实行组群放牧或舍饲圈养。同时，与退耕农民以契约方式确定承包关系。在对退耕户建档立卡的基础上，坚持“谁种树，谁管护，谁受益”的原则，由县政府统一为退耕户换发林权证，“到乡，到村，到户，到地块。”

9.1.2　卓资县退耕还林工程生态效益评价

9.1.2.1　退耕还林建设面积

2000 年开始，卓资县以治理水土流失、改善生态环境为目标，实施了退耕还林工程。退耕地营造的经济林主要树种为果树，兼用林主要为林草混交，山桃、山杏混交林或纯林。生态林树种主要为刺槐、油松、侧柏、柠条等，其中刺槐、柠条生长较好。

经国家确认，2007 年退耕还林一期工程结束时实有封山造林面积 3199 公顷，人工造林面积 23404.81 公顷，退耕地造林面积 19426.81 公顷。2018 年退耕还林二期工程结束时实有封山造林面积 39199 公顷，人工造林面积 65541.81 公顷，退耕地造林面积 22092.81 公顷（见表 9-1）。本书把国家每年确认合格的林地作为卓资县退耕还林工程每年新增林地面积。

表 9-1　卓资县 1999~2018 年退耕还林工程面积　　单位：公顷

内蒙古自治区卓资县			
年份	年末实有封山造林面积	人工造林面积	退耕地造林
1999			

① 李育材. 中国北方退耕还林工程建设效益评价研究［M］. 北京：蓝天出版社，2009.

续表

内蒙古自治区卓资县			
年份	年末实有封山造林面积	人工造林面积	退耕地造林
2000		2793.47	2793.47
2001		2666.67	2666.67
2002		2000	2000
2003		4666.67	4666.67
2004		3300	3300
2005		4000	4000
2006	666		
2007	2533	3978	
2008	1333	4967	
2009	6000	3037	
2010	6667	2630	
2011	4667	4200	
2012	5667	5100	
2013	5333	4976	
2014	2000	2912	
2015	1667	3681	
2016	1000	2840	1333
2017	1333	3606	1333
2018	333	4188	
合计	39199	65541.81	22092.81

资料来源：《中国林业统计年鉴》。

9.1.2.2 退耕还林工程发挥的生态效益

卓资县退耕还林工程造林树种主要以沙棘、柠条、刺槐、山杏等灌乔木树种为主，灌木树种造林三年后已基本郁闭成林，可发挥水土保持等生态效益。

卓资县退耕还林工程实施以来，2007 年退耕还林一期工程结束时退耕地造林面积有 19426.81 公顷，2018 年退耕还林二期工程结束时退耕地造林面积有

22092. 81 公顷。为了便于研究，本书选取 2007 年和 2018 年两个时间点，对退耕还林一期工程和二期工程进行研究，研究结果如表 9-2 所示。

表 9-2　卓资县退耕还林工程生态效益物质量和价值量评估

功能类别	指标层	物质量		价值量	
		2007 年	2018 年	2007 年	2018 年
保育土壤效益指标（C1）（吨·年/万元）	保土（D1）	57581064. 84	58435482. 45	25704. 55	28296. 64
	固肥（D2）	1880021. 767	1910840. 276	40333278. 74	40931951. 78
林木养分固持（C2）（吨·年/万元）	氮固持（D3）	316. 807755	847. 4028668	76. 03	203. 38
	磷固持（D4）	20. 36621282	54. 47589858	4. 89	13. 07
	钾固持（D5）	181. 0330029	484. 2302096	39. 83	106. 53
涵养水源功能指标（C3）（立方米·年/万元）	调节水量（D6）	3535510. 718	3351141. 588	2121. 91	4692. 44
	净化水质（D7）	3535510. 718	3351141. 588	738. 92	2446. 33
固碳释氧效益指标（C4）（吨·年/万元）	固碳（D8）	86039. 13213	92922. 53654	10324. 70	11150. 70
	释氧（D9）	13464. 32959	36014. 62184	1346. 43	3601. 46
净化大气环境（C5）	提供负离子（D10）（个·年/万元）	0.21×10^{25}	0.20×10^{25}	1.23×10^{25}	1.17×10^{25}
	吸收气体污染物（D11）（千克·年/万元）	0. 04196191	0. 079534116	0. 02	0. 04
	滞尘（D12）（千克·年/万元）	11. 0732817	20. 9881695	1746664. 24	1986364. 26
森林防护指标（C6）	防风固沙（D13）（公顷/万元）	57581064. 84	58435482. 45	5. 89	5. 69
生物多样性指标（C7）	物种资源保育（D14）（公顷/万元）	64497009	73348129	6449. 70	7334. 81
森林生态系统服务修正系数（C8）	森林生态系统服务修正系数（D15）	0. 3	0. 25	0. 3	0. 25

资料来源：《中国林业统计年鉴》。

研究所得的卓资县退耕还林工程生态效益评估物质量为：

2007 年：保土 57581064.84 吨·年/万元、固肥 1880021.767 吨·年/万元、氮固持 316.807755 吨·年/万元、磷固持 20.36621282 吨·年/万元、钾固持 181.0330029 吨·年/万元、调节水量 3535510.718 立方米·年/万元、净化水质 3535510.718 立方米·年/万元、固碳 86039.13213 吨·年/万元、释氧 13464.32959 吨·年/万元、提供负离子 0.21×10^{25} 个·年/万元、吸收气体污染物 0.0419619 千克·年/万元、滞尘 11.0732817 千克·年/万元、防风固沙 57581064.84 公顷/万元、物种资源保育 64497009 公顷/万元、森林生态系统服务修正系数为 0.3。

2018 年：保土 58435482.45 吨·年/万元、固肥 1910840.276 吨·年/万元、氮固持 847.4028668 吨·年/万元、磷固持 54.47589858 吨·年/万元、钾固持 484.2302096 吨·年/万元、调节水量 3351141.588 立方米·年/万元、净化水质 3351141.588 立方米·年/万元、固碳 92922.53654 吨·年/万元、释氧 36014.62184 吨·年/万元、提供负离子 0.20×10^{25} 个·年/万元、吸收气体污染物 0.079534116 千克·年/万元、滞尘 20.9881695 千克·年/万元、防风固沙 58435482.45 公顷/万元、物种资源保育 73348129 公顷/万元、森林生态系统服务修正系数为 0.25。

研究所得的卓资县退耕还林工程生态效益评估价值量为：

2007 年：保土 25704.55 吨·年/万元、固肥 40333278.74 吨·年/万元、氮固持 76.03 吨·年/万元、磷固持 4.89 吨·年/万元、钾固持 39.83 吨·年/万元、调节水量 2121.91 立方米·年/万元、净化水质 738.92 立方米·年/万元、固碳 10324.70 吨·年/万元、释氧 1346.43 吨·年/万元、提供负离子 1.23×10^{25} 个·年/万元、吸收气体污染物 0.02 千克·年/万元、滞尘 1746664.24 千克·年/万元、防风固沙 5.89 公顷/万元、物种资源保育 6449.70 公顷/万元、森林生态系统服务修正系数为 0.3。

2018 年：保土 28296.64 吨·年/万元、固肥 40931951.78 吨·年/万元、氮固持 203.38 吨·年/万元、磷固持 13.07 吨·年/万元、钾固持 106.53 吨·年/万元、调节水量 4692.44 立方米·年/万元、净化水质 2446.33 立方米·年/万元、固碳 11150.70 吨·年/万元、释氧 3601.46 吨·年/万元、提供负离子 1.17×10^{25} 个·年/万元、吸收气体污染物 0.04 千克·年/万元、滞尘 1986364.26 千克·年/万元、防风固沙 5.69 公顷/万元、物种资源保育 7334.81 公顷/万元、森林生态系统服务修正系数为 0.25。

9.1.3　卓资县退耕还林工程基本经验和做法

9.1.3.1　工程实施的办法、对策措施

卓资县退耕还林工程实施严格按照国家、内蒙古自治区退耕还林工程管理办法执行，本着“突出重点，先易后难，稳步推进”的原则，首先沿“一河两线”地区乡镇开展实施工程，然后逐年推进延伸，最终全县所有乡镇、自然村都实施了退耕还林工程，在工程实施中主要措施做法有：

（1）建立健全组织领导管理体系和技术保障体系。县、乡都成立了退耕还林工程领导小组，设专人负责，并层层签订行政、技术责任状，明确责任、目标和奖罚办法，同时制定相关的检查验收、政策兑现等办法。

（2）退耕还林工程涉及面广，政策性强，群众参与度高。卓资县在工程实施之初，为了让农民充分了解退耕还林工程政策，政府出台了致农民群众一封信，通过宣传提高了各级干部和群众的认识，广泛动员全社会的力量共同参与，使农民群众主动积极投身到工程建设当中；通过培训提高各级管理人员的技术水平，提高农民群众在施工作业过程中的操作水平和能力，从而使工程顺利实施。

（3）做好试点示范工作，起到典型带动作用。退耕还林工程实施后，卓资县就重点选定3个乡镇进行试点示范，通过试点，全县确定了五个造林模式，选定了6个主栽树种，并引进推广了多项实用技术，从而提高了造林质量，保证了建设成果。

9.1.3.2　成果巩固的主要做法

（1）为了确保工程建设有序进行，提高工程建设标准和质量，巩固建设成果，结合我县实际，制定了切实可行的检查验收办法，每年分春、秋季进行两次自查验收，在自查验收的基础再进行抽查，下一年度进行复查，通过检查验收，发现问题，及时整改解决，从而保证了工程的进度和质量，也为政策兑现提供了可靠的直接依据。对不合格的建设工程，通过兑现补助资金进行督促补植和管护，从而保证了工程的质量。

（2）为了工程顺利实施，确保退耕还林粮食、现金补助及时、准确兑现到农户，防止冒领，杜绝贪污等现象，全县建立了退耕还林举报制度，对每年退耕的面积、任务、涉及的农户等都张榜公布，进行公示，主动接受群众监督，对违法违纪现象一经核实，由审计、监察、纪检部门按照有关规定对责任人

做出处罚，通过监督检查，有效地制止了垒大户和冒领多领现象的发生。

（3）为保护建设成果，快速恢复植被，卓资县先后出台了《卓资县林木管护办法》和《卓资县禁牧舍饲实施办法》，在项目区实行严格的禁牧制度，大力推行舍饲圈养，设置专门管护人员，建立了县、乡、村、户四级管护网络，对偷牧和毁坏林木的案件，一经查实严厉打击，这样从根本上解决了林木管护问题，植被得到了恢复，巩固了建设成果。

通过发放林权证，稳定了林权，给广大退耕农户吃上了“定心丸”，进一步巩固了工程建设成果。

9.1.3.3 工程建设的主要成效

退耕还林工程自实施以来，已经取得了明显成效。一是全县生态环境得以改善，水土流失得到有效治理，土地沙化的状况得到缓解和控制，生态植被得到恢复，森林资源稳定增长。二是增加了农民的收入，工程范围涉及全县所有乡镇农户，全县农民从政策兑现中受益，人均享受退耕还林补贴，一些农民从繁重的农业生产中解脱出来，从事多种经营和副业生产增加收入。三是促进了农村产业结构的调整，退耕还林工程的实施，既有利于改变长期以来广种薄收的传统耕种习惯，也有利于调整不合理的土地利用结构。各乡镇加快建设基本农田的步伐，发展舍饲圈养，开发绿色食品，开展森林旅游，培育绿色产业，发展区域特色经济。四是促进了广大农民群众和社会力量参与生态环境建设的积极性，加快了生态环境保护和建设进程。

9.2 吴起县退耕还林工程生态效益评估

9.2.1 吴起县基本概况

9.2.1.1 自然概况

（1）地理位置。吴起县位于延安市西北部，西北与定边县为邻，东北和靖边县相连，东南与志丹县接壤，西南与甘肃省华池县毗邻。县城位于北洛河源头之畔吴起镇，是全县政治、经济、文化、交通的中心。

（2）交通区位。吴起县交通区位优势明显，有延（延安）定（定边）公路

(303省道）贯穿境内；另有甘（甘泉）志（志丹）吴（吴起）公路直达县城，吴（吴起）华（甘肃华池）公路与甘肃连接；境内有吴（吴起）王（王洼子）公路，吴（吴起）官（长官庙）公路、吴（吴起）庙（庙沟）公路、吴（吴起）长（长城）公路和周（周湾）郝（郝滩）公路等多条县乡道路。随着吴起石油工业的崛起，道路建设规模增加，通往各乡镇公路等级提高，道路四通八达。

(3）生态区位。吴起县地处毛乌素沙地南缘的农牧过渡地带，属黄土高原梁状丘陵沟壑区，地貌以梁峁沟壑为主，土壤侵蚀强度为水土流失严重，为国家重点公益林区划范围。北洛河—渭河的重要一级支流发源于吴起县，是吴起一条重要的河流，其源头和两岸均为国家重点公益林区划范围。吴起县生态区位重要，是陕西乃至全国生态环境建设的重要区域。

(4）地质地貌。吴起县地质结构，从大地构造单元来看，属于华北陆台的鄂尔多斯地台的一部分。根据地球物理勘测，吴起县属陕甘宁向斜坳陷构造区，处于向斜东翼的陡坡上，是一个重力低值区的坳陷地带，其基底是前震旦系。在地质变化的历史过程中，鄂尔多斯地台随着地壳的震荡运动，几经升降沉浮。吴起县全县地貌为：梁状丘陵狭长、起伏，沟壑纵横交织、深窄陡峻，水系格局呈树枝状，地势由西北向东南逐渐降低。

(5）气候。吴起县地处中温带气候区，属典型的中温带大陆性季风气候，冬季寒冷干燥，春季干旱多风，夏季旱涝相间，秋季温凉湿润。干旱、霜冻、冰雹、大风、暴雨等自然灾害频繁发生，极易出现一年数灾并发现象。

(6）水文。吴起县内以白于山脉为界，北属无定河支流红柳沟流域，南属北洛河流域。无定河流域包括八里庄沟、石拐子沟和麻子沟，北洛河流域包括颗颗川、乱石头川、头道川、二道川、三道川、宁赛川、杨青川、白豹川、脚扎川和洛河川，北洛河为境内最大河流。全县多年平均径流深36毫米，平均年径流总量为1.3576×10^{7}立方米，地表径流在县境内的时空分布与降水基本相同，月份分配不均。由于降水相对集中和强度大，干旱、洪水灾害频繁，水土流失严重。

(7）土壤。吴起县复杂的地质、地貌类型，导致土壤类型多样。

(8）植被及动物资源。吴起县属森林灌丛草原植被区，草、灌占优势，草、灌、乔群落优势明显，在现有林木中，主要乔、灌木树种36种，分别为河北杨、小叶杨、刺槐、油松、杂交杨、旱柳、臭椿、中槐、杜梨、山杏、秋子、榆、桑、桃、李、梨、苹果、文冠果、侧柏、刺柏、核桃、枣、白蜡、尤柳、垂柳、五角枫、紫穗槐、乌柳，柽柳、柠条、沙棘、沙柳、山桃、狼牙刺、卫矛、栒子。全县有草本植物224种，主要类型有长茅草群落、冰草群落、百里香群落和冷蒿群落。药用植物全县大约有40多种，主要有桃仁、杏仁、甘草、柴胡、黄连、知母、秦艽、地骨皮、茜草、党参、赤小豆等。

吴起县野生动物主要有野兔、黄鼠、石貂、狐、狗獾、狼、野鸡、石鸡、鸭类、鹰类、乌鸦、喜鹊、麻雀等近20多种。近年来，随着天然林保护、退耕还林等林业生态工程的实施，野生动物数量增加，尤其以野兔和野鸡数量增加最为明显。

（9）矿产资源。

吴起县矿产资源主要为石油、天然气和煤炭，石油、天然气储量丰富，已探明储量1.5亿吨。

9.2.1.2 社会经济状况①

（1）行政区划。截至2007年底，吴起县共4镇8乡，164个行政村，6个居委会，1110个村民小组。

（2）人口。截至2007年底，吴起县总人口125698人，总户数31029户，其中乡村人口106478人，占总人口的84.7%。

（3）社会经济结构。2007年，吴起县工农业总产值为61.4亿元，增长20.5%，增速位居延安市第一；财政总收入22.8亿元，增长13%，其中地方财政收入13.7亿元，增长11.3%；固定资产投资46.2亿元，增长54%；社会消费品零售总额2.14亿元，增长15%；城镇居民人均可支配收入10380元，增长18.3%，农民人均纯收入2658元，增长15.7%，均创历史最高。

（4）历史文化。吴起县历史文化悠久，自古以来都是军事要塞，古迹有铁边城、宁塞城、秦长城、明长城等。

9.2.1.3 退耕还林建设概况

9.2.1.3.1 退耕还林建设规模及成效

1998年以来，吴起县立足县情实际，抢抓国家实施西部大开发和退耕还林等历史机遇，认真贯彻落实江泽民同志“再造一个山川秀美的西北地区”重要批示和朱镕基同志“退耕还林（草）、封山绿化、个体承包、以粮代赈”十六字方针，立足县情，审时度势，抓早动快，于1998年5月做出了实施封山禁

① 李育材．中国北方退耕还林工程建设效益评价研究［M］．北京：蓝天出版社，2009.

牧、大力发展舍饲养羊的决定，确立并实施了以“封山退耕、植树种草、舍饲养羊，林牧主导，强农富民”为基本内涵，以建设“集约高效型农业，保护效益型林业，商品致富型畜牧业”为结构特征的生态型特色农业发展战略，坚持一手抓封禁治理，一手抓舍饲养羊。1998年，吴起县率先启动了还林还草工程，是全国150多个退耕还林县（市、区）封得最早、退得最快、面积最大的县份。

2003年以来，吴起县按照“退得下、还得上、稳得住、能致富、不反弹”的总体要求，在充分调研、广泛论证的基础上，进一步调整完善了县域经济发展总体思路，适时确立了“生态立县、产业兴县、工业强县、开放带动、城镇带动、项目带动”发展战略，牢固树立“生态建设产业化，产业建设生态化”的理念，把大产业融入大生态来开发、把大生态作为大产业来经营，走出了一条在经济建设中恢复生态、在生态恢复中发展经济的良性循环路子，实现了生态建设与农民增收的共进双赢。退耕还林工程的深入实施，主要产生以下五个方面的显著变化。

一是生态环境得到明显改善。全县的林草覆盖率大幅提升，干旱、暴雨、冰雹、霜冻等自然灾害明显减少，多年罕见的飞禽走兽重新显现，秀美山川初露端倪，良好的生态链正在形成。

二是产业结构得到调整优化。通过几年的实施，以羊为主的草蓄业和以沙棘、山杏为主的林果业已形成了一定的规模优势，成为群众稳定的致富产业。目前，吴起县已形成了一个家家舍饲羊、户户种牧草、人人有林果的农村经济结构发展格局。

三是农民生产生活方式有了较大改善。随着退耕还林的实施，全县越来越多的农民群众从过去广种薄收、漫山放牧的传统农业生产方式中解放出来，走出农村、脱离农业。一部分农民发展产业，加工产品，由农民变成了工人；一部分农民从事农产品销售，不搞生产搞流通，由农民变成了商人；还有一部分农民进城务工，发展各种服务业，由农民变成了市民。

四是县域经济得到快速发展。在退耕还林的带动下，县域经济快速发展，农民收入稳步增加。截至2007年底，全县完成国民生产总值61.4亿元，财政总收入达到22.8亿元，其中地方财政收入13.7亿元。县域经济从2004年以来已进入全国县域经济增速最快百县（市）行列，综合经济实力2005年进入了“西部百强县”和“陕西省经济社会发展十佳县”。农民人均纯收入除以粮代赈人均补助的1520.92元外，人均收入达到2658元。①

五是群众的生态环保意识明显增强。广大群众建设生态、保护生态已成为自觉行动，由以前的“要我封、要我退、要我护”变为现在的“我要封、我要退、我要护”，一个治理生态、保护环境的良好氛围已在全县上下形成。

9.2.1.3.2 退耕还林工程管理体系

（1）加强组织领导。

退耕还林工程由县委、县政府主要领导负责，对工程规划、实施、制度、质量及资金管理进行监督，并与各乡镇党委书记签订了目标责任书，各乡镇村组分别建立目标责任制度，将任务、工程投资、技术标准层层落实到相关组织和有关责任人。

（2）落实农村土地产权制度改革。

将土地使用权落实到户，实行合同化管理，退耕农户与乡镇人民政府签订《退耕还林合同书》，明晰责、权、利关系。验收合格后发给《林权证》，把退耕还林工程纳入法制化管理的轨道。落实“谁造林、谁受益”的林业政策，充分调动广大农民造林、护林的积极性，积极探索和实践新机制，通过承包造林等方式，调动全社会力量来参与林业、关心林业的热情。

（3）加强工程建设的科技应用，提高工程建设的科技含量。

施工前进行科技培训，在提高工作人员工作技能的前提下开展工作，严格按作业设计施工，应用先进的林业科研成果和实用技术，不断地提高工程质量。

（4）加强工程种植苗木质量的管理。

严格按标准施工，对造林整地，苗木出圃、运转、种植、栽植等各环节不放松，并实施苗木质量鉴定和疫病检验，严禁劣质、带病害、虫害苗木上山造林。

9.2.2 吴起县退耕还林工程生态效益评价

9.2.2.1 退耕还林工程建设面积

1999年开始，吴起县以治理水土流失、改善生态环境为目标，实施了退耕还林工程。退耕还林配置形式主要以沙棘纯林为主，兼用林草混交，配置类型主要有沙棘与山杏、刺槐与沙棘混交林等或山杏、沙棘、油松纯林，生态林树

① 李育材．中国北方退耕还林工程建设效益评价研究［M］．北京：蓝天出版社，2009.

种主要为沙棘、柠条、刺槐、油松等，其中沙棘、柠条生长较好。

经国家确认，2007 年退耕还林一期工程结束时实有封山造林面积 0 公顷，人工造林面积 56126. 3 公顷，退耕地造林面积 62653. 3 公顷；2018 年退耕还林二期工程结束时实有封山造林面积 6198 公顷，人工造林面积 137830. 3 公顷，退耕地造林面积 70653. 3 公顷。本书把国家每年确认合格的林地作为吴起县退耕还林工程每年新增林地面积，1999～2018 年吴起县退耕还林工程新增林地面积如表 9-3 所示。

表 9-3　1999～2018 年吴起县退耕还林工程面积　　单位：公顷

陕西省吴起县			
年份	年末实有封山造林面积	人工造林面积	退耕地造林
1999		12556	50275. 3
2000		1424	6578
2001		1333. 3	1333. 3
2002		8880	666. 7
2003		13333. 3	666. 7
2004		12666. 7	333. 3
2005		666. 7	2533. 3
2006		3333. 3	266. 7
2007		1933	
2008	133	4600	
2009		6040	
2010	2333	4733	
2011	666	5559	
2012	333	8240	
2013	133	6353	
2014		9400	
2015		15178	
2016	1000	13327	667
2017	933	4667	3333
2018	667	3607	4000
合计	6198	137830. 3	70653. 3

资料来源：《中国林业统计年鉴》。

9.2.2.2 退耕还林工程生态效益评价

吴起县退耕还林工程造林树种主要以沙棘、柠条、刺槐、山杏等灌乔木树种为主，灌木树种造林郁闭成林，可发挥水土保持等生态效益。通过调查发现2007年退耕还林一期工程结束时退耕地造林面积62653.3公顷，2018年退耕还林二期工程结束时退耕地造面积70653.3公顷。为便于研究，本书选取2007年和2018年两个时间点，对退耕还林一期工程和二期工程进行研究，研究结果如表9-4所示。

表9-4 吴起县退耕还林工程生态效益物质量和价值量评估

功能类别	指标层	物质量		价值量	
		2007年	2018年	2007年	2018年
保育土壤效益指标（C1）（吨·年/万元）	保土（D1）	185704381.2	186877978.5	82899.60	90493.29
	固肥（D2）	6063248.046	6110909.897	130078639.42	130901296.33
林木养分固持（C2）（吨·年/万元）	氮固持（D3）	1021.73498	2710.013301	245.22	650.40
	磷固持（D4）	65.68296297	174.2151408	15.76	41.81
	钾固持（D5）	583.8485598	1548.579029	128.45	340.69
涵养水源功能指标（C3）（立方米·年/万元）	调节水量（D6）	11402356.52	10717025.67	6843.35	15006.52
	净化水质（D7）	11402356.52	10717025.67	2383.09	7823.43
固碳释氧效益指标（C4）（吨·年/万元）	固碳（D8）	277484.3403	297168.348	33298.12	35660.20
	释氧（D9）	43423.73663	115175.5653	4342.37	11517.56
净化大气环境（C5）	提供负离子（D10）（个·年/万元）	0.67×10^{25}	0.63×10^{25}	3.98×10^{25}	3.74×10^{25}
	吸收气体污染物（D11）（千克·年/万元）	0.14	0.25	0.05	0.12
	滞尘（D12）（千克·年/万元）	35.71	67.12	5633157.39	6352437.29
森林防护指标（C6）	防风固沙（D13）（公顷/万元）	185704381.2	186877978.5	18.99	18.19
生物多样性指标（C7）	物种资源保育（D14）（公顷/万元）	208008956	234568956	20800.90	23456.90
森林生态系统服务修正系数（C8）	森林生态系统服务修正系数（D15）	0.3	0.25	0.3	0.25

资料来源：《中国林业统计年鉴》。

研究所得的吴起县退耕还林工程生态效益评估物质量为：

2007年：保土185704381.2吨·年/万元、固肥6063248.046吨·年/万元、氮固持1021.73498吨·年/万元、磷固持65.68296297吨·年/万元、钾固持583.8485598吨·年/万元、调节水量11402356.52立方米·年/万元、净化水质11402356.52立方米·年/万元、固碳277484.3403吨·年/万元、释氧43423.73663吨·年/万元、提供负离子0.67×10^{25}个·年/万元、吸收气体污染物0.14千克·年/万元、滞尘35.71千克·年/万元、防风固沙185704381.2公顷/万元、物种资源保育208008956公顷/万元、森林生态系统服务修正系数为0.3。

2018年：保土186877978.5吨·年/万元、固肥6110909.897吨·年/万元、氮固持2710.013301吨·年/万元、磷固持174.2151408吨·年/万元、钾固持1548.579029吨·年/万元、调节水量10717025.67立方米·年/万元、净化水质10717025.67立方米·年/万元、固碳297168.348吨·年/万元、释氧115175.5653吨·年/万元、提供负离子0.63×10^{25}个·年/万元、吸收气体污染物0.25千克·年/万元、滞尘67.12千克·年/万元、防风固沙186877978.5公顷/万元、物种资源保育234568956公顷/万元、森林生态系统服务修正系数为0.25。

研究所得的吴起县退耕还林工程生态效益评估价值量为：

2007年：保土82899.60吨·年/万元、固肥130078639.42吨·年/万元、氮固持245.22吨·年/万元、磷固持15.76吨·年/万元、钾固持128.45吨·年/万元、调节水量6843.35立方米·年/万元、净化水质2383.09立方米·年/万元、固碳33298.12吨·年/万元、释氧4342.37吨·年/万元、提供负离子3.98×10^{25}个·年/万元、吸收气体污染物0.05千克·年/万元、滞尘5633157.39千克·年/万元、防风固沙18.99公顷/万元、物种资源保育20800.90公顷/万元、森林生态系统服务修正系数为0.3。

2018年：保土90493.29吨·年/万元、固肥130901296.33吨·年/万元、氮固持650.40吨·年/万元、磷固持41.81吨·年/万元、钾固持340.69吨·年/万元、调节水量15006.52立方米·年/万元、净化水质7823.43立方米·年/万元、固碳35660.20吨·年/万元、释氧11517.56吨·年/万元、提供负离子3.74×10^{25}个·年/万元、吸收气体污染物0.12千克·年/万元、滞尘6352437.29千克·年/万元、防风固沙18.19公顷/万元、物种资源保育23456.90公顷/万元、森林生态系统服务修正系数为0.25。

9.2.3 吴起县退耕还林工程基本经验和做法

为了改善生态环境，发展农村经济，近年来吴起县借助国家退耕还林政策和西部大开发的历史机遇，狠抓以退耕还林为主的生态环境建设，取得了显著成效，先后被原国家林业局、水利部、财政部等部委确定为“全国退耕还林试点示范县”“全国造林先进县”“全国水土保持先进集体”“全国退耕还林与扶贫开发工作结合试点县”等。总结吴起县生态环境建设的做法和主要经验，可概括为“早”“高”“活”“强”“新”五个字。

9.2.3.1 突出一个“早”字，超前实施抢先机

吴起县之所以成为全国退耕还林第一县，主要是抓住了一个“早”字，才赢得了主动，抢占了先机。在生态环境建设和产业开发中，吴起县始终以先人一步、早人一时的思路和步骤，做到了思路早形成、思想早发动、目标早明确、任务早落实。1998 年，吴起县积极响应党中央发出“再造一个山川秀美的西北地区”的伟大号召，认真总结历史经验教训，重新审视县情，在广泛深入调查研究的基础上，做出了实行封山禁牧、大力发展舍饲养羊的决定，确立了以“封山退耕，植树种草、舍饲养羊、林牧主导、强农富民”为基本内涵，以建设“集约高效型农业、保护效益型林业、商品致富型畜牧业”为结构特征的生态型特色农业发展战略，坚持“一手抓封山禁牧、一手抓种草养羊”。由于决策符县情、合民意，得到了广大群众的积极支持和拥护，实现了全县整体封禁目标，在全国首开了封山禁牧的先河。之后，吴起县又抓早动快，及时调整完善工作思路，确立了“退耕一步到位”的超前实施方案和“一季退耕、两年治理、三年完善提高、五年初见成效、十年大见成效”的奋斗目标，1999 年率先启动了退耕还林工程，成为全国退耕还林退得最早、还得最快、面积最大、群众得到实惠最多的县份之一。2003 年以来，吴起县根据退耕还林“退得下、还得上、稳得住、能致富、不反弹”的总体要求，按照“在继承中发展，在发展中创新，在创新中升华”的原则，确立了“生态立县、产业兴县”战略，并将 2003 年确定为“退耕还林管护年”和“农业产业开发年”，将 2004 年确定为“农业生产质量效益年”，使生态环境建设和产业开发的科技含量有了进一步提高。

9.2.3.2 立足一个“高”字，注重质量抓退耕

坚持了“十抓十到位”，并取得了良好成效。一是抓面积核实，做到一次退耕到位。为了给退耕还林工作打开局面，1999 年秋季吴起县组织县、乡、村

三级干部深入村组农户，召开会议，并逐山头、逐地块丈量核实口粮田，除人均留2亩多口粮田外，将其余的坡耕地全部退出，从而为退耕还林工程的顺利实施创造了良好条件。二是抓宣传发动，做到思想认识到位。为提高群众退耕还林认识，吴起县通过召开会议、印发资料、集中培训、广播电视宣传、刷写标语等形式广泛宣传退耕还林（草）的意义、目的和相关措施，使得广大群众的思想进一步解放，认识进一步提高，干劲进一步加大，参与退耕还林的自觉性进一步增强，为退耕还林的顺利实施奠定了坚实的思想基础。三是抓组织领导，做到任务职责到位。吴起县采取县、乡、村主要领导挂帅，主管领导具体负责的方式，层层签订目标责任书，加大退耕还林目标、任务、责任和政策措施的落实，使县退耕还林从落实地块、作业设计、育苗、预整地、造林、管护到自检自查分工明确，环环相扣，有力地促进了工程的顺利实施。四是抓科技支撑，做到典型示范到位。从退耕还林实施以来，吴起县联系北京林业大学专家，由北京林业大学牵头，10所大专院校为县退耕还林工程提供技术支撑，同时，确定了有针对性、目的性、选择性的14条流域作为综合试验示范典型，认真组织落实，使其迅速成为一批规划设计科学、实施管理规范、结构搭配合理、示范特色明显的退耕还林精品工程，辐射带动了整个退耕还林工作。五是抓规划设计，做到指导服务到位。按照国家工程建设标准，吴起县在规划上始终依照规划决定设计、设计决定模式、模式决定规模、规模决定任务、任务决定施工的程序进行规划设计。首先，在尊重群众的基础上，坚持参与式的规划原则进行规划设计；其次，坚持因地制宜、适树适地的选择原则，选择乡土树种和耐寒耐旱的树种、草种，大面积营造复合林；最后，坚持中、长、远结合，禁、退、还结合，乔、灌、草结合，封、育、造结合的原则，确定了“山顶草灌防护林，山腰坡地经济林、沟坡锁边灌木林”的流域治理模式，从而在治理中达到了宜林则林、宜草则草、宜灌则灌的目标。六是抓科技培训，做到队伍素质到位。吴起县通过北京林业大学等院校专家、学者讲课，选派技术骨干进修等多层次培训办法，培训出了三支技术过硬、事业心强的科技队伍。一支是能起到传、帮、带作用的林业技术骨干队伍，一支是以乡村干部为主的林业经营管理队伍，一支是留得住、用得上的农民林业技术员队伍，大大提高了广大干部群众的科技意识和素质。七是抓种苗建设，做到苗木质量到位。吴起县按照“自采、自育、自栽、自给”的原则，扩建中心苗圃、巩固骨干苗圃、扶持育苗大户，基本实现了以乡自给，县内调剂，减少了苗木的外调。为严把苗木质量关，吴起县成立了种苗站，专门负责退耕还林的苗木质量，从种苗招标、调运、检验、分配等各个环节，一包到底，全程负责把关指导，并实行种苗“两证一签”制度，做到了不合格的种苗不调运，不检验的种苗不使用，保证了退耕还林的苗木质量。八是抓科学施工，做到工程标准到位。为了保证工程质量，制定了整地质量不达标、技术人员不在场、树种不合格的“三不栽”制度，对退耕、整地、检苗、抚育管护等各个环节都做出了细化量化规定，并印发《退耕还林技术要点》手册，人手一册，从而达到不合理的设计不施工，不标准的整地不造林，不合格的苗木不使用，保证了工程建设的科技含量。九是抓检查验收，做到政策兑现到位。为确保退耕还林达到高质量、高标准的目的，吴起县采取了“以户自查、农户互查、村组初查、乡镇排查、县上严查”的“五查”方法，由退耕办长年负责全县退耕还林各个环节的检查、监督，通过严格的检查验收，使退耕还林工程达到高标准、高质量要求。十是抓内业资料，做到档案管理到位。为使退耕还林工程健康发展，我们在抓好工程建设的同时，把规范档案管理作为搞好退耕还林工程建设的重要内容来抓，建立了退耕还林信息管理系统，实行了有纸文字记载和无纸计算机管理“两同步”，做到了人员、职责、资金“三落实”，达到了图、表、卡、证、合同、方案“六统一”，从而使退耕还林工作有章可循，有据可查，大大提高了退耕还林工程的管理水平和工作效率。

9.2.3.3 做到一个“活”字，统筹兼顾促发展

生态环境建设是一项系统而艰巨的工程，需要统筹发展。为此，在具体实施中，我们做到了“四个结合”：

一是把国家扶持与艰苦创业有机地结合起来。首先，组织开展了全民义务采集树种草种活动。为了节约资金，解决树草种不足问题，1998 年以来，我们积极组织全县广大干部群众、中小学生开展义务采集树种草种活动，有力地推动了全民义务采集树种草种活动的深入开展。建立健全了县、乡、村、组、户五级育苗体系，基本达到了自育自给，解决了生态建设资金和苗木供应不足问题。其次，积极开展了义务植树活动。从 1998 年开始，我们利用春、夏、秋三个季节，组织广大干部职工、中小学生、农民群众积极开展义务植树活动，并取得了良好成效。最后，充分发挥了党员干部的模范带头作用，实行干群“联户结对子”养羊制度。按照“借羊还羊、收益分成”的原则，全县党员干部主动与群众结对子，联户发展舍饲养羊，既解决了困难户发展养殖的资金需求问题，又密切了党群干群关系，增加了干群收入。

二是把退耕还林与农田水利建设有机结合起来。农田水利建设是改善农村生产生活条件，确保粮食丰产丰收的有效途径。在加强退耕还林工程建设的同时，吴起县始终把农田水利建设作为治理生态环境，改善农村生产生活条件，提高粮食产量的重要内容来抓。首先，按照人人达到2亩基本农田的总体目标，狠抓农田基本建设。为了调动广大群众兴修基本农田的积极性，我们本着近村庄、近水源、近道路的原则，认真规划，积极组织，及时出台了兴修一亩高标准农田县财政补助300元的优惠政策，并要求各乡镇根据财力制定了相应的配套补助政策，从而调动了广大群众兴修农田的积极性。其次，把淤地坝建设性作为改善生产条件、拦蓄泥沙的有效措施，狠抓小型水利水保工程产权制度改革工作，通过小型淤地坝拍卖、租赁、承包等形式明晰产权，激发了群众的建设热情。截至2007年底，全县共新建加固大小淤地坝97座（其中新建80座，加固配套17座），保留淤地坝达到224座，控制流域面积1219.7公顷，总库容2840000平方米，已拦蓄泥沙2.05×10^{8}立方米，可淤地1871.6公顷，已淤成坝地1173.33公顷。同时，还通过组织广大干部群众义务植树等途径，加大荒山荒坡治理和绿化美化工作，几年来累计治理荒山荒坡83333.33公顷，绿化美化城镇四山，公路沿线和井场1000公顷，使全县生态植被有了明显改善。①

三是把扶贫开发与加强农村基础设施建设有机结合起来。为了使扶贫开发工作真正成为提高农村生产生活条件、增加农民收入的主要内容，我们按照“项目统筹实施、资金捆绑使用”的原则，把扶贫开发与生态建设、乡村道路、农电、水利、通信、医疗卫生、小城镇、农村能源等基础设施建设有机地结合起来，使扶贫开发工作整体推进、全面改善。目前，交通条件便利，信息畅通，村容村貌焕然一新，一个电入户、路畅通、水进家、庭院新、厕圈齐、村庄秀的美好景观成为各扶贫点的重要特点，行路难、吃水难、用电难等问题得到了有效解决。

四是把农民增收与减轻农民负担有机地结合起来。减轻农民负担是增加农民收入的一种有效途径。近年来，吴起县采取切实措施进一步巩固了农村税费改革成果，切实减轻了农民负担。2004年以县财政补贴的方式免征了农业税，实现了“零”负担，推行了农村新型合作医疗制度。加大了专项资金监管力度。为确保以粮代赈补助、扶贫资金等专项资金的到位，建立健全了专项资金监管机制，层层把关，各个环节都有专人负责，使专项资金层层顺利下拨，不

① 李育材．中国北方退耕还林工程建设效益评价研究［M］．北京：蓝天出版社，2009.

截留、不挪用，直接发放到农户手中。建立了减轻农民负担的长效机制。为了避免负担反弹，县乡两级均成立了减轻农民负担工作领导小组，建立健全了各乡镇财务管理中心，实行村财乡管，把减轻农民负担工作作为一项长期的重点工作来抓，常抓常议，常抓不懈。严肃查处违纪行为。对发现的涉农乱收费和截留、挪用、侵占专项资金等违纪行为严惩不贷，以儆效尤。

9.2.3.4 注重一个“强”字，培育产业保成效

生态环境建设有两个最基本的目标，一是山变绿，二是民变富，山绿是基础，民富是根本。为此，吴起县把做强产业作为确保退耕还林真正退得下、还得上、稳得住、能致富、不反弹目标的主要途径，在实施生态环境中，不断加大农业结构的调整力度，提出了“生态建设产业化、产业建设生态化”的发展思路，大力发展以羊为主的草畜业和以沙棘、山杏为主的林果业，取得了良好效益，为巩固退耕还林成果和农民增收发挥了积极作用，实现了“被子”与“票子”的双赢。在具体实施中，吴起县主要抓住六方面的工作。一是树特色，做到了专业化经营。按照“一县一主业、一乡一名品”的发展思路，把发展农村主导产业的目标定位在“三个百万基地上”，即百万只优质肉用绵羊基地、百万亩优质牧草基地、百万亩山杏沙棘基地，按照这一发展思想和目标定位，吴起县大力引进适宜当地发展的名优新品种，通过改良、试验、示范，已初步形成特色优势。例如，在养殖产业上，逐步淘汰当地土种山羊，积极引进萨富克、特克萨尔、小尾寒羊等优良羊种，通过杂交改良、胚胎移植等途径，大大提高了良种化程度；在草产业上，大力引进大叶苜蓿等优质草种，建立草种基地，使全县的96万亩牧草80%达到了优良品种。这些名优品种的引进，为建立“三个百万基地”创造了条件，奠定了基础。二是建基地，实现了规模化生产。近两年，吴起县始终坚持“谁发展扶持谁”和“扶优扶强”的原则，县上每年要从财政拿出1000万元预算资金，有目标地扶持一些产业专业村、产业示范点和产业重点户、龙头企业以及从事产业开发的技术、信息、营销等方面的组织和个人。三是扶龙头，拉长了产业化链条。近几年，在产业开发上吴起县始终坚持用工业化的思维谋划草畜产业，加大龙头企业的扶持力度，狠抓草畜产业的加工、营销等工作。目前已先后引进延河、紫瑞和华联锦园三家大型农产品加工企业，并扩大了圆方集团的生产规模，圆方集团已成为全市第一家获得出口自营权的农产品加工企业。2004年，延河、紫瑞两家草产品加工企业已收购群众剩余牧草12000吨，圆方集团收购群众舍饲羊3.2万只，圆方集团与宜兴

茗岭茶厂合资的沙棘茶项目已正式投产，华联锦园公司的沙棘系列加工项目已开始厂家建设，从而在全县形成了农户加基地、基地联公司、公司联市场的产加销一体化发展格局。四是搞服务，提高了组织化程度。在发展产业中，把服务体系建设作为产业化建设的一个重要内容，狠抓了良种繁育、饲草饲料、疫病防治、技术服务和营销服务体系建设，先后建起了县乡羊集散市场，组建了养殖千人营销队伍，采取保护价收购的办法，上门收购群众舍饲的羊；购置了产业加工、收贮、收割等机械设施 4000 多台（套）；成立了县、乡、村、组四级服务网络和羊疫病防治机构，加强了羊的品种改良、胚胎移植和疫病防治等服务工作；建立了信息网站，及时开展了技术培训和信息服务；成立了各种协会和组织，从而从各个方面服务体系建设，提高了农民进入市场的组织化程度，增强了市场竞争力。五是稳林果，开辟了多元化发展途径。以山杏、山桃和沙棘为主的林果业是吴起县近几年一直开发的一项主导产业，其加强了退耕还林地块山桃、山杏和沙棘的抚育管护，大面积栽植了优质适生杂果，积极引进名优品种，使全县山杏、山桃和沙棘面积已形成一定规模，成为农民增收的主要渠道。六是抓粮经，在高效设施农业上做文章。在抓好草畜、林果业的同时，我县始终把高效设施农业作为农民增收的又一个重要途径。在实施中，我们彻底转变了以粮食为主的生产方式，积极引进推广高产、高效、优质的名优品种，推广应用地膜覆盖、大垄沟种植、间作套种等先进生产技术，大力发展棚栽业、庭院经济与高产高效经济作物和饲料作物。

9.2.3.5　坚持一个“新”字，建立机制抓落实

巩固退耕还林成果，改善生产生活条件，发展产业，增加农民收入，政策是关键，机制是保障。1998 年以来，吴起县边实践，边探索，建立了八种机制，为改善生态环境、发展产业、农民增收提供了有力的保障。一是建立了组织保障机制。县上成立了由县长任组长，主管农业副书记、副县长任副组长，农业、林业、水利、畜牧、草业、计划、监察、财政、审计、粮食等部门单位为成员的生态环境建设和产业开发领导小组，配足配齐领导和工作人员，逐级量化分解退耕还林和草畜产业开发的任务，层层签订目标责任书，定责任、定任务、定质量、定时限、定奖惩，从而夯实了全县各级部门和广大干部抓落实的责任。二是建立了个体承包机制。按照“谁承包，谁治理，谁受益”原则，我们近几年在生态环境建设中狠抓林权证、草权证的发放，把收益权落实到户，并允许继承转让，使农民吃了一颗“定心丸”，极大地激发了他们建设生态环

境的积极性。三是建立了钱粮兑现机制。钱粮兑现是搞好退耕还林的关键所在。在钱粮兑现过程中，我们始终坚持公正、公平、公开的原则，按照“张榜公布、三榜定案”的程序，严把“三个关口”，做到“四个到户”。即兑现前的地块必须检查验收，兑现中的农户必须张榜公布，兑现后的面积必须复核；政策宣传到户，任务落实到户，检查验收到户，钱粮兑现到户。通过建立钱粮兑现机制，确保了钱粮兑现的健康有序运行，对生态环境建设起到了很好的推动作用。四是建立了政策扶持机制。为给群众培养稳定的致富产业，解决退耕还林八年后农民的吃饭和收入问题，制定出台了鼓励扶持政策，从资金、信息、土地、技术、良种等方面，着力扶持一批龙头企业、专业村、示范典型、专业大户和营销经纪人，促使他们先发展壮大，进而带动全面发展。县财政每年都要拿出一定的资金进行扶持，以此巩固了退耕还林成果，推动了农业产业化进程。五是建立了技术承包机制。在生态环境建设中，积极推行“一季设计、两季栽植、三季作业、四季管护”，做到规划设计、作业期限、质量标准、检查验收、操作规程“五统一”，实现了造林地块、作业设计图、退耕还林合同、人户卡、土地证“五到位”。在产业开发上，我们全面推行县、乡、村三级技术人员包乡联村抓示范的办法，积极开展技术培训、业务指导、新品种引进和良种繁育等工作，不断提高产业的质量和效益。六是建立了服务保障机制。首先，我们建立健全了县、乡、村三级技术服务体系，大力开展技术培训、人工授精、提供市场信息、羊疫病防治等工作，多方面为群众发展草畜产业提供服务。其次，我们按照“民办、民管、民受益”的原则，在群众自愿的基础上，扶持和培育农民专业营销队伍，建立多种经济合作组织，架起农民走向市场的桥梁，引导农民从“小家庭”走向“大市场”。最后，我们充分发挥各级各部门的协调服务作用，千方百计为生态环境与产业开发提供资金、技术、管理、手续审批、质检、宣传等便利。七是建立林草管护机制。在林草管护上，我们以管住“三口”为目标，强化“三防”和“三禁”措施，建立健全县、乡、村、组四级管护组织，落实了党政一手把管护责任，实行了封山禁牧“一票否决”和双向处罚措施，充实了林政执法队伍，落实了职责报酬，从而使全县上下形成一个“山有人封、树有人栽、畜有人管、林有人护、钱有人给”的封禁管护工作格局，有效地巩固了治理成果。八是建立了奖惩激励机制。为了把生态环境建设与产业开发、扶贫开发等工作纳入乡镇、部门年度考核的重要内容，实行重奖严罚、“一票否决”和“末位淘汰”制度，夯实各级各部门的责任，形成齐抓共管的合力。

9.3 安定区退耕还林生态效益评价

9.3.1 安定区基本概况

9.3.1.1 自然概况

(1) 地理位置。安定区位于甘肃省中部，定西市西北部，为定西市政府所在地。北接白银市会宁县，西依兰州市榆中区和临洮县，南临渭源、陇西二县，东连通渭县。

(2) 地质地貌。安定区地处我国黄土高原最西部，地质构造上属鄂尔多斯地台、祁连褶皱系与西秦岭褶皱系的交接地带，位于祁连山东部陇西旋卷构造体系内回旋褶皱带。

安定区属黄土高原丘陵沟壑区，全区地势特点为：西南为兴隆山—内官南山；东北、东南部为铁木山—华家岭等低山丘陵区，在丘陵之间为西巩河及其支流切割而成的沟谷阶地；中部为内官盆地，平均海拔为2000米。整个地势由南向北倾斜，地形起伏变化较大，地貌类型复杂，黄土地貌发育完整，以沟壑纵横、梁峁起伏、坡陡沟深、地形破碎为最显著的地貌特征。地貌构成可分为构造侵蚀地貌、剥蚀地貌和堆积地貌。经过长期侵蚀、切割，黄土沟壑切割密度较大。

(3) 气候气象。安定区深居内陆，属中温带干旱半干旱区，主要特点是降水稀少，蒸发量大，寒冷干燥，昼夜温差大，四季分明，光照充足，灾害性天气频繁，受害范围广。加之地形条件复杂，山川差异大，形成了不同的气候类型区。根据不同的气候差异，结合水热条件，本区气候可分为干旱、半干旱和半湿润三种不同的气候类型区。

受大气环流影响，区内降水在水平分布上由西南向东北递减；受下垫面影响，在垂直分布上，由高海拔向低海拔递减，形成北部干旱少雨，南部湿润多雨的气候特点。全区年均降水量380毫米，主要集中在6~9月，占全年降水量的65%~70%，且多以暴雨形式出现。降雨强度大，是本区降水的一大特征，也是造成水土大量流失的重要因素。灾害天气：区内灾害天气有干旱、冰雹、霜冻、大风等。

（4）水文。地表径流：安定区位于黄河上中游地区，分属祖历河流域和渭河流域，其中祖历河流域占全区总流域面积的99.5%。主要河流有祖历河一级支流关川河、西巩河及其二级支流东河、西河和称钩河，以及渭河一级支流秦祁河。其中，关川河为境内最大河流，主要支流有东河、西河和称钩河。

地下水资源：全区地下水主要赋存于沟谷、山间盆地等第四系松散沉积物含水层和一些中新生界自流水盆地中。黄土中地下水资源极为贫乏，河谷和山间盆地第四系潜水是本区最重要的地下水资源，主要有定西盆地和内官盆地以及关川河河谷。

按可利用水量计算，人均占有水量687.5立方米，远远低于全国、全省平均水平。安定区不仅水资源总量严重不足，而且水资源分布不均，南部水资源较为丰富，水质较好，河水矿化度均在1克/升以下，河流泥沙含量低。北部丘陵区水资源极度匮乏，土壤侵蚀产重，河流泥沙含量高。

全区河流平均年输沙量为 2.058×10^7 万吨。占全市河流年输沙总量的17.6%，其中境内祖历河水系年输沙量 2.044×10^7 吨，占祖历河年输沙量的33%，平均侵蚀模数5590吨/平方千米。

（5）土壤。区内土壤分为4个土类，6个亚类，12个土属，38个土种。主要土类有黑垆土、灰钙土、黄绵土和潮土。

全区地带性土壤属半干旱温（凉温）黑垆土栗钙土地带和干旱温灰钙土地带。黑垆土为本区分布最广的地带性土壤，成土母质为第四纪黄土，典型黑垆土多集中分布于黄土塬面及河流阶地之上。灰钙土分布于境内北部，这里气候干旱，地表景观为荒漠化草原，地形为黄土丘陵。

黑垆土包括黑麻垆土、黑垆土、淡黑垆土3个亚类，为全区第一大土类。灰钙土主要分布于鲁家沟将台以北的关川河、西巩河及其支流，主要分布于海拔1700~2000米的阶地及丘陵下部，约占土地面积的20.9%。黄绵土主要分布于黑垆土侵蚀区，约占土地面积的0.7%。潮土主要分布于关川河及其支流的冲积扇、滩涂地带，面积较小，仅占土地面积的0.2%。土壤的垂直地带性分布表现特征不明显，自下而上大体可划分为灰钙土—黄绵土—黑垆土。

（6）植被。安定区地带性植被属于我国温带草原地带的黄土高原中东部草原区。本区植物区系特点为：一是喜暖的亚洲中部草原成分在植被组成中起主导作用，长芒草、短花针茅为主要代表；二是东亚区系成分，特别是一些耐旱成分占较大比重。

从植被分布特点看，本区南部植被类型较多，生长茂盛，盖度大，越往北随着降水量的减少，气候旱化，植被种类单调，盖度越来越稀疏。由于相对海拔较低，植被垂直分布带谱不明显。按《中国植被》分类原则、依据和分类系统划分，该区植被分为寒温性针叶林、温性针叶林、落叶阔叶林、落叶阔叶灌丛、灌草丛和草地6个植被型，共18个群系。主要的群系有青海云杉林、油松林、侧柏林、杨树林、黄蔷薇灌丛、山杏灌丛、山桃灌丛、榛灌丛、虎榛子灌丛、胡枝子灌丛、连翘灌丛、沙棘灌丛、荆条、酸枣、黄白草灌草丛、白羊草灌草丛、长芒草草原、羊茅草原等。

9.3.1.2　社会经济状况①

截至2004年底，安定区总人口48万人，人口密度132人/平方千米，其中农业人口39.4万人，占总人口的82.1%，农业人口密度82人/平方千米；非农业人口8.6万人，占总人口的17.9%。全区有劳动力20.03万人。据2005年统计资料，国民生产总值16.36亿元，全区人均耕地面积3.6亩，人均粮食产量455千克，财政收入1.13亿元，农民人均纯收入达到1593元。全区社会经济发展缓慢，交通、文教、卫生等社会公共行业以及城乡居民生产生活等方面均相对落后，县域经济以农业为主，属典型的农业经济。

9.3.1.3　退耕还林建设情况

安定区从2000年开始退耕还林工作，2007年末退耕还林一期工程结束时，没有进行封山育林，人工造林面积31834公顷，退耕地造林面积56753.37公顷。2018年第二期退耕还林工程结束时，实有封山育林面积3001公顷，人工造林面积42871公顷，退耕地造林面积56753.37公顷。历年来退耕还林涉及全区19个乡镇299个村2049个社55938户27.18万人，占全区农业人口的71.5%，人均退耕866.67公顷。

以土地资源丰富和荒山面积较大的北部为主，在留足口粮田的基础上，对规划区域内25度以上的坡耕地全部退耕还林，营造以水源涵养林、水土保持林为主的防护林，营林方式由原来纯林、单一树种向乔、灌、草方向发展，推广应用各项林业实用技术和造林新技术，以小流域或片带为单元，山、水、田、林、路、渠相配套，使退耕还林区域既具有生态效益，又具有社会效益和经济效益。

① 李育材．中国北方退耕还林工程建设效益评价研究［M］．北京：蓝天出版社，2009.

9.3.2 安定区退耕还林工程生态效益评价

9.3.2.1 退耕还林工程建设面积

2000年开始，安定区以治理水土流失、改善生态环境为目标，实施了退耕还林工程。退耕地营造的经济林主要树种为核桃，兼用林主要为林草混交、山桃与山杏混交林或纯林。生态林树种主要为刺槐、油松、侧柏、柠条等，其中刺槐、柠条生长较好。

经国家确认，2007年退耕还林一期工程结束时，实有封山造林面积0公顷，人工造林面积31834公顷，退耕还林面积56753.37公顷；2018年第二期退耕还林工程结束时，实有封山造林面积3001公顷，人工造林面积42871公顷，退耕地造林面积56753.37公顷（见表9-5）。

表9-5 安定区1999~2018年退耕还林面积 单位：公顷

甘肃省安定区			
年份	年末实有封山造林面积	人工造林面积	退耕地造林
1999			
2000		333.3	2666.7
2001		600	1200
2002		6333.3	5666.7
2003		10666.7	13333.3
2004		9666.7	20000
2005		1767	7886.67
2006		1000	6000
2007		1467	
2008	333	467	
2009	200	1133	
2010	533	600	
2011		800	
2012	200	867	
2013	200	1133	

续表

甘肃省安定区			
年份	年末实有封山造林面积	人工造林面积	退耕地造林
2014	335	666	
2015	400	1733	
2016		1238	
2017	467	193	
2018	333	2207	
合计	3001	42871	56753.37

资料来源：《中国林业统计年鉴》。

9.3.2.2　退耕还林工程生态效益评价

安定区退耕还林工程造林树种主要以柠条、山杏、沙棘等灌木树种为主，灌木树种造林郁闭成林，可发挥水土保持等生态效益。为了便于研究，本书选取 2007 年和 2018 年两个时间点，对退耕还林一期工程和二期工程进行研究，研究结果如表 9-6 所示。

表 9-6　安定区 2007 年、2018 年退耕还林工程生态效益物质量和价值量评估

功能类别	指标层	物质量		价值量	
		2007 年	2018 年	2007 年	2018 年
保育土壤效益指标（C1）（吨·年/万元）	保土（D1）	168216988.7	300225327.3	75093.12	145380.30
	固肥（D2）	5492284.68	9817368.203	117829406.46	210297033.66
林木养分固持（C2）（吨·年/万元）	氮固持（D3）	925.5203372	4353.721273	222.12	1044.89
	磷固持（D4）	59.49773596	279.8820818	14.28	67.17
	钾固持（D5）	528.8687641	2487.840727	116.35	547.32
涵养水源功能指标（C3）（立方米·年/万元）	调节水量（D6）	10328620.49	17217237.51	6198.93	24108.44
	净化水质（D7）	10328620.49	17217237.51	2158.68	12568.58
固碳释氧效益指标（C4）（吨·年/万元）	固碳（D8）	251354.2213	477410.2613	30162.51	57289.23
	释氧（D9）	39334.61433	185033.1541	3933.46	18503.32

续表

功能类别	指标层	物质量		价值量	
		2007 年	2018 年	2007 年	2018 年
净化大气环境（C5）	提供负离子（D10）（个·年/万元）	0.61×10^{25}	1.01×10^{25}	3.61×10^{25}	6.01×10^{25}
	吸收气体污染物（D11）（千克·年/万元）	0.12	0.41	0.05	0.19
	滞尘（D12）（千克·年/万元）	32.35	107.83	5102694.76	10205389.52
森林防护指标（C6）	防风固沙（D13）（公顷/万元）	168216988.7	300225327.3	17.20	29.23
生物多样性指标（C7）	物种资源保育（D14）（公顷/万元）	188421188	376842377	18842.12	37684.24
森林生态系统服务修正系数（C8）	森林生态系统服务修正系数（D15）	0.3	0.25	0.3	0.25

资料来源：《中国林业统计年鉴》。

研究所得的安定区退耕还林工程生态效益评估物质量为：

2007 年：保土 168216988.7 吨·年/万元、固肥 5492284.68 吨·年/万元、氮固持 925.5203372 吨·年/万元、磷固持 59.49773596 吨·年/万元、钾固持 528.8687641 吨·年/万元、调节水量 10328620.49 立方米·年/万元、净化水质 10328620.49 立方米·年/万元、固碳 251354.2213 吨·年/万元、释氧 39334.61433 吨·年/万元、提供负离子 0.61×10^{25} 个·年/万元、吸收气体污染物 0.12 千克·年/万元、滞尘 32.35 千克·年/万元、防风固沙 168216988.7 公顷/万元、物种资源保育 188421188 公顷/万元、森林生态系统服务修正系数为 0.3。

2018 年：保土 300225327.3 吨·年/万元、固肥 9817368.203 吨·年/万元、氮固持 4353.721273 吨·年/万元、磷固持 279.8820818 吨·年/万元、钾固持 2487.840727 吨·年/万元、调节水量 17217237.51 立方米·年/万元、净化水质 17217237.51 立方米·年/万元、固碳 477410.2613 吨·年/万元、释氧 185033.1541 吨·年/万元、提供负离子 1.01×10^{25} 个·年/万元、吸收气体污染

物0.41千克·年/万元、滞尘107.83千克·年/万元、防风固沙300225327.3公顷/万元、物种资源保育376842377公顷/万元、森林生态系统服务修正系数为0.25。

研究所得的安定区退耕还林工程生态效益评估价值量为：

2007年：保土75093.12吨·年/万元、固肥117829406.46吨·年/万元、氮固持222.12吨·年/万元、磷固持14.28吨·年/万元、钾固持116.35吨·年/万元、调节水量6198.93立方米·年/万元、净化水质2158.68立方米·年/万元、固碳30162.51吨·年/万元、释氧3933.46吨·年/万元、提供负离子3.61×10^{25}个·年/万元、吸收气体污染物0.05千克·年/万元、滞尘5102694.76千克·年/万元、防风固沙17.20公顷/万元、物种资源保育18842.12公顷/万元、森林生态系统服务修正系数为0.3。

2018年：保土145380.30吨·年/万元、固肥210297033.66吨·年/万元、氮固持1044.89吨·年/万元、磷固持67.17吨·年/万元、钾固持547.32吨·年/万元、调节水量24108.44立方米·年/万元、净化水质12568.58立方米·年/万元、固碳57289.23吨·年/万元、释氧18503.32吨·年/万元、提供负离子6.01×10^{25}个·年/万元、吸收气体污染物0.19千克·年/万元、滞尘10205389.52千克·年/万元、防风固沙29.23公顷/万元、物种资源保育37684.24公顷/万元、森林生态系统服务修正系数为0.25。

9.3.3　安定区退耕还林工程基本经验和做法

安定区在实施退耕还林的过程中，积极落实“五个结合”，即把退耕还林与基本农田建设、农村能源建设、生态移民、后续产业发展、封山禁牧舍饲养殖等有机结合起来，致力于解决农民当前生计和长远发展问题，千方百计加大农村产业结构调整力度，积极培育发展特色农业等退耕还林后续产业。通过实施退耕还林，全区的生态环境面貌得到大力改善，城乡经济现状、生产生活条件、农民收入水平发生了深刻变化，已初步走上了产业发展、生态恢复、生活富裕、生产与生态良性互动、人与自然和谐相处的可持续发展的新路子。

9.3.3.1　加快了生态恢复步伐，产生了巨大的生态效益

退耕还林工程的全面实施，使全区造林面积大幅提升，安定区按照“山顶造林种草戴帽子，山腰兴建梯田系带子，沟底筑堤打坝穿鞭子”的治理模式，通过综合配套其他治理措施，全区先后有145条10平方千米以上小流域得到治

理，有16个乡镇基本实现了整体灭荒，累计治理水土流失面积2246平方千米，治理率67.9%，治理区土壤侵蚀模数由治理前的5640吨/平方千米下降到现在的2700吨/平方千米，初步实现了泥不出沟、水不下山的治理目标。①通过全面实施退耕还林，全区从南部到北部，到处呈现出一派郁郁葱葱、生机盎然的景象。

9.3.3.2 加强了基础设施建设，改善了农村生产生活条件

结合退耕还林，我们充分发扬"三苦"精神，坚持不懈地进行农田基本建设，全区梯田于2004年6月通过了甘肃省上梯田化区（县）建设达标验收。截至2007年底农田由过去"跑水、跑土、跑肥"的"三跑田"变成"保水、保土、保肥"的"三保田"。同时，加大对农田的投入力度，平均农田投入由92元增加到107元。全区建成雨水集蓄利用工程水窖18.33万眼，治沟骨干坝50座，淤地坝34座，解决了29.16万人和34.24万头牲畜的饮水困难，集雨补灌面积达15946.67公顷。生态移民3822人，分别在内官镇边家村、鲁家沟镇南川村建成生态移民新村两个。2006年启动实施宁远镇和李家堡镇两个移民搬迁项目，共移民400户。②

9.3.3.3 发展了区域特色经济，提升了农业产业化水平

退耕还林工程极大地促进了农业基础条件的改善和生产力水平的提高，为产业开发提供了广阔的天地。近年来，区委、区政府抢抓退耕还林工程搭建的发展平台，大力发展马铃薯、畜草和劳务三大产业，积极创立生态循环经济模式。首先，退耕还林工程的全面实施，使退耕区农民耕作的土地有所减少，安定区积极引导农民加大对土地的投入力度，精耕细作，集中优势发展特色产业，改变过去广种薄收的现状，提高单位面积产出率。根据资源禀赋优势，安定区把马铃薯产业作为全区第一大产业着力进行培育。按照"把安定区建成全国最大的马铃薯生产加工基地和集散中心"这一总体目标，充分发挥"中国马铃薯之乡"的地域品牌优势，在扩充总量、提升品质上下功夫，在延伸产业链条、提高农民的组织化程度上做文章，在完善市场体系、提高市场竞争力上求突破。通过龙头企业带动、中介组织促动、基地建设推动、专业市场牵动、科技创新驱动，使安定区发展成为了全国马铃薯三大主产区之一。其次，退耕还林还草后，区域内优质牧草的种植面积逐年增加，畜草产业成为退耕还林的后续主导

①② 李育材．中国北方退耕还林工程建设效益评价研究［M］．北京：蓝天出版社，2009.

产业。安定区坚持退耕还林延伸到哪里，牧草种植就跟到哪里，草畜转化就实施到哪里，确保了退耕还林生态工程建设能够“退得下，还得上、稳得住、不反弹，能致富”。同时，整合各类项目资金，先后组织实施了农村生态家园富民工程项目、农村沼气国债项目等，在农村推广“一池三改”（建沼气池，改圈，改厕，改厨）新技术。创立了“种草—养畜—沼气—肥田—增收”的生态循环经济新模式，促进了农村生产生活方式的根本性变革，实现了人与自然的和谐相处。最后，退耕还林生态建设的全面实施，使全区实际耕种面积减少，一大批劳动力从土地上解放出来，形成了丰富的人力资源。区委、区政府立足于将人力资源变为人力资本，将富余劳动力转变为现实生产力，积极发展劳务产业。针对农民文化素质较低的实际，积极整合各类资源，强化技能培训，着力打造“安定技工”劳务品牌。

9.3.3.4 封山禁牧深入推进

根据甘肃省、定西市有关文件通知，从2005年7月1日开始，安定区已全面实施封山禁牧，其充分运用各种新闻媒体和行之有效的办法，组织开展了各种形式的宣传，切实把封山禁牧的重大意义宣传到户，把封山禁牧的管理措施和优惠政策宣传到户，真正使封山禁牧工作家喻户晓，人人皆知。建立了区、乡、村三级预防监督执法网络，配备专职管护员390人，出台了9个规范性文件，公告了封禁、管护制度，做到了治理与管护结合，使封山禁牧工作实现法制化管理，有效地巩固了造林成果。

9.4

大通回族土族自治县退耕还林工程生态效益评价

9.4.1 大通回族土族自治县基本概况

9.4.1.1 自然概况

（1）地理位置。大通回族土族自治县位于青海省东部，地处祁连山地与黄土高原的过渡地带，为青海省会西宁市属县。三面环山，湟水河支流北川河贯流全境。东部隔马鞍山与互助县相邻，西部以娘娘山与湟中区、海晏县为界，南接西宁市城北区，北隔达坂山与门源县相望。宁大铁路由西宁通至大通回族土族自治县，宁（西宁）张（张掖）公路贯穿县境，是西宁通向甘肃河西走廊的重要通道。

（2）气候。大通回族土族自治县地处中纬度地区，深居内陆，海拔高，受海洋影响微弱，属大陆性气候。冬半年受来自西伯利亚的西北干冷空气影响，气候比较寒冷、干燥，降雨量稀少，多大风；夏半年受来自孟加拉湾西南暖温气流影响，降水集中。

（3）地质地貌。大通回族土族自治县位于祁（连山）、吕（梁山）、贺（兰山）“山”字形构造体系前弧西翼，属于祁连山褶皱带之中南部“多”字形盆地之一。大通回族土族自治县三面环山，北有大坂山，西有娘娘山，东北有兰雀山，中南部为盆地，西北狭窄高峻，东南宽阔、低缓。全境山峦重登，沟壑纵横，地形复杂。全县处于大坂山以南地区。因海拔、气候、植被、土壤和农业生产特点的不同，全境分为河谷阶地（川水）、高原丘陵地（浅山）、中高山（脑山）3个地区。

（4）水文。大通回族土族自治县河流属湟水河支流北川河水系，水力资源丰富。北川河的主要支流有宝库河、黑林河、东峡河，均发源于大坂山。主流由北向南注入湼水。地下水补给来源主要为大气降水入渗、河道入渗，其次是灌溉回归与渠道渗漏及山前侧向补给。

（5）土壤。大通回族土族自治县土壤类型较多，土壤的主要成土母质类型有黄土和黄土状物质，全县共分为8个土类，包括高山石质土、高山草甸土、山地棕褐土、黑钙土、栗钙土、垫淤土、沼泽土，这些土壤垂直分布比较明显，且由于川、浅、脑地区的水、热状况的差异，各类地区土壤养分含量也不同，有机质含量最高的为高山草甸草原土、山地棕褐土、山地淋溶黑钙土。土壤保肥性能中等偏低，供肥性能一般，土壤酸碱度中性偏碱，普遍含有碳酸钙。

（6）植被。大通回族土族自治县属于青藏高原高寒植物区域，地处青藏高原与黄土高原过渡地带。主要包括东峡林区和宝库林区的天然林、娘娘山的小片天然林和宁张公路8~53千米沿线两侧的人工杨树林。受海拔和坡向的制约，全县天然乔木林集中分布在海拔2500~3200米的阴坡、半阴坡，多数集中于东峡、宝库两个林区，以东峡林区居多。天然乔木林均为原始林被受干扰、破坏后恢复起来的次生林。天然灌木林集中分布在海拔2800~4000米的地带，多数仍集中于东峡、宝库两个林区，而以宝库林区居多。这些天然乔、灌木林组成了北川河水系的天然水源涵养林，对大通回族土族自治县及下游西宁市等的工、农业生产及人民生活用水起着重大的作用。

大通回族土族自治县的森林植被属寒温性常绿针叶林类型及落叶阔叶林类型，其分布状况不但有明显的坡向性，而且还有明显的垂直地带性，其山地垂直带谱包括 5 个带，分别是河川谷地落叶阔叶针叶林植被带、山地针阔叶林植被带、山地常绿针叶林植被带、亚高山灌木林植被带、高山灌丛植被带。在退耕还林还草工程中，人工造林的主要乔木树种有青海云杉、白桦、华北落叶松、青杨、山杨等；主要灌木树种有柠条、中国沙棘等。

9.4.1.2　社会经济状况

大通回族土族自治县地处祁连山与黄土高原的过渡地带，产业结构主要以农牧业为主，林业发展滞后，农副产品加工业发展水平较低。由于水力、风力、重力等对地面的长期侵蚀，加之乱开垦荒地、过度樵采、滥伐森林、过度放牧、不合理的矿产资源开发等人为破坏，水土流失较为严重。日益恶化的生态环境严重地制约着当地经济的发展。退耕还林还草工程的实施，不仅有利于加快当地经济发展和社会进步，而且对于从根本上改善当地生态环境和保障工农业生产与生存安全也具有特别重要的作用。

9.4.1.3　退耕还林概况

2000 年我国在长江上游、黄河上中游地区开始实施退耕还林还草试点示范工作，大通回族土族自治县不仅被列为全国 193 个退耕还林还草县之一，而且还作为 6 个科技试验县之一，由原国家林业局负责监督，北京林业大学具体负责科技支撑。大通回族土族自治县与退耕还林工程、“三北”防护林工程等交相呼应，正在逐步构建一个多功能的完整的防护林体系。

作为国家退耕还林还草工作的科技试验县，根据全县退耕还林还草的土地主要集中在浅山区和脑山区的情况，大通回族土族自治县分类进行了试点建设及试验研究，初步总结出了一套适宜大通回族土族自治县的退耕还林还草模式及栽培技术，建立了一些成功的典型，发挥了很好的示范带动作用。目前，全县已形成了一个综合的、有机的、具备可持续发展特征的退耕还林还草体系：即 2 个主点（浅山区桥头镇南门滩的林草、林药、林农等复合模式；脑山区景阳镇岗冲的林草复合、乔灌混交、针阔混交、人工促进天然恢复等模式）、6 个副点（向化乡的护牧林结合种草模式；多林镇的林药复合模式；斜沟乡的针阔混交、灌草复合模式；桥头镇新城的灌木花卉模式；桥头镇老爷山南坡的城镇周边绿化模式；景阳镇寺沟的四翅滨藜模式）以及涵盖全县 22 个乡镇的“宽窄带”林草复合模式。

浅山区的栽培模式：大通回族土族自治县浅山区包括海拔2300~2800米的一些地区，退耕还林还草工作首先狠抓了抗旱集流保墒工作，同时充分考虑了经济效益的长短结合、“三大效益”的完美结合，仿照自然植物群落结构，注重植物之间的水平、垂直空间搭配，实施了具有“农林复合”特征的水土保持林等“生态经济型”植被建设。从目前开展的试验研究结果来看，在浅山区发展前景看好的退耕还林还草模式主要有以下6种：林农复合模式、林草复合模式、林药复合模式、林菜复合模式、灌木花卉模式、集雨利用型纯林模式。

脑山区的栽培模式：脑山区主要指海拔2800米以上的地区，年平均气温小于2℃，降水量550~600毫米，无霜期45~90天。根据脑山区气候、土壤条件较为湿润，以及区内多分布有青海云杉、白桦等天然次生林的现状，结合退耕还林工程，使退耕还林还草建立在封山育林、人工促进天然恢复基础之上，开展了水源涵养林等“生态型”植被建设。脑山区发展前景看好的退耕还林还草模式主要有以下6种：封山育林模式、大行间距稀植林木的人工促进植被天然恢复模式、针阔混交模式、乔灌混交模式、种草结合护牧林模式、饲料基地模式。

6项实用的栽培技术：围绕浅山区的药物浸蘸根技术、抗旱集流技术、地表覆盖保墒技术、雨季造林技术、秋季截干造林技术以及整个项目区的病虫鼠害防治技术。

9.4.2 大通回族土族自治县退耕还林工程生态效益评价

9.4.2.1 退耕还林工程建设面积

2000年开始，大通回族土族自治县以治理水土流失、改善生态环境为目标，实施了退耕还林工程。在生态林建设中，全县各地根据不同的气候条件、自然条件，大量栽植柠条、沙棘、枸杞、榆树、青杨、桦树、云杉等树种。如今随着退耕还林工程的实施，大通回族土族自治县森林资源总量不断扩大，生态环境明显改善。

大通回族土族自治县退耕还林工程造林树种主要以沙棘、柠条等灌木树种为主，灌木树种造林三年后已基本郁闭成林，可发挥水土保持等生态效益。经国家确认，2007年退耕还林一期工程结束时实有封山造林面积4620公顷，人工造林面积7081.67公顷，退耕地造林面积5113.35公顷；2018年退耕还林二期工程结束时实有封山造林面积45168公顷，人工造林面积31368.67公顷，退耕地造林面积6409.35公顷（见表9-7）。

表 9-7　大通回族土族自治县 1999~2018 年退耕还林工程面积

单位：公顷

项目	青海省大通回族土族自治县		
年度	年末实有封山造林面积	人工造林面积	退耕地造林
1999		—	—
2000		2401	2000
2001		2038	1666. 67
2002		833. 33	666. 67
2003		200	226. 67
2004		220	220
2005	2667	266. 67	266. 67
2006		466. 67	66. 67
2007	1953	656	
2008	2333	277	
2009	4747	1111	
2010	2001	2676	
2011	5667	3046	
2012	3000	1233	
2013	5000	1880	
2014	2000	1767	
2015	3600	2892	
2016	5667	866	629
2017	2667	5997	667
2018	3866	2542	
合计	45168	31368. 67	6409. 35

资料来源：《中国林业统计年鉴》。

9. 4. 2. 2　退耕还林工程生态效益评价

本书把 2007 年退耕还林一期工程结束时的退耕地造林面积 5113. 35 公顷和 2018 年退耕还林二期工程结束时的退耕地造林面积 6409. 35 公顷作为本次生态效益计算面积，计算结果如表 9-8 所示。

表 9-8　大通回族土族自治县退耕还林工程生态效益物质量和价值量评估

功能类别	指标层	物质量		价值量	
		2007 年	2018 年	2007 年	2018 年
保育土壤效益指标（C1）（吨·年/万元）	保土（D1）	15155969.4	16952730.75	6765.72	8209.14
	固肥（D2）	494842.4009	554354.2955	10616162.45	11874777.59
林木养分固持（C2）（吨·年/万元）	氮固持（D3）	83.3872846	245.8402333	20.01	59.00
	磷固持（D4）	5.360611153	15.804015	1.29	3.79
	钾固持（D5）	47.64987691	140.4801333	10.48	30.91
涵养水源功能指标（C3）（立方米·年/万元）	调节水量（D6）	930585.2957	972200.4281	558.51	1361.32
	净化水质（D7）	930585.2957	972200.4281	194.49	709.71
固碳释氧效益指标（C4）（吨·年/万元）	固碳（D8）	22646.44562	26957.77765	2717.57	3234.93
	释氧（D9）	3543.96	10448.20991	354.40	1044.82
净化大气环境（C5）	提供负离子（D10）（个·年/万元）	0.001×10^{25}	0.006×10^{25}	0.32×10^{25}	0.34×10^{25}
	吸收气体污染物（D11）（千克·年/万元）	0.01	0.023	0.005	0.011
	滞尘（D12）（千克·年/万元）	2.91	6.09	459741.23	576264.58
森林防护指标（C6）	防风固沙（D13）（公顷/万元）	15155969.4	16952730.75	1.55	1.65
生物多样性指标（C7）	物种资源保育（D14）（公顷/万元）	16976322	21279042	1697.63	2127.90
森林生态系统服务修正系数（C8）	森林生态系统服务修正系数（D15）	0.3	0.25	0.3	0.25

资料来源：《中国林业统计年鉴》。

研究所得的大通回族土族自治县退耕还林工程生态效益评估物质量为：

2007 年：保土 15155969.4 吨·年/万元、固肥 494842.4009 吨·年/万元、氮固持 83.3872846 吨·年/万元、磷固持 5.360611153 吨·年/万元、钾固持 47.64987691 吨·年/万元、调节水量 930585.2957 立方米·年/万元、净化水质 930585.2957 立方米·年/万元、固碳 22646.44562 吨·年/万元、释氧 3543.96 吨·年/万元、提供负离子 0.001×10^{25} 个·年/万元、吸收气体污染物 0.01 千克·年/万元、滞尘 2.91 千克·年/万元、防风固沙 15155969.4 公顷/万元、物种资源保育 16976322 公顷/万元、森林生态系统服务修正系数为 0.3。

2018 年：保土 16952730.75 吨·年/万元、固肥 554354.2955 吨·年/万元、氮固持 245.8402333 吨·年/万元、磷固持 15.804015 吨·年/万元、钾固持 140.4801333 吨·年/万元、调节水量 972200.4281 立方米·年/万元、净化水质 972200.4281 立方米·年/万元、固碳 26957.77765 吨·年/万元、释氧 10448.20991 吨·年/万元、提供负离子 0.006×10^{25} 个·年/万元、吸收气体污染物 0.023 千克·年/万元、滞尘 6.09 千克·年/万元、防风固沙 16952730.75 公顷/万元、物种资源保育 21279042 公顷/万元、森林生态系统服务修正系数为 0.25。

研究所得的大通回族土族自治县退耕还林工程生态效益评估价值量为：

2007 年：保土 6765.72 吨·年/万元、固肥 10616162.45 吨·年/万元、氮固持 20.01 吨·年/万元、磷固持 1.29 吨·年/万元、钾固持 10.48 吨·年/万元、调节水量 558.51 立方米·年/万元、净化水质 194.49 立方米·年/万元、固碳 2717.57 吨·年/万元、释氧 354.40 吨·年/万元、提供负离子 0.33×10^{25} 个·年/万元、吸收气体污染物 0.005 千克·年/万元、滞尘 459741.23 千克·年/万元、防风固沙 1.55 公顷/万元、物种资源保育 1697.63 公顷/万元、森林生态系统服务修正系数为 0.3。

2018 年：保土 8209.14 吨·年/万元、固肥 11874777.59 吨·年/万元、氮固持 59.00 吨·年/万元、磷固持 3.79 吨·年/万元、钾固持 30.91 吨·年/万元、调节水量 1361.32 立方米·年/万元、净化水质 709.71 立方米·年/万元、固碳 3234.93 吨·年/万元、释氧 1044.82 吨·年/万元、提供负离子 0.34×10^{25} 个·年/万元、吸收气体污染物 0.011 千克·年/万元、滞尘 576264.58 千克·年/万元、防风固沙 1.65 公顷/万元、物种资源保育 2127.90 公顷/万元、森林生态系统服务修正系数为 0.25。

9.4.3 大通回族土族自治县退耕还林工程基本经验和做法

9.4.3.1 成果巩固的主要做法

（1）依法护林，大力宣传《中华人民共和国森林法》，使退耕还林工程管理走上法制化的轨道。

（2）禁牧保林，在全县范围内禁止放牧，同时加强对舍饲圈养的规范管理，实行饲养许可制度和合同管理制度。

（3）专人护林，拨出专款组建护林队，分布在各乡镇，分区划片，明确责任，对全县森林、林地进行管理；成立林业派出所，对一切破坏森林、林地、林木的违法行为给予严厉打击。

（4）家庭育林、按照“谁退耕、谁受益、谁管护”的原则，与退耕户签订退耕还林合同，并把粮款况现与管护挂钩，实行家庭育林。

（5）稳权发证，落实权属，林权的及时到户，大大提高了群众营林护林的积极性。全县上下形成了县、乡、村、户四级护林网络，切实有效地保护了退耕还林成果。

9.4.3.2 抓好后续产业发展和配套措施的落实

大通回族土族自治县在退耕还林工程实施当中，非常注重后续产业的培育与发展，以解决好退耕还林农民的长远生计。

（1）在植被配套上乔灌草结合，大力发展灌草资源，为发展以舍饲圈养为主的畜牧业提供了牧草资源。

（2）大力发展经济、生态兼用型树种，在营林生产中，发展了一定规模的既有生态效益、又有经济效益的山桃、山杏。兼用树种的栽植，既保证了工程的生态效益，又可产生良好的经济效益，是合理解决生态效益和经济效益的有效途径。

（3）保护好基本农田，坚决制止基本农田纳入退耕还林，适当发展经济林。对生产生活条件差的村庄实施生态移民，并对生态移民从资金上予以帮助。加大封山禁牧力度，以草定畜、以草定牧。

9.5 盐池县概况

9.5.1 盐池县基本情况

9.5.1.1 自然概况

（1）地理位置。宁夏盐池县地处我国西北内陆，属鄂尔多斯台地，位于宁夏河套平原东部，其北部与内蒙古自治区鄂托克前旗相连，西部与宁夏灵武市、同心县接壤，东部和南部分别与陕西省定边县和甘肃省环县为邻。

盐池县北部与毛乌素沙地相连，东南部与黄土高原相连，属于典型的过渡地带，即自北向东南，地形是从鄂尔多斯缓坡丘陵向黄土丘陵的过渡带，气候是从干旱区向半干旱区的过渡带，植被类型是从荒漠草原向干草原的过渡带，资源利用是从牧区向农区的过渡带，荒漠化的形式是从风蚀向水蚀的过渡带，这种地理上的过渡性决定了本地区的定位多样性，如农牧交错区，水蚀风蚀交错区，干旱半干旱过渡区，生态脆弱区。

（2）气候。盐池县位于内蒙古高原、黄土高原之间的交会地带，属中国气候分区中的东部季风区。该地区距离海洋遥远，同时受秦岭山峦阻隔，东部季风气候区的西南暖湿气流到达该地已成强弩之末，全年大部分时间受西风环流的支配及北方大陆性气团的控制，属于典型中温带大陆性气候。主要气候特点是干旱少雨、风大沙多、日照充足、蒸发强烈、冬冷夏热。由于该区域特殊的地理环境及气候特点，成为我国典型的生态环境脆弱带。

1）降雨与蒸发。①

盐池县是西北内陆气候与华北季风气候的交会带，降水少，季节变化与年际变化大。据1954~2006年的气象资料，盐池县多年平均降水量为280毫米，空间上分布极不均匀，东南部的麻黄山超过300毫米，西北部则降到250毫米以下。盐池受季风的影响季节差异很大，降雨主要集中在夏秋两季，7~9月合计占全年总降雨量的62%。牧草生长季（5~9月）降雨总量占全年降水总量的81.6%，其中春季（3~5月）降水仅51毫米，占年降水总量的17.4%，是盐池县春季干旱、沙尘暴频发的主要原因。夏季（6~8月）是盐池降水集中时段，降水总量为171.4毫米，占全年降水量的58.8%。秋季（9~10月）的降水量为64.4毫米，占全年降水量的22.0%，主要集中在9~10月中旬，比春季降水略多，是干草原秋墒的主要补给阶段。盐池冬季（12月至次年2月）降水量很少，仅6.3毫米，仅占年降水总量的2.1%。

盐池县多年平均蒸发总量为2403.7毫米，远远大于年降水量。7~8月最高，每天蒸发水分平均可达14.5~14.6毫米/天，冬季每天蒸发量小于2.0毫米/天，春秋季居中，春季蒸发大于秋季。从年蒸发总量的年际变化来看，20世纪五六十年代，蒸发量相对较高，与降雨量增多同步，20世纪七八十年代，蒸发量处于较低水平，20世纪90年代以后，蒸发量逐渐上升，近年来超过了2500毫米。

---

① 资料来源于盐池县人民政府于2011年6月30日发布的盐池县简介。

2）光热资源。①

盐池县属典型中温带大陆性气候，光能资源丰富，热量偏小。年太阳总辐射值为576.8千焦/平方厘米，以5~6月最高，12月最低。年平均日照时数为2876.2小时，光能资源丰富。根据1954~2006年资料统计，盐池县年平均气温为8.1℃，最冷月（1月）平均气温为-8.3℃，最热月（7月）平均气温为22.6℃，气温年较差大。盐池县平均无霜期为139天，绝对无霜期为100天。

3）风沙灾害。

盐池县北临毛乌素沙地，西部为腾格里沙漠，西北部为乌兰布和沙漠，年平均风速2.8米/秒，年平均大风和沙尘暴日数分别为24.2天和20.6天。盐池县沙尘暴高发期持续年份相对较短，仅3~4年，低发期一般持续2~7年。周期分析表明，沙尘暴存在18年、22年、11年、7年和3年几个主周期，其中以11年、7年和3年最显著，与年降水量周期吻合，表明沙尘暴与降水量年际波动密切相关。

（3）地形地貌。盐池县海拔在1295~1951米，地势南部高，北部低，中间高，东西两侧低。盐池地处鄂尔多斯台地向黄土高原过渡地段，境内地形地貌较为复杂，南北明显地分为黄土丘陵、鄂尔多斯缓坡丘陵两大地貌单元，分别占全县总面积的20.63%和79.37%。北部、中部为风沙区，海拔在1300~1600米，地形平坦，沙丘连绵；南部为黄土丘陵区，海拔1600~1900米，沟壑发育，梁洼相间，无大片平地。

盐池沙地属于典型的毛乌素沙地和黄土丘陵的过渡地带，地表土壤大部分是黄土丘陵覆沙地，在东南部有基岩出露，受地形条件限制，表面堆积厚度较小的风积沙或黄土。过渡性地带特征决定了盐池沙地以风沙地貌为主，兼有覆沙的梁地及黄土丘陵地貌特征。历史上，由于不同时期荒漠化程度和范围的不同，盐池境内曾出现了5条流沙带（盐池县志，1986）。流沙带包括了流动、半固定、固定沙丘和浮沙地，目前这些流沙带的痕迹依然存在，但规模大为减少。

北部风沙区为盐池县的一部分，由于区内降水量少，土质偏沙（土壤中沙粒含量≥60%），蒸发强烈，加之植被稀疏，滥采、滥挖、滥垦、超载放牧严重，冬春季节大风频繁，使该县已成为三北地区生态环境最为脆弱、土地沙漠化最为剧烈、生态灾害最为严重的区域，是中国西北地区沙尘粉尘补充、东输的必经之地。

① 资料来源于盐池县人民政府于2013年10月4日发布的盐池县简介。

（4）水文地质。盐池县地处鄂尔多斯台地西缘，分布最广的为第四纪地质，大致可分为上更新统和全新统两类。其中上更新统成因类型属上更新统中期的风积物，呈黄、淡黄、暗黄色，为质匀而细、疏松多孔的黄土类土。分布在盐池中南部，在中西部零星分布，地貌单元为南部黄土高原区。全新统主要为黄色的风成沙、坡积、冲积、湖积、含卵石的砂土、砾石层，结构松散的沉积物和内陆湖泊的盐类化学沉积物，其分布很广，地层分明，比较完整。

全盐池县境内无大河，南部主要有山水河、苦水河、东川、打火店沟等季节性河流，分属环江流域、苦水河流域和内陆流域。中部沙地和北部毛乌素沙地，现代水文网不发育，古水文网已经衰亡。沿古水文网发育了相互分隔的封闭或半封闭流域系统，成为内陆冲沟水系。沙地内有限的降水迅速渗入沙层补给地下水，一般不产生地表径流，即使是偶遇暴雨也只能形成短小的地表径流，随后很快汇入洼地中心（盐湖碱滩）。南部和西南部为黄河水系。

盐池县地下水总体上呈现出从北到南水量逐渐减少、水质渐差、埋深逐渐增加的趋势。县境内历史上有不少湖泊，现绝大多数已干涸。该地地下水主要有毛乌素沙地第四系地下水、毛乌素沙地基岩地下水以及承压自流水和南部山区地下潜水和裂隙水。其中毛乌素沙地第四系地下水的含水层岩性主要是冲积-洪积沙、含砾石沙，少数为风积沙和淤积沙。

（5）土壤。据1983年盐池县第二次土壤普查资料，县境内土壤有9个大类，即灰钙土、风沙土、黑垆土、盐土、新积土、草甸土、堆垫土、白僵土和裸岩，24个亚类，45个土属，146个土种和变种。各土类中灰钙土面积最大，其次为风沙土和黑垆土。县境内大部分土壤结构松散，肥力较低。黄土丘陵区成土母质为黄土，表层土壤具有黄土的特征，容易被暴雨冲蚀。鄂尔多斯缓坡丘陵区土壤含沙量大，易受风蚀面沙化。

（6）植被。全县植被低矮、稀少，没有天然森林，多年野生草本植物广泛分布，间有半灌木、灌木。植被类型有草原、灌丛、草甸、沙地植被和荒漠5种，其中灌丛、草原、沙地植被数量较大，分布也广。由于该县地理位置和诸多自然因素的过渡性特点，植被类型也显示出自南向北逐渐演替交错存在的过渡性特点。

草原以地带性划分，可分为干草原植被、荒漠草原植被、沙生植被和隐域性植被（盐生植被和草甸植被）4个植被类型。根据全国重点牧区草场资源调查大纲和技术规程，盐池县草场可分为4大类、23个组、104个型。草原植被区域分布特点是北部沙生植物较多，中部南部旱生植物多。干草原草场主要分布在南部黄土高原丘陵区和中部的部分地区，土壤以浅黑垆土和侵蚀黑垆土为主。有五个群系，自南向北的分布是：大针茅群系、百里香群系、长芒草群系、沙芦草群系和赖草群系，都有较高的饲用价值。

灌丛主要有沙柳、柠条、白刺、杠柳等，其中以沙柳群系和小叶锦鸡儿群系两大群系分布面积最大，沙柳灌丛分布于哈巴湖大沙带以北的广大沙地上，南海子、惠安堡等地也有分布。在丘间洼地上北沙柳呈密丛生长，高度可达2米，总盖度达50%，为固沙先锋树种。群落中还可见白沙蒿、黑沙蒿、沙米、绳虫实、刺蓬等。小叶锦鸡儿灌丛主要分布于李吉沟石质丘陵地区青山、红井子等地的砂质地段。灌丛高度不超过1米，密度较大，总盖度可达80%。在不同地段分别与猫头刺、苦豆子、牛心朴子等形成不同的群丛。群落中常见的草本有短花针茅、绳虫实、银灰旋花、刺穗藜、砂珍棘豆、短翼岩黄芪、蒙古葱等。

人工植被有杨树、旱榆、旱柳、沙枣、枣树、山杏、山桃、刺槐、柠条、沙柳、毛条、紫穗槐、柽柳、沙棘等。

9.5.1.2　社会经济状况①

（1）人口经济状况。据盐池县2005年统计，盐池县共有人口1.63万人，以汉族为主，占人口总数的97.3%，少数民族占2.7%；人口密度为24.15人/平方千米。人口总数是1949年的5.88倍，人口密度是中华人民共和国成立之初3.99人/平方千米的6.05倍。

2005年盐池县国内生产总值（GDP）98835万元。其中，农林牧渔业总产值为45563万元。在农业总产值中，种植业总产值为14651万元，占农业总产值的32.2%；林业总产值9388万元，占农业总产值的20.6%；畜牧业总产值为20132万元，占农业总产值的44.2%。农业、林畜牧业在盐池县国民经济志中占有重要地位，是该县的支柱产业。

（2）土地资源利用状况。盐池县土地利用结构可以分为耕地、林地、牧草地、居民点及工矿地、交通用地、水域和未利用土地。不同年份间，土地利用现状中牧草地面积最大，其次为农业与林业用地，充分体现了盐池县的经济支柱为以牧为主，农、林、牧相结合的特点。未利用地主要为流动沙地、裸地等难利用地，可开发的后备土地资源很少，所以防治土地荒漠化的任务还很艰巨。

---

① 李育材. 中国北方退耕还林工程建设效益评价研究［M］. 北京：蓝天出版社，2009.

土地资源的质量决定农林牧及其他产业的构成，并由此决定着产业的发展规模。申元村（1995）根据土地对农、林、牧生产适宜性和生产潜力高低，将盐池县土地质量划分为 9 个等级。结果表明，盐池土地质量等级类型多，分布不均衡。其中二等、三等、四等地可从事农业生产，但比重小；六等、七等、八等地宜灌木和草本生长，并占绝对优势，缺少一等（宜农好地）和五等（宜林好地）。这说明盐池县既没有无限制因素的农耕好地，也没有天然状态下乔木可以自然更新的土地。由此可见，盐池县土地质量不高，绝大部分为适于牧业生产的土地。

耕地主要类型有撂荒地、一般旱地和基本农田，分布在盐池县中部波状梁地区和南部黄土丘陵区，以种植粮食、油料作物、瓜菜和牧草为主。但该县耕地面积大、分散而不固定，人均耕地面积高于宁夏回族自治区和引黄灌区。由于人均耕地面积大而难以做到精耕细作，加之缺少土地保护的意识，耕地撂荒弃耕现象突出，特别是 2000 年以前，过度开垦和弃耕现象严重，导致草原面积减少和土地沙化。耕地中水浇地只占极小比例，基本上都是旱地，并且旱地大都是广种薄收，产量随降水而变化，低而不稳；栽培技术十分粗放，普遍施肥不足，包括施化肥在内，每年施肥面积不到播种面积的 50%，因而，土地退化现象十分严重。

草场以天然草场为主，有干草原草场、荒漠草原草场、沙生植物草场和盐生植物草场四种类型。主要为五等草场，植物种属较少，草群结构简单，但干物质较多，蛋白质丰富，饲用价值较高，具有较高的抗旱耐寒能力。由此可见，盐池县草地资源丰富，有发展畜牧业的优势。

林地以人工林、灌木林、防护林、耐旱树种为主，现存灌木林面积远大于乔木林，生长状况也是灌木林优于乔木林。

9.5.1.3 退耕还林工程概况①

盐池县于 2001 年被列为退耕还林工程试点县，2002 年退耕还林工程全面启动，规划从 2001~2010 年完成退耕还林 12 万公顷，其中退耕地造林 5.33 万公顷，宜林荒山造林 6.67 万公顷。截至 2007 年，宁夏回族自治区下达给盐池县退耕还林的任务为 10.77 万公顷，其中退耕地造林 2.8 万公顷，宜林荒山造林 7.7 万公顷，封山育林 0.27 万公顷。实际完成退耕还林 10.9 万公顷，占任务数

① 资料来源：《中国林业统计年鉴》《宁夏回族自治区林业统计年鉴》。

的 101.2%，其中退耕地造林 2.8 万公顷，占任务数的 100%，宜林荒山造林 7.83 万公顷，占任务数的 101.7%，封山育林 0.27 万公顷，占任务数的 100%。

实施退耕还林工程以来，全县林木覆盖率提高 15%，严重水土流失的坡耕地和沙化耕地得到治理，采用林草、林药两种间作模式，并发展退耕还果和退耕还柳两种独具特色的还林模式，逐步形成牧草、中药材、经济林以及沙生灌木加工利用等产业优势，取得了明显的生态、经济和社会效益。

9.5.2 盐池县退耕还林工程生态效益评价

9.5.2.1 退耕还林工程建设面积

从 2001 年开始，盐池县以治理水土流失、改善生态环境为目标，实施了退耕还林工程。退耕地营造的经济林主要树种为核桃，兼用林主要为林草混交、山桃与山杏混交或纯林，生态林树种主要为刺槐、油松、侧柏、柠条等，其中刺槐、柠条生长较好。

经国家确认，2007 年退耕还林一期工程结束时实有封山造林面积 3333 公顷，人工造林面积 81145.32 公顷，退耕地造林面积 27333.33 公顷；2018 年退耕还林二期工程结束时实有封山造林面积 23604 公顷，人工造林面积 130710.32 公顷，退耕地造林面积 34139.33 公顷（见表 9-9）。

表 9-9 盐池县 1999~2018 年退耕还林工程面积 单位：公顷

宁夏回族自治区盐池县			
年份	年末实有封山造林面积	人工造林面积	退耕地造林
1999			
2000			
2001		3333.33	1333.33
2002		13000	8000
2003		16333.33	8666.67
2004		30133.33	3000
2005		9533.33	6333.33
2006	2000	3459	
2007	1333	5353	
2008		6527	

续表

宁夏回族自治区盐池县			
2009	3000	5780	
年份	年末实有封山造林面积	人工造林面积	退耕地造林
2010	2267	6355	
2011	2000	3696	
2012	2333	5359	
2013	2667	5274	
2014	1333	4840	
2015	2333	1944	2133
2016	1333	4308	667
2017	1333	2815	1333
2018	1672	2667	2673
合计	23604	130710. 32	34139. 33

资料来源：《中国林业统计年鉴》。

盐池县退耕还林工程造林树种主要以柠条、沙柳等灌木树种为主，灌木树种造林三年后已基本都闭成林，可发挥水土保持等生态效益。

9. 5. 2. 2　退耕还林工程生态效益评价

盐池县实施退耕还林工程以来，2007 年退耕还林一期工程结束时实有封山育林面积 3333 公顷，人工造林面积 81145. 32 公顷，退耕地造林面积 27333. 33 公顷。2018 年退耕还林二期工程结束时实有封山育林面积 23604 公顷，人工造林面积 130710. 32 公顷，退耕地造林面积 34139. 33 公顷。为便于研究，本书选取 2007 年和 2018 年两个时间点，对退耕还林一期工程和二期工程进行研究，研究结果如表 9-10 所示。

表 9-10　盐池县退耕还林工程生态效益物质量和价值量评估

功能类别	指标层	物质量		价值量	
		2007 年	2018 年	2007 年	2018 年
保育土壤效益指标（C1）（吨·年/万元）	保土（D1）	81015990. 12	90298527. 85	36166. 04	43725. 91
	固肥（D2）	2645172. 077	2952761. 861	56748525. 25	63250868. 01

续表

功能类别	指标层	物质量		价值量	
		2007 年	2018 年	2007 年	2018 年
林木养分固持（C2）（吨·年/万元）	氮固持（D3）	445.7453856	1309.465211	106.98	314.27
	磷固持（D4）	28.65506051	84.17990643	6.88	20.20
	钾固持（D5）	254.7116489	748.2658349	56.04	164.62
涵养水源功能指标（C3）（立方米·年/万元）	调节水量（D6）	4974428.697	5178414.541	2985.50	7251.07
	净化水质（D7）	4974428.697	5178414.541	1039.66	3780.24
固碳释氧效益指标（C4）（吨·年/万元）	固碳（D8）	121056.21	143590.2965	14526.75	17230.84
	释氧（D9）	18944.17889	55652.27147	1894.42	5565.23
净化大气环境（C5）	提供负离子（D10）（个·年/万元）	0.29×10^{25}	0.31×10^{25}	1.74×10^{25}	1.81×10^{25}
	吸收气体污染物（D11）（千克·年/万元）	0.059039993	0.122901588	0.02	0.06
	滞尘（D12）（千克·年/万元）	15.5799981	32.4323635	2457539.35	3069466.72
森林防护指标（C6）	防风固沙（D13）（公顷/万元）	81015990.12	90298527.85	8.28	8.79
生物多样性指标（C7）	物种资源保育（D14）（公顷/万元）	90746656	113342576	9074.67	11334.26
森林生态系统服务修正系数（C8）	森林生态系统服务修正系数（D15）	0.3	0.25	0.3	0.25

资料来源：《中国林业统计年鉴》。

研究所得的盐池县退耕还林工程生态效益评估物质量为：

2007 年：保土 81015990.12 吨·年/万元、固肥 2645172.077 吨·年/万元、氮固持 445.7453856 吨·年/万元、磷固持 28.65506051 吨·年/万元、钾固持 254.7116489 吨·年/万元、调节水量 4974428.697 立方米·年/万元、净化水质 4974428.697 立方米·年/万元、固碳 121056.21 吨·年/万元、释氧 18944.17889 吨·年/万元、提供负离子 0.29×10^{25} 个·年/万元、吸收气体污染物 0.059039993

千克·年/万元、滞尘15.5799981千克·年/万元、防风固沙81015990.12公顷/万元、物种资源保育90746656公顷/万元、森林生态系统服务修正系数为0.3。

2018年：保土90298527.85吨·年/万元、固肥2952761.861吨·年/万元、氮固持1309.465211吨·年/万元、磷固持84.17990643吨·年/万元、钾固持748.2658349吨·年/万元、调节水量5178414.541立方米·年/万元、净化水质5178414.541立方米·年/万元、固碳143590.2965吨·年/万元、释氧55652.27147吨·年/万元、提供负离子0.31×10^{25}个·年/万元、吸收气体污染物0.122901588千克·年/万元、滞尘32.4323635千克·年/万元、防风固沙90298527.85公顷/万元、物种资源保育113342576公顷/万元、森林生态系统服务修正系数为0.25。

研究所得的盐池县退耕还林工程生态效益评估价值量为：

2007年：保土36166.04吨·年/万元、固肥56748525.25吨·年/万元、氮固持106.98吨·年/万元、磷固持6.88吨·年/万元、钾固持56.04吨·年/万元、调节水量2985.50立方米·年/万元、净化水质1039.66立方米·年/万元、固碳14526.75吨·年/万元、释氧1894.42吨·年/万元、提供负离子1.74×10^{25}个·年/万元、吸收气体污染物0.02千克·年/万元、滞尘2457539.35千克·年/万元、防风固沙8.28公顷/万元、物种资源保育9074.67公顷/万元、森林生态系统服务修正系数为0.3。

2018年：保土43725.91吨·年/万元、固肥63250868.01吨·年/万元、氮固持314.27吨·年/万元、磷固持20.20吨·年/万元、钾固持164.62吨·年/万元、调节水量7251.07立方米·年/万元、净化水质3780.24立方米·年/万元、固碳17230.84吨·年/万元、释氧5565.23吨·年/万元、提供负离子1.81×10^{25}个·年/万元、吸收气体污染物0.06千克·年/万元、滞尘3069466.72千克·年/万元、防风固沙8.79公顷/万元、物种资源保育11334.26公顷/万元、森林生态系统服务修正系数为0.25。

9.5.3　盐池县退耕还林工程基本经验和做法

9.5.3.1　基本做法

一是厘清工作思路，科学规划实施。提出了“综合治理、主攻林草、育苗先行、产权到户、禁牧封育”的总体工作思路。具体实施中，坚持25度坡耕地先退、人均达到2.5亩基本农田的村组先退，主导产业形成规模效益的村户先退的“三先退”原则。

二是实行个体承包，户造户管，确保工程建设质量。退耕还林是一项长期的任务，坚持走“个体承包”的路子，全面推行“户治户造、谁造谁有、允许继承、长期不变”的工作措施，四荒地延长至50~70年，年度计划任务一次落实到乡到村到户，到山头地块，并与承包户签订退耕还林合同。

三是加强种苗基地建设，严格种苗供应管理。坚持“退耕还林、育苗先行”的工作方针，初步建立起县、乡、村、户四级育苗体制，采取定点、定量、定向的合同育苗办法，有计划地按品种育苗，基本上实现了苗木的自育自给。

四是严格政策、积极稳妥地实施退耕还林政策兑现工作。为了确保兑现工作稳妥有序地实施，按照上级规定的标准范围，对退耕还林面积、造林种草质量、树种和成活率进行自查上报，乡镇复查并签注意见后，报林业部门核查，实行“谁核查、谁签字、谁负责”的责任制度，确保退耕还林工作的真实性有可靠性。

五是加强领导、落实责任。为了将退耕还林工作落到实处，县里组建了退耕还林领导小组办公室，专门负责全县的退耕还林工程建设的规划、实施、验收和档案管理等工作。乡村也分别确定了退耕还林工作的技术负责人，自下而上形成了一级对一级负责的工作局面。

9.5.3.2 基本经验

盐池县在退耕还林工作中，全面落实“四个结合”，将工作做深做细做扎实。

（1）退耕还林与农田基本建设相结合。在退耕还林工程过程中，正确处理造林绿化与保护农田的关系，就是处理生态安全与粮食安全的关系，由于生态环境的改善，森林覆盖率的提高，为基本农田高产稳产提供了有效的保障，从而改善了农业生产条件，提高了农业综合产出能力。

（2）退耕还林与后续产业发展相结合。在产业发展上，通过实施退耕还林工程有效地调整产业结构，大力推广林果、林草、林药间作。一是确立适宜的退耕还林模式，充分利用土地资源。二是加大技术普及力度，通过科技下乡活动培训栽培技术。三是以示范促推广，通过示范园区、示范村建设提高工程区农户的种植技术和收入。

（3）退耕还林与农村能源建设相结合。借助开展生态文明活动，加大对农村新能源的建设，积极制定有利政策向工程区倾斜，通过建设沼气池改善农村能源结构。

（4）退耕还林与封山禁牧舍饲相结合。为保护退耕还林工程的建设成果，在短期内增加农民收入，在加大工程区管护力度的同时，大力发展小尾寒羊、波尔山羊等，切实增加农民收入。

第 10 章

研究评述与展望

10.1 研究结论

退耕还林工程是我国到目前为止规模最大、涉及面最广的一项生态建设工程，也是一项复杂的经济活动，经实践证明：退耕还林工程建设符合科学发展观的理念。本书以林学、生态学、环境经济学以及公共经济学为理论基础，选取黄河上游退耕还林工程区为研究对象，并选取五个县作为实证案例进行分析，通过野外调查、实地观测、室内分析测定和遥感影像等手段，对当地的不同林种退耕还林工程的生物多样性、群落生产力、土壤理化性状、土壤水文效应等进行了较为系统的研究，揭示了退耕还林工程实施后，其生境的演变过程及特征；并且采取宏观分析、理论分析、问卷调查、定量分析与定性分析等相结合的方法，对退耕还林工程的生态、经济和社会综合效益进行了较为全面、系统的分析与评价。通过研究，得到以下四个方面的认识与结果。

（1）开展退耕还林工程生态效益评价研究意义重大。退耕还林工程实施前，黄河上游的生态环境资源长期遭受严重的破坏，生态环境十分脆弱并且继续恶化，对黄河上游地区的可持续发展构成巨大威胁。退耕还林工程实施后，生态恶化的趋势得到有效遏制，森林覆盖率增加，森林资源整体质量开始好转，反映森林结构的各项指标朝着合理化方向转变，说明退耕还林工程建设已初见成效。

（2）退耕还林工程的实施，取得了巨大的生态效益。退耕还林工程实施后，黄河上游退耕还林一期工程、二期工程均取得了巨大的生态效益。

（3）通过研究分析实施退耕还林工程后的经济效益和社会效益，发现退耕还林工程的实施有效地促进了当地社会经济的发展。

黄河上游实施退耕还林工程后，经济效益向又好又快发展，并且充分体现在涉林产业的发展方面。农业生产总值在总体上呈现逐年上升趋势，产业结构更加趋于合理。

黄河上游退耕还林（草）计划的实施，对区域土地利用格局、生态系统和农村产业结构产生了巨大影响。可量化的社会效益（适龄儿童入学率、低保医保覆盖率）、潜在的社会效益（提高农民环保意识、合理转移农村劳动力、农村产业结构变化和加快新农村建设）所包含的社会效益指标运行良好，退耕还林工程取得了良好的建设成效。

（4）本书采用专家打分法和层次分析法（AHP）构建了黄河上游退耕还林工程综合效益评价指标体系，进而对退耕还林工程综合效益评价指标体系进行了层次分析法研究，得出了退耕还林工程综合效益中各项评价指标的权重，进行了一致性检验，并进行了综合效益指数计算，其评价结果为退耕还林工程综合效益为 83.08%，生态效益占 56.75%，经济效益占 19.05%，社会效益占 7.28%。

黄河上游退耕还林工程的实施，为改善生态环境、维护国土生态安全发挥了重要保障作用，为经济社会可持续发展奠定了基础，为建设我国生态屏障做出了重要贡献。但是，由于受到收集数据资料的限制，在运用层次分析法确定权重时受到主观因素的影响，在一定程度上会影响评价指标体系的科学性。因此，对我国退耕还林工程的综合效益进行全面的、科学的评价，还有待于进一步研究。

由此可见，黄河上游退耕还林工程的实施为改善生态环境、维护我国西北地区国土生态安全发挥了重要保障作用，为经济社会可持续发展做出了重要贡献。林业既是经济、社会发展中不可缺少的基础产业，也是全民族共有公益事业。林地、林木、湿地、野生动植物资源，不仅可以为国家建设和人民生活提供木材及其他多种多样的非木质林产品，同时也是重要的碳贮库、蓄水库、基因库和能源库，在涵养水源、固碳制氧、保持水土、净化水质、防风固沙、调节气候、净化空气、维持生物多样性等方面，发挥着不可替代的作用。另外，还可以为人们提供旅游休闲的场所，为社会创造大量的就业机会，为农民提供致富的途径，为区域经济发展注入强大的活力。

10.2 研究特色与创新成果

10.2.1 研究特色

本书在研究黄河上游退耕还林工程综合效益评价中，和以往研究相比，做了一些如下原创性工作：

一是本书针对黄河上游退耕还林工程建立了一套退耕还林工程综合效益评价指标体系，在指标的选择上，特别是在经济效益指标和社会效益指标的选择上，突出了退耕还林工程涉林产业的特点，针对性强。

二是本书对黄河上游退耕还林工程的综合效益尝试性地进行了价值计量。为了更加科学、准确地评价退耕还林工程实施二十年来的建设成效，本书在采用价值计量的方法进行了综合效益评价的同时，又运用层次分析法对其进行了层次分析研究，改进了单一的评价体系。

10.2.2 创新成果

（1）在原有的生态因子监测方法和生态服务功能评估规范的基础上，针对黄河上游退耕还林工程区的实际，改进了退耕还林工程区生态因子观测方法和生态服务功能评估因子，因而在生态因子监测和评估过程中更有针对性。

（2）在对黄河上游退耕还林工程经济效益进行评估的过程中，采用了涉林第一产业产值、涉林第二产业产值和涉林第三产业产值，及其相对应的指标，大部分数据来源于《中国林业统计年鉴》，这样更全面地反映了退耕还林工程对经济发展的影响，因而更具有科学性。

（3）在对黄河上游退耕还林工程进行社会效益评估的过程中，我们围绕新农村建设对研究区及研究指标进行了全方位的社会调查，因而研究结果更具有真实性。

（4）构建的黄河上游退耕还林工程建设效益评价指标体系在生态效益、经济效益和社会效益的指标方面更能够体现并反映出工程建设的实际情况。

10.3

研究的不足

退耕还林工程是一项复杂的工作，退耕还林工程区社会、经济和生态环境的变化是多因素作用的结果，本书没有考虑到其他因素的影响，建议在今后的相关工作中在排除其他因素对退耕还林工程区社会、经济和生态影响的基础上进行深入研究。虽然我们要求的是法定统计数据，但不能排除个别数据存在差错性，特别是生态效益评价中使用的经验数据、估测数据等。今后的相关评价在数据来源上需要进一步科学化，以便得出更加可靠的结论。经济效益评价只考虑了退耕还林工程带来的直接和间接影响，没有将与退耕还林工程相配套的措施所带来的间接影响考虑在内。今后在进行相关评价时，望能考虑以上因素的影响，进一步加以完善。退耕还林工程对当地社会、经济和生态的影响是一个长期的过程，因而对生态影响的评价在退耕还林工程后短期内的变化都不会太明显，今后在有条件的情况下，要充分发挥生态定位监测研究站的作用，以便得到在时间尺度上具有连续性的科学数据，进而对退耕还林工程的综合效益进行适时评价，并在大的区域尺度上建立更为详尽的评价指标体系。

另外，由于笔者相关理论与知识储备十分有限，对我国退耕还林工程综合效益评价研究得不够深入，而且对退耕还林工程整体实施情况以及存在的问题认识还不够深刻，因此这些都会对黄河上游退耕还林工程建设效益的评价产生影响。其中：

在评价指标的选择上，特别是在生态效益指标的选择上，尽管广泛征询了专家、教授的意见，而且也根据笔者实地调研的情况，经过了初选再选，最后确定生态效益指标主要采用我国《森林生态系统服务功能评估规范》中的指标，但是笔者认为突出黄河上游地区的特点不够，针对性还是不强。

在样本选择上，本书采用了课题组进行课题研究时选取的五个县（区）作为样点，从实际情况来看，总体上基本一致，但也存在这样或那样的差异，这些差异就会不可避免地影响到黄河上游退耕还林工程综合效益评价的准确性和科学性。

在调研的对象上，本书只是选择了林业厅、林业科学研究院、林场、森工企业、退耕还林农户和选取样点的科研技术人员等与林业有关的局内人士，而对与林业无关的局外人没有进行调研。调查对象的片面性，必然会产生调研结果的偏差。

10.4 研究展望

本书尽管对黄河上游退耕还林工程生态保护评估与生态补偿机制做了探讨，但未来研究需要关注以下四个方面：

一是将黄河上游退耕还林工程建设效益与全国退耕还林工程建设效益进行对比研究。

二是完善退耕还林工程政策研究。切实解决好退耕还林工程规划和巩固退耕还林工程成果的政策措施问题，建立起生态受保护、农民得实惠的长效机制，保障退耕还林工程建设成效。

三是探索政府引导与市场机制的结合。我国退耕还林工程及林权改制作为一种制度创新，到底应采用何种模式来使政府与市场有效结合以达到生态与社会经济的优化发展需进一步研究。

四是做实生态因子的监测工作。分析生态因子对植被恢复的贡献，建立"生态因子"对植被恢复的对应组合配置模型，在大的区域尺度上为生态环境建设提供科学依据。

参考文献

[1] Afzali S. F., Bagheri E., Amin S., et al. Comparison of WEPP, ANSWERS and MPSIAC models for evaluating the runoff, soil erosion and sediments at Khosroshirin region, Fars province, Iran [J]. International Journal of Forest, Soil and Erosion (IJFSE), 2015, 5 (3): 76-85.

[2] Bergquist D. A. Sustainability and local people's participation in coastal aquaculture: Regional differences and historical experiences in Sri Lanka and Thailand [J]. Marine Policy, 2007 (44): 107-116.

[3] Bollen K. A. Structural equations with latent variables [M]. New York: Wiley, 1989.

[4] Börger T. Valuing conservation benefits of an offshore marine protected area [J]. Ecological Economics, 2014 (108): 229-241.

[5] Bown N. K., Gray T. S., Stead S. M. Comanagement and adaptive co-management: Two modes of governance in a Honduran marine protected area [J]. Marine Policy, 2013 (39): 128-134.

[6] Bulte E., Rondeau D. Compensation for wildlife damages: Habitat conversion, species preservation and local welfare [J]. Journal of Environmental Economics and Management, 2007 (54): 311-322.

[7] Cacho O. J., Milne S., Gonzalez R., Tacconi L. Benefits and costs of deforestation by smallholders: Implications for forest conservation and climate policy [J]. Ecological Economics, 2014 (107): 321-332.

[8] Chambers R., Conway G. R. Sustainable rural livelihoods: Practical concepts for 21st Century: IDS Discussion Paper 296 [R]. London: Department for International Development, 1992.

[9] Chang H-H, Lambert D. M., Mishra A. K. Does participation in the conservation reserve program impact the economic well-being of farm households [J].

Agricultural Economics, 2008, 38 (2): 201-212.

[10] Emmanuel J. Kwayu, Susannah M., Sallu a Jouni Paavola. Farmer participation in the equitable payments for watershed services in Morogoro Tanzania [J]. Ecosystem Services, 2014 (7): 1-9.

[11] Gitas I. Z., Douros K., Minakou C., et al. Multi-temporal soil erosion risk assessment in N. Chalkidiki using a modified USLE raster model [J]. Earsel Eproceedings, 2009, 8 (1): 40-52.

[12] He G. M., Chen X. D., Liu W., et al. Distribution of economic benefits from ecotourism: A case study of Wolong Nature Reserve for Giant Padas in China [J]. Environmental Management, 2008 (42): 1017-1025.

[13] Hosseininia H., Azadi G., Zarafshanie K. et al. Sustainable Rangeland Management: Pastoralists' attitudes toward integrated programs in Iran [J]. Journal of Arid Environments, 2013 (92): 26-33.

[14] Jian S. Q., Zhao C. Y., Fang S. M., et al. Effects of different vegetation restoration on soil water storage and water balance in the Chinese Loess Plateau [J]. Agricultural and Forest Meteorology, 2015 (206): 85-96.

[15] Karki S. T. Do protected areas and conservation incentives contribute to sustainable livelihoods? A case study of Bardia National Park, Nepal [J]. Journal of Environmental Management, 2013 (128): 988-999.

[16] Kathleen A., Thornton P. K., de Pinho J. R., Sunderland J., Boone R. B. Integrated modeling and its potential for resolving conflicts between conservation and people in the Rangelands of East Africa [J]. Human Ecology, 2006 (34): 155-183.

[17] Kelley H. van Rensburg T. M., Yadav L. A micro-simulation evaluation of the effectiveness of an Irish grass roots agri-environmental scheme [J]. Land Use Policy, 2013 (31): 182-195.

[18] Kideghesho J. R., Røskaft E., Kaltenborn B. P. Factors influencing conservation attitudes of local people in Western Serengeti, Tanzania [J]. Biodiversity and Conservation, 2007 (16): 2213-2230.

[19] Krishna V. V. Estimating compensation payments for on-farm conservation of agricultural biodiversity in developing countries [J]. Ecological Economics, 2013 (87): 110-123.

[20] Mahanty S., Suich H., Tacconi L. Access and benefits in payments for environmental services and implications frorn REDD+: Lessons from seven PES schemes [J]. Land Use Policy, 2013 (31): 38-47.

[21] Mahdi Shivakoti, G. P., Schmidt-Vogt D. Livelihood change and livelihood sustainability in the Uplands of Lembang Subwatershed, West Sumatra, Indonesia, in a changing natural resource management context [J]. Environmental Management, 2009 (43): 84-84.

[22] Mayrand K., Paquin M. Payments for environmental services: A survey and assessment of current schemes [R]. Unisfera International Center (For the Commission for Environmental Cooperation of North America), 2004.

[23] Meli P., Benayas J. M. R., Balvanera P., Ramos M. M. Restoration enhances wetland biodiversity and ecosystem service supply, but results are context-dependent: A meta-analysis [J]. Public Library of Science, 2014, 9 (4): 1-9.

[24] Milder J. C., Scherr S. J., Bracer C. Trends and future potential of payment for ecosystem services to alleviate rural poverty in developing countries [J]. Ecology & Society, 2010, 15 (12): 1-19.

[25] Muboko N., Murindagomo F. Wildlife control, access and utilization: Lessons from legislation, policy evolution and implementation in Zimbabwe [J]. Journal for Nature Conservation, 2014 (22): 206-211.

[26] Mzoughi. Farmers adoption of integrated crop protection and organic farming: Do moral and social concerns matter [J]. Ecological Economics, 2011, 70 (8): 1536-1545.

[27] Reimer A. P., Gramig B. M., Prokopy L. S. Farmers and conservation programs: Explaining differences in environmental quality incentives program applications between states [J]. Journal of Soil and Water Conservation, 2013, 68 (2): 110-119.

[28] RRangalal M. Farmers' education and profit efficiency in sugarcane production: A stochastic frontier profit function approach [J]. The IUP Journal of Agricultural Economics, 2011, 8 (2): 18-31.

[29] Shi Y., Xu G., Wang Y., et al. Modelling hydrology and water quality processes in the Pengxi River basin of the Three Gorges Reservoir using the soil and water assessment tool [J]. Agricultural Water Management, 2017 (182): 24-38.

[30] Shukla S. R., Sinclair A. J. Strategies for self-organization: Learning from a village-level community based conservation initiative in India [J]. Human Ecology, 2010 (38): 205-215.

[31] Singh P. K., Hiremath B. N. Sustainable livelihood security index in a developing country: A tool for development planning [J]. Ecological Indicators, 2010 (10): 442-451.

[32] Soltani A., Angelsen A., Eid T., et al. Poverty, sustainability and household livelihood strategies in Zagros, Iran [J]. Ecological Economics, 2012 (79): 60-70.

[33] Spiteri A., Nepal S. K. Evaluating local benefits from conservation in Nepal's Annapurna conservation area [J]. Environmental Management, 2008 (42): 391-401.

[34] Tacconi L. Redefining payments for environmental services [J]. Ecological Economics, 2012, 73 (15): 29-36.

[35] Tang Q., Bennett S. J., Xu, Y., Li Y. Agricultural practices and sustainable livelihoods: Rural transformation within the Loess Plateau, China [J]. Applied Geography, 2013 (41): 15-23.

[36] Wang C. H., Wen Y. L., Duan W. , Han F. Coupling relationship analysis on households' production behaviors, protection attitudes, resource endowment and family wealth in nature reserves: A structural equation model [J]. Chinese Geographical Science, 2013 (23): 506-518.

[37] Weckerle C. S., Yang Y., Huber F. K., Li Q. People, money and protected areas: The collection of the Caterpillar Mushroom Ophiocordyceps Sinensis in the Baima Xueshan Nature Reserve, Southwest China [J]. Biodiversity and Conservation, 2010 (19): 2685-2698.

[38] Wunder S. Revisiting the concept of payments for environmental services [J]. Ecological Economics, 2015 (117): 234-243.

[39] Wunscher T., Engel S., Wunder S. Determinants of participation in payments for ecosystem service scheme [J]. Tropentag, 2010 (9): 14-16.

[40] Yeboah F. K., F. Lupi, M. D. Kaplowitz. Agricultural landowners' willingness to participate in a filter strip program for watershed protection [J]. Land Use Policy, 2015 (49): 75-85.

［41］ Yu Y. , Wei W. , Chen L. D. , et al. Responses of vertical soil moisture to rainfall pulses and land uses in a Typical Loess Lilly Area, China［J］. Solid Earth, 2015（6）：595-608.

［42］ Zanetell B. A. , Knuth B. A. Participation rhetoric or community-based management reality? Influences on willingness to participate in a Venezuelan Freshwater Fishery［J］. World Development, 2004（32）：793-807.

［43］ Zbindenm S. R. , Lee D. Paying for environmental services：An analysis of participation in Costa Rica's PSA Program［J］. World Development, 2005, 33（2）：255-272.

［44］ Zhen N. H. , Fu B. J. , Lü Y. H. , Zheng Z. M. Changes of livelihood due to land use shifts：A case study of Yanchang County in the Loess Plateau of China［J］. Land Use Policy, 2014（40）：28-35.

［45］ 陈肖敏，郭平，彭虹，等. 子流域划分对 SWAT 模型模拟结果的影响研究［J］. 人民长江，2016，47（23）：44-49.

［46］ 戴其文. 生态补偿区域的空间选择研究［D］. 西北师范大学硕士学位论文，2010.

［47］ 冯琳，徐建英，邸敬涵. 三峡生态屏障区农户退耕受偿意愿的调查分析［J］. 中国环境科学，2013，33（5）：938-944.

［48］ 冯舒，赵文武，陈利顶，等. 2010 年来黄土高原景观生态研究进展［J］. 生态学报，2017，37（12）：3956-3957.

［49］ 付伟，王见，罗明灿. 城市饮用水源区生态补偿理论研究［J］. 西南林业大学学报（社会科学），2017，1（3）：8.

［50］ 高雅，林慧龙. 草地生态系统服务价值估算前瞻［J］. 草业学报，2014，23（3）：290.

［51］ 耿翔燕，葛颜祥，张化楠. 基于重置成本的流域生态补偿标准研究：以小清河流域为例［J］. 中国人口·资源与环境，2018，28（1）：140-147.

［52］ 郭慧，王兵，牛香. 中国退耕还林生态效益监测网络构建方法［J］. 水土保持学报，2014（6）：131-139.

［53］ 郭丽峰，刘明喆，张辉，等. 基于污染物通量的潘家口：大黑汀水源地水污染生态补偿量化研究［J］. 水资源保护，2016，32（5）：146-151.

［54］ 国家林业局. 2014 退耕还林工程生态效益监测国家报告［M］. 北京：中国林业出版社，2015：5-18.

[55] 国政. 中国天然林保护工程建设效益评价研究 [M]. 北京：中国农业科学出版社，2017：35-39.

[56] 韩锋，王昌海，赵正，等. 农户对自然保护区综合影响的认知研究——以陕西省国家级自然保护区为例 [J]. 资源科学，2015，37 (1)：102-111.

[57] 胡圣，邱光胜，印士勇. 三峡水库香溪河库湾水体富营养化演化监测分析 [J]. 人民长江，2012，43 (12)：10-13.

[58] 黄锡生，何江. 论生态文明建设与西部扶贫开发的制度对接 [J]. 学术论坛，2017 (1)：105-110.

[59] 黄志刚，陈晓楠，李健瑜. 生态移民政策对农户收入影响机理研究——基于形成型指标的结构方程模型分析 [J]. 资源科学，2018，40 (2)：439-451.

[60] 蒋依依. 旅游地生态补偿空间选择研究——以云南省玉龙县为例 [J]. 旅游学刊，2014，29 (11)：95-103.

[61] 井美娟，贾宁凤，姚亚敏. 区域土地利用生态系统服务价值估算与修正——以山西省河曲县沙坪村为例 [J]. 生态环境，2012，250 (3)：150-152.

[62] 孔德帅. 区域生态补偿机制研究 [D]. 中国农业大学博士学位论文，2017.

[63] 李皓，张克斌，杨晓晖，等. 密云水库流域“稻改旱”生态补偿农户参与意愿分析 [J]. 生态学报，2017，37 (20)：6953-6962.

[64] 李敏，姚顺波. 退耕还林工程综合效益评价 [J]. 西北农林科技大学学报（社会科学版），2016，16 (3)：118-124.

[65] 李琪，王兴杰，王爱萍，等. 农牧业生态补偿的国际比较及其借鉴 [J]. 干旱区资源与环境，2018，32 (6)：1-10.

[66] 李屹峰，罗玉珠，郑华，等. 青海省三江源自然保护区生态移民补偿标准 [J]. 生态学报，2013，33 (3)：764-770.

[67] 李玉新，魏同洋，靳乐山. 牧民对草原生态补偿政策评价及其影响因素研究——以内蒙古四子王旗为例 [J]. 资源科学，2014，36 (11)：2442-2450.

[68] 刘春腊，刘卫东，陆大道. 1987—2012 年中国生态补偿研究进展及趋势 [J]. 地理科学进展，2013，32 (12)：1780-1792.

[69] 刘振虎，郑玉铜. 新疆牧民参与草原生态补偿意愿分析——以新疆和静县、沙湾县为例 [J]. 草地学报，2014，22 (6)：1212-1215.

［70］马俊丽，路利苹．贵阳市水源地生态补偿标准的实证分析——以花溪水库为例［J］．现代商贸工业，2012，24（10）：60-61.

［71］毛德华，胡光伟，刘慧杰，等．基于能值分析的洞庭湖区退田还湖生态补偿标准［J］．应用生态学报，2014，25（2）：525-532.

［72］欧阳志云，郑华，岳平．建立我国生态补偿机制的思路与措施［J］．生态学报，2013，33（3）：686-692.

［73］秦延文，赵艳民，马迎群，等．三峡水库氮磷污染防治政策建议：生态补偿·污染控制·质量考核［J］．环境科学研究，2018，31（1）：1-8.

［74］邱光胜，涂敏，叶丹，等．三峡库区支流富营养化状况普查［J］．人民长江，2008，39（13）：1-4.

［75］邱浩政，林碧芳．结构方程模型的原理与应用［M］．北京：中国轻工业出版社，2012：86-90.

［76］冉宁，杨波，王康．流域生态补偿断面污染通量核算方法分析［J］．环境科学与技术，2017，40（11）：138-143.

［77］任勇，冯东方，俞海，等．中国生态补偿理论与政策框架设计［M］．北京：中国环境科学出版社，2008：74.

［78］邵传林，何磊．退耕还林：农户、地方政府与中央政府的博弈关系［J］．中国人口·资源与环境，2010，20（2）：116-121.

［79］沈友华，徐成文．我国矿产资源生态补偿立法现状与完善［J］．中国林业经济，2018，148（1）：44-49.

［80］石玉林，于贵瑞，王浩，等．中国生态环境安全态势分析与战略思考［J］．资源科学，2015，37（7）：1305-1313.

［81］时立文．SPSS19．0 统计分析入门到精通［M］．北京：清华大学出版社，2012：301-314.

［82］宋福强，李卓卿，肖俞，等．关于建设项目生态补偿的思考［J］．环境保护科学，2017，43（3）：57-62.

［83］宋林旭，刘德富，肖尚斌．三峡库区香溪河流域非点源营养盐输出变化的试验研［J］．长江流域资源与环境，2011，20（8）：990-996.

［84］苏芳，尚海洋，聂华林．农户参与生态补偿行为意愿影响因素分析［J］．中国人口·资源与环境，2011，21（4）：119-125.

［85］孙贤斌，黄润，王升堂，等．安徽省省会经济圈水源地生态补偿环境调查分析［J］．水土保持研究，2012，19（1）：164-173.

［86］汤青，徐勇，李扬. 黄土高原农户可持续生计评估及未来生计策略——基于陕西延安市和宁夏固原市 1076 户农户调查［J］. 地球科学进展，2013，32（2）：161-169.

［87］万本太，邹首民. 走向实践的生态补偿——案例分析与探索［M］. 北京：中国环境科学出版社，2008.

［88］王宾. 中国绿色农业生态补偿政策——理论及研究述评［J］. 生态经济，2017，33（3）：19-23.

［89］王昌海，崔丽娟，毛旭锋，等. 湿地保护区周边农户生态补偿意愿比较［J］. 生态学报，2012，32（17）：5345-5354.

［90］王昌海. 中国自然保护区给予周边社区了什么？——基于 1998~2014 年陕西、四川和甘肃三省农户调查数据［J］. 管理世界，2017（3）：63-75.

［91］王德凡. 基于区域生态补偿机制的横向转移支付制度理论与对策研究［J］. 华东经济管理，2018，32（1）：62-68.

［92］王吉苹，曹文志. 应用 GLEAMS 模型评估我国东南地区农业小流域硝态氮的渗漏淋失［J］. 生态与农村环境学报，2007，23（1）：28-32.

［93］王庶，邓泽林. 退耕还林的经济效益研究［J］. 中央财经大学学报，2016（5）：9-16.

［94］王秀娟，刘瑞民，宫永伟，等. 香溪河流域土地利用格局演变对非点源污染的影响研究［J］. 环境工程学报，2011，5（5）：1194-1200.

［95］王珠娜，王晓光，史玉虎，等. 三峡库区秭归县退耕还林工程水土保持效益研究［J］. 中国水土保持科学，2007，5（1）：68-72.

［96］魏晓燕，毛旭锋，夏建新. 自然保护区移民生态补偿定量研究——以内蒙古乌拉特国家级自然保护区为例［J］. 林业科学，2013，49（12）：157-163.

［97］吴东，黄志霖，肖文发，等. 三峡库区典型退耕还林模式水土保持功能研究［J］. 中国水土保持，2017（1）：33-37.

［98］吴林海，侯博，高申荣. 基于结构方程模型的分散农户农药残留认知与主要影响因素分析［J］. 中国农村经济，2011（3）：35-46.

［99］吴萍，栗明. 社区参与生态补偿探析［J］. 江西社会科学，2010（10）：172-175.

［100］吴越. 国外生态补偿的理论与实践——发达国家实施重点生态功能区生态补偿的经验及启示［J］. 环境保护，2014（12）：21-24.

［101］武靖洲. 国外生态补偿基金的实践与启示［J］. 生态经济，2018，

34（10）：195-201.

［102］夏函，李斗果，王永桂，等. 社会经济发展对三峡澎溪河流域氮磷负荷的影响［J］. 人民长江，2016，47（22）：26-31.

［103］徐大伟，郑海霞，刘民权. 基于跨区域水质水量指标的流域生态补偿量测算方法研究［J］. 中国人口·资源与环境，2008，18（4）：189-194.

［104］徐建英，孔明，刘新新，等. 生计资本对农户再参与退耕还林意愿的影响：以卧龙自然保护区为例［J］. 生态学报，2017，37（18）：6205-6215.

［105］许正中，赖先进. 我国生态补偿的研究现状与走势［J］. 环境保护与循环经济，2009，29（1）：7-9.

［106］杨敏，张晟，胡征宇. 三峡水库香溪河库湾蓝藻水华暴发特性及成因探析［J］. 湖泊科学，2014，26（3）：371-378.

［107］杨兴柱，陆林，王群. 农户参与旅游决策行为结构模型及应用［J］. 地理学报，2005，60（6）：928-940.

［108］姚柳杨，赵敏娟，徐涛. 经济理性还是生态理性？农户耕地保护的行为逻辑研究［J］. 南京农业大学学报（社会科学版），2016，16（5）：86-95，156.

［109］禹雪中，冯时. 中国流域生态补偿标准核算方法分析［J］. 中国人口·资源与环境，2011，21（9）：14-19.

［110］袁伟彦，周小柯. 生态补偿问题国外研究进展综述［J］. 中国人口·资源与环境，2014（11）：76-82.

［111］张林洪，张超，胡德斌，等. 生态保护获益方应给予的补偿分析与计算［J］. 生态经济，2017，33（7）：190-194.

［112］张文彬，李国平. 生态补偿、心理因素与居民生态保护意愿和行为研究——以秦巴生态功能区为例［J］. 资源科学，2017，39（5）：881-892.

［113］张文娟，哈斯巴根. 农牧民参与草原碳汇项目意愿的影响因素分析——以锡林郭勒草原牧区调查数据为例［J］. 干旱区资源与环境，2016，30（6）：19-24.

［114］赵卉卉，张永波，王明旭. 中国流域生态补偿标准核算方法进展研究［J］. 环境科学与管理，2014，39（1）：151-154.

［115］赵雪雁，路慧玲，刘霜. 甘南黄河水源补给区生态补偿农户参与意愿分析［J］. 中国人口·资源与环境，2012，22（4）：96-101.

[116] 赵雪雁，张丽，江进德，等. 生态补偿对农户生计的影响——以甘南黄河水源补给区为例 [J]. 地理研究，2013，(3)：158-173.

[117] 仲娜. 海洋自然保护区生态补偿法律制度研究 [D]. 宁波大学硕士学位论文，2014.

[118] 朱丹. "整体性治理"：国外生态补偿政策的执行经验与启示 [J]. 党政视野，2016 (12)：31.

[119] 宗鑫. 青藏高原东部草原生态建设补偿区域的优先级判别研究——以玛曲县、若尔盖县、红原县、阿坝县为例 [D]. 兰州大学硕士学位论文，2016.

后　记

《黄河上游退耕还林工程建设效益评价研究》一书经过三年筹备，期间笔者多次去样点监测数据，多次去图书馆收集资料，多次奔赴研究地进行调查，终于交付出版社出版了。回想整个研究过程以及笔者的林业工程研究之路，颇有许多感触，想用文字记录下来。

20 世纪 90 年代以后，生态环境问题成为一个世界关注的问题，治理生态环境问题也成为大家关注的焦点。2008 年笔者去北京林业大学攻读博士研究生，同年参与了中国林业科学研究院臧润国研究员的天然林保护的课题［参与国家科技部“十一五”科技支撑课题“西南山区退化天然林恢复与经营技术试验示范研究”（2006BAD03A10）、标准项目“西南山地退化天然林恢复技术规程”（2010-LY-022）］。2011 年博士研究生毕业后，笔者投入臧老师门下进行博士后的研究工作，主要进行林业行业科研专项“天然林保护等林业工程生态效益评价研究”项目［Special Fund for Forestry Scientific Research in the Public Interest（201304308）］的研究。在此期间，笔者主持了多个课题，出版了两本关于中国天然林资源保护的专著，发表了近十多篇关于天然林保护的论文，为研究林业工程打下了基础。2018 年笔者回到了内蒙古财经大学，看到内蒙古自治区的退耕还林工程建设成效显著，于 2019 年申报了中华人民共和国教育部人文社会科学研究西部和边疆地区规划基金项目“黄河上游退耕还林工程生态保护评估与生态补偿机制研究”，开始了对黄河上游退耕还林工程的研究。为了将该课题做实，研究团队长年驻扎在监测点进行生态因子监测，课题组成员每年都要去样点观测。在调研过程中，实地调查了五个县（区）、上百个村庄。在写作过程中，分析了大量的数据，包括监测数据近万个，收集文献数据近万个，调查数据上千个，有时为了计算正确，一个数据、一项结果都要进行反复计算，直到计算结果正确。

研究表明，退耕还林工程的实施，为改善生态环境、维护国土生态安全发挥了重要保障作用，为经济社会可持续发展奠定了基础，为建设我国生态屏障做出了重要贡献，特别是为京津冀建起了一道绿色生态屏障，其意义非常重大。退耕还林工程，不仅可以为国家建设和人民生活提供木材及其他多种多样的非木质林产品，同时也是重要的碳贮库、蓄水库、基因库和能源库，在涵养水源、固碳制氧、保持水土、净化水质、防风固沙、调节气候、净化空气、维持生物多样性等方面，发挥着不可替代的作用。另外，还可以为人们提供旅游休闲的场所；发展林业还可以为社会创造大量的就业机会，为农民提供脱贫致富的途径，为区域经济发展注入大的活力。笔者能够进行退耕还林工程项目的研究备感荣幸。本项目结题之后，笔者将继续关注林业工程，下一步重点对全国的退耕还林工程建设成效进行研究。

本书在编写过程中得到了 2019 年度教育部人文社会科学研究西部和边疆地区规划基金项目“黄河上游退耕还林工程生态保护评估与生态补偿机制研究”（项目批准文号：19XJA790001）研究项目和豫章师范学院的资助，为完成本书创造了条件，为此深表感谢。

本书是笔者在内蒙古财经大学工作期间开始写作的，在写作过程中，内蒙古财经大学为笔者提供了方便，在调研过程中得到了课题组成员王瑞永、周春生、哈斯巴根、周鸿、宝力道、白新燕等的大力帮助，在效益计算过程中，笔者的学生马骏多次协助进行核算，还得到了其他方面的支持，在此表示感谢。

衷心感谢在项目完成的过程中内蒙古财经大学、豫章师范学院、北京林业大学、中国林业科学研究院给予笔者的大力支持。今后，笔者要用自己勤劳的双手和智慧把爱心传递给社会。特别感谢中国林业科学研究院如同绿色摇篮般的培育之恩，感谢写作中各位老师和同学的关怀之情。

国 政

2021 年 6 月 30 日